Réviser son bac avec Le Monde

TERMINALE, SÉRIES L ES S

W0272068

PHILOSOPHIE

Une réalisation de rue des écoles

CAHIER SPÉCIAL
16 pages pour se tester avant le bac

Avec la collaboration de :
Stéphane Ernet
Éric Delassus
Éric Fourcassier
Sybil Gerault
Pierre Leveau
Rémi Moracrine

En partenariat avec MAIF assureur militant

Cet ouvrage, constitué de fiches de cours, de sujets corrigés et d'articles du *Monde*, a été conçu pour vous préparer efficacement au baccalauréat de philosophie. Il vous propose un parcours original dans le programme officiel de Terminale : à chaque notion correspond un cours de deux pages illustrées, complété de mots clés qui vous permettent de vous approprier les termes techniques du vocabulaire philosophique. Vous y trouverez également des citations majeures que vous pourrez reprendre en dissertation et qui vous permettront de mémoriser les thèses essentielles et les grands enjeux, propres à chaque notion philosophique.

À la suite de chaque cours, un texte clé extrait d'une œuvre majeure d'un philosophe classique vous est proposé : il s'agit d'une référence incontournable sur le sujet que vous pourrez utiliser lors de l'épreuve. Dans la même optique, les articles extraits du *Monde* mettent en relation la notion philosophique avec l'actualité ou vous proposent une réflexion approfondie sur la notion étudiée. Ils permettent de faire ressortir les grands enjeux philosophiques du programme et vous donnent des références originales et précises (faits d'actualités, ouvrages sortis récemment, etc.) dont vous pourrez également faire usage en dissertation.

Le jour du baccalauréat, vous aurez le choix entre trois sujets : deux dissertations sur notion et une explication d'un texte philosophique. Quel que soit le sujet choisi, il est nécessaire pour réussir l'épreuve de tenir un propos qui s'appuie sur des analyses conceptuelles, sur des thèses majeures de l'histoire de la philosophie et sur des exemples précis. Le contenu de cet ouvrage vous permet de vous préparer en ce sens, notamment grâce aux nombreux sujets corrigés qui accompagnent les cours et aux conseils qui vous sont donnés pour les traiter de manière conceptuelle.

L'essentiel est enfin de se rappeler qu'un bon devoir de philosophie est avant tout un exercice de pensée par soi-même qui mobilise des références non pas par simple érudition, mais dans le cadre d'une véritable réflexion. Comme le rappelait en son temps Hegel : « La philosophie doit nécessairement être enseignée et apprise, aussi bien que toute autre science. [...] Autant l'étude philosophique est en et pour soi une activité personnelle, tout autant est-elle un apprentissage. » C'est à cet apprentissage que les pages suivantes vous invitent.

R. M.

(1), (3) Hors programme en Terminale ES et en Terminale S.

(2) Hors programme en Terminale S.

(4), (5) Hors programme en Terminale S.

(6) Hors programme en Terminale ES et en Terminale S.

(7) Hors programme en Terminale ES.

LE SUJET

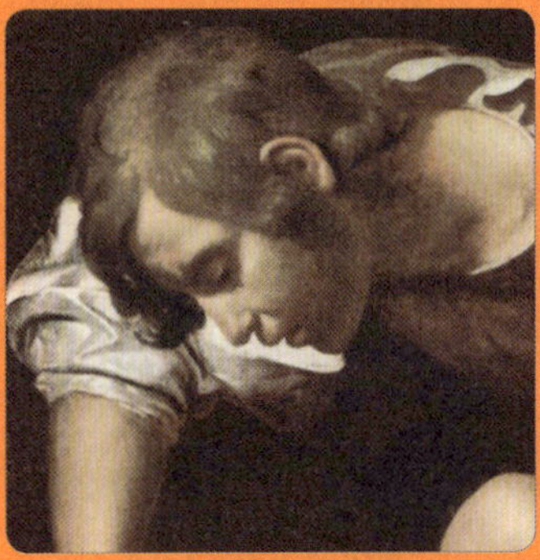

La conscience, l'inconscient

L'homme, dans la mesure où il est conscient, c'est-à-dire capable de se prendre lui-même pour objet de pensée, n'est plus simplement dans le monde comme une chose ou un simple être vivant, mais il est au contraire devant le monde : la conscience, c'est la distance qui existe entre moi et moi-même et entre moi et le monde.

Comment concevoir la conscience ?

Le Caravage, *Narcisse*, vers 1597-1599.

Que je sois certain que j'existe ne me dit pas encore qui je suis. Descartes répond que je suis « **une substance pensante** » absolument **distincte du corps**. Pourtant, en faisant ainsi de la conscience une « chose » existant indépendamment du corps et repliée sur elle-même, Descartes ne manque-t-il pas la nature même de la conscience, comme ouverture sur le monde et sur soi ?

C'est ce que Husserl essaie de montrer : loin d'être une chose ou une substance, la conscience est **une activité de projection vers les choses**. Elle est toujours au-delà d'elle-même, qu'elle se projette vers le monde, vers ses souvenirs vers ou l'avenir, à chaque fois dans une relation – ou visée – que Husserl nomme « **intentionnelle** ».

La conscience que j'ai d'exister peut-elle être remise en doute ?

Je peux me tromper dans la connaissance que je crois avoir de moi (celui qui croyait être courageux peut s'avérer n'être qu'un lâche, par exemple), mais la pure conscience d'être, elle, est nécessairement vraie. Ainsi, Descartes, au terme de la démarche du **doute méthodique**, découvre le caractère absolument certain de l'existence du sujet : « **je pense, donc je suis** ». Cette certitude demeure, et rien ne peut la remettre en cause.

Descartes fait alors du phénomène de la conscience de soi le **fondement** inébranlable de la **vérité**, sur lequel toute connaissance doit prendre modèle pour s'édifier.

L'intentionnalité de la conscience

Que la conscience ne soit pas une substance mais une **relation**, cela signifie que c'est par l'activité de la conscience que le monde m'est présent. Husserl tente, tout au long de son œuvre, de dégager les structures fondamentales de cette relation, à commencer par la **perception**. Il montre ainsi que celle-ci est toujours prise dans un réseau de **significations** : je ne peux percevoir que ce qui pour moi a un sens.

Suis-je totalement transparent à moi-même ?

La conscience n'est pas pure transparence à soi : le sens véritable des motifs qui me poussent à agir m'échappe souvent. C'est ce que Freud affirme en posant l'existence d'un inconscient qui me détermine à mon insu. Le sujet se trouve ainsi dépossédé de sa souveraineté et la conscience de soi ne peut plus être prise comme le modèle de toute vérité.

MOTS CLÉS

ÂME

Du grec « *psyché* », l'âme est le terme longtemps utilisé pour désigner la conscience. Cependant, il faut prendre garde aux différents sens du mot *âme* qui peut parfois recouvrir des réalités différentes et qui est souvent employé dans un sens religieux ou théologique.

COGITO

Ce terme signifie « je pense » en latin. Formulé par Descartes, le cogito est un terme qui désigne la conscience humaine en tant que sa caractéristique première est d'être pensante et d'être le propre d'une subjectivité. Le cogito est donc la certitude première de toute conscience et le fond sur lequel tout acte de conscience prend naissance. Descartes le formule ainsi clairement dans le *Discours de la méthode* (1637) : *cogito ergo sum*, « je pense, donc je suis ».

CONSCIENCE

Il faut distinguer la conscience d'objet de la conscience de soi, comme le montrent bien en français les deux expressions suivantes : « avoir conscience (de quelque chose) », qui signifie être dans un rapport direct à un objet, et « être conscient », qui signifie que nous sommes à nous-mêmes notre propre objet de conscience. La conscience de soi peut être définie comme le savoir intérieur immédiat que l'homme possède de ses propres pensées, sentiments et actes.

Enfin, rappelons que le mot « conscience » est un terme moderne, qui n'existe pas en tant que tel dans l'Antiquité : on parlait alors d'*âme* pour désigner cette présence du sujet à lui-même et aux choses.

CONSCIENCE INTENTIONNELLE

L'intentionnalité, du latin *intentio*, est un terme utilisé en phénoménologie par Husserl pour désigner l'acte par lequel la conscience se rapporte à l'objet qu'elle vise. En affirmant que « la conscience est toujours conscience de quelque chose »,

Sigmund Freud (1856-1939).

L'inconscient n'est pas le non conscient : mes souvenirs ne sont pas tous actuellement présents à ma conscience, mais ils sont disponibles (c'est le préconscient). L'inconscient forme un système indépendant qui ne peut pas devenir conscient sur une simple injonction du sujet parce qu'il a été refoulé. C'est une force psychique active, pulsionnelle, résultat d'un conflit intérieur entre des désirs qui cherchent à se satisfaire et une personnalité qui leur oppose une résistance.

Il se produit en nous des phénomènes psychiques dont nous n'avons pas conscience, mais qui déterminent certains de nos actes conscients. Ainsi, nous pensons nous connaître, mais nous ignorons pourquoi nous avons de l'attrait ou de la répulsion à l'égard de certains objets. Cela peut être la part inconsciente de notre personnalité qui entre en jeu. Selon Freud, toute névrose provient d'une rupture d'équilibre entre le surmoi, le ça et le moi, qui se manifeste par un sentiment d'angoisse :

– le « ça » est totalement inconscient ; il correspond à la part pulsionnelle (libido et pulsion de mort) ;

– le « moi » est conscient ; la part inconsciente est chargée de se défendre contre toutes les pulsions du « ça » et les exigences du « surmoi » ;

– le « surmoi » désigne l'instance psychique inconsciente, exprimant la puissance des interdits intériorisés (interdit parental, interdits sociaux) qui sont à l'origine du refoulement et du sentiment de culpabilité. Le « surmoi » est celui qui interdit ou autorise les actes du « moi ».

Je ne suis donc pas « maître dans ma propre maison », et le conflit entre ces trois instances psychiques se manifeste par la névrose. La cure psychanalytique consiste à retrouver un équilibre vivable entres les contraintes sociales et nos désirs.

L'inconscient ne pourra s'exprimer qu'indirectement dans les rêves, les lapsus et les symptômes névrotiques. Seule l'intervention d'un tiers, le psychanalyste, peut me délivrer de ce conflit entre moi et moi-même, conflit que Freud suppose en tout homme.

La conscience fait-elle la grandeur ou la misère de l'homme ?

Pascal répond qu'elle fait à la fois l'une et l'autre. Parce qu'elle rend l'homme **responsable** de ses actes, la conscience définit l'essence de l'homme et en fait sa **dignité**. J'ai conscience de ce que je fais et peux en répondre devant le tribunal de ma conscience et celui des hommes : seul l'homme a accès à la dimension de la **spiritualité** et de la **moralité**.

Pourtant, parce que la conscience l'arrache à l'innocence du monde, l'homme connaît aussi par elle sa **misère**, sa disproportion à l'égard de l'univers et, surtout, le fait qu'il devra **mourir**.

Cependant, avoir conscience de soi, ce n'est pas lire en soi comme dans un livre ouvert; savoir que j'existe, ce n'est pas encore connaître *qui* je suis. Davantage même, c'est parce que je suis un **être de conscience** que je peux me tromper sur ma **condition**, m'illusionner et me méconnaître : un animal dénué de conscience ne saurait se mentir à soi-même.

UN ARTICLE DU *MONDE* À CONSULTER

• **L'inconscient freudien au crible des neurosciences** p. 9
(Paul Benkimoun, *Le Monde* daté du 24.11.2006)

MOTS CLÉS

Husserl, contre Descartes, montre que loin d'être une « substance pensante » autarcique, la conscience est toujours visée intentionnelle d'un objet, tension vers ce qu'elle n'est pas, et que c'est là son essence.
Ainsi, par exemple, si je suis conscient d'un arbre situé en face de moi, ma pensée est tournée en direction de cet arbre qui me fait face : j'accomplis un acte conscient intentionnel. La conscience implique donc une forme de dualité entre un sujet et un objet, mais aussi une forme d'unité, de liaison : c'est l'intentionnalité.

CONSCIENCE MORALE

La conscience morale est la capacité qu'a l'homme de pouvoir juger ses propres actions en bien comme en mal. Même si celle-ci est susceptible de nous faire éprouver du remords ou de nous faire avoir « mauvaise conscience », elle fait pourtant notre dignité.
On peut penser ici à Rousseau qui, dans l'*Émile*, écrivait : « Conscience ! Conscience ! Instinct divin, immortelle et céleste voix [...] juge infaillible du bien et du mal qui rend l'homme semblable à Dieu, c'est toi qui fais l'excellence de sa nature et la moralité de ses actions », montrant par-là que la conscience est d'abord et avant tout une réalité d'ordre moral, voire sentimental. Elle peut ainsi se définir comme le sentiment que j'ai de ma propre existence en tant qu'existence morale.

INTUITION

Acte de saisie immédiate d'une chose par le sujet. L'intuition peut être sensible (je vois un arbre), mais aussi intellectuelle (je conçois un triangle). L'intuition est la forme la plus immédiate que prend l'acte conscient.

SUJET/ OBJET

Le sujet est le producteur de la pensée : il s'agit de celui qui pense et qui est conscient. L'objet est ce qui est produit par le sujet qui pense : il est ce dont le sujet est conscient.

Dissertation :
La conscience peut-elle être un fardeau ?

L'analyse du sujet

I. Les termes du sujet

• *Conscience* :
– sens psychologique : faculté de se représenter sa propre existence.
– sens moral : faculté de juger, ou de se représenter la valeur morale de ses actes.

• *Fardeau* :
– idée d'absence de liberté, d'entrave.
– idée d'efforts, de douleur.

• *Peut-elle* :
– idée de possibilité, de choix.
– idée de légitimité.

II. Les points du programme

• La conscience.
• L'existence et le temps.
• La morale.
• Le bonheur.
• La liberté.

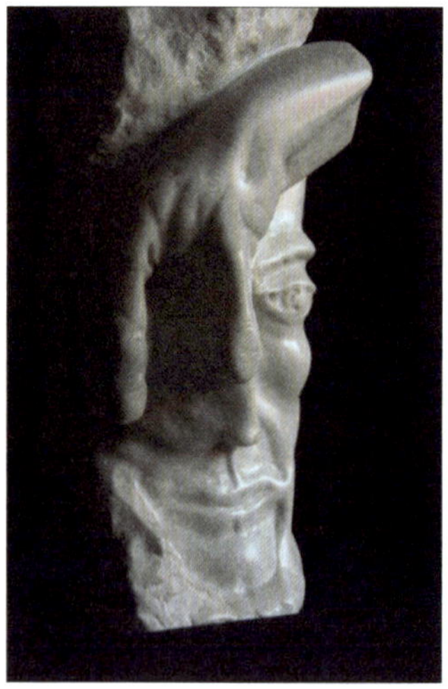

La problématique

La conscience que nous possédons peut-elle être considérée comme une charge nous empêchant de jouir pleinement de l'existence ? Se rendre compte de ses propres défauts confère-t-il à l'homme de la grandeur ou nuit-il au contraire à son bonheur et à sa liberté ?

Le plan détaillé du développement

I. La conscience est la marque de la grandeur humaine.

a) La disposition de la conscience nous donne le statut de sujet lucide et responsable de nos actes.
b) Ce sont les exigences du corps qui peuvent davantage être vécues comme un fardeau : maladies, travail, douleurs ; nous souffrons de vieillir trop vite.
c) Les manifestations du corps et ses désirs, relayés par l'inconscient, peuvent alourdir et perturber la conscience (psychanalyse).

« La grandeur de l'homme est grande
en ce qu'il se connaît misérable ;
un arbre ne se connaît pas misérable. » (Pascal)

Transition : Ne serait-il pas préférable de n'avoir aucune conscience des limites de notre condition ?

II. La conscience peut être malheureuse.

a) En tant qu'individu, la conscience de nos défauts psychologiques est douloureuse.
b) En tant qu'être humain, la conscience de notre condition ne peut susciter que l'incompréhension et l'angoisse (*Cf.* Pascal).
c) En tant que citoyen, la conscience des injustices et des déterminismes divers pesant sur nous n'incite pas au bonheur.

Transition : Mais prendre conscience des déterminismes n'est-il pas un moyen de s'en libérer ?

III. La prise de conscience est libératrice.

a) Sans conscience, le bonheur et la liberté ne seraient ni vécus, ni ressentis vraiment.
b) En matière morale, la conscience donne un idéal à respecter, mais que l'on ne peut jamais parfaitement atteindre.
c) La conscience nous donne un projet d'existence, toujours susceptible de changer (*Cf.* Sartre).

Conclusion

La conscience peut être vécue comme un fardeau, mais c'est également le fait d'être conscients de nos propres limites qui nous en libère.

Ce qu'il ne faut pas faire
Oublier la dimension positive de la conscience.

Les bons outils
• Pascal, *Pensées*.
• Sartre, *La Nausée*.
• Descartes, *Méditations métaphysiques*.
• Saint Augustin, *Confessions*.

TEXTE CLÉ

Dans cet extrait, Descartes expose la découverte du cogito qui est le principe même de la conscience.

Mais aussitôt après je pris garde que, pendant que je voulais ainsi penser que tout était faux, il fallait nécessairement que moi qui le pensais fusse quelque chose ; et remarquant que cette vérité : *je pense, donc je suis*, était si ferme et si assurée, que toutes les plus extravagantes suppositions des sceptiques n'étaient pas capables de l'ébranler, je jugeai que je pouvais la recevoir sans scrupule pour le premier principe de la philosophie que je cherchais.
Puis, examinant avec attention ce que j'étais, et voyant que je pouvais feindre que je n'avais aucun corps, et qu'il n'y avait aucun monde ni aucun lieu où je fusse ; mais que je ne pouvais pas feindre pour cela que je n'étais point ; et qu'au contraire de cela même que je pensais à douter de la vérité des autres choses, il suivait très évidemment et très certainement que j'étais ; au lieu que si j'eusse seulement cessé de penser, encore que tout le reste de ce que j'avais jamais imaginé eût été vrai, je n'avais aucune raison de croire que j'eusse été : je connus de là que j'étais une substance dont toute l'essence ou la nature n'est que de penser, et qui, pour être, n'a besoin d'aucun lieu, ni ne dépend d'aucune chose matérielle. En sorte que ce moi, c'est-à-dire l'âme par laquelle je suis ce que je suis, est entièrement distincte du corps, et même qu'elle est plus aisée à connaître que lui, et qu'encore qu'il ne fût point, elle ne laisserait pas d'être tout ce qu'elle est.

René Descartes,
Discours de la méthode, 4e partie

« je connus de là que j'étais une substance dont toute l'essence ou la nature n'est que de penser »

L'inconscient freudien au crible des neurosciences

Comment fonctionne notre cerveau ? Quelle est la part du conscient et celle de l'inconscient ? Neurologue à l'hôpital de la Pitié-Salpêtrière à Paris et normalien, Lionel Naccache se penche sur cette question intrigante depuis plusieurs années, notamment en collaboration avec Stanislas Dehaene.

Armé des savoirs nés du « ménage à trois » que forment la psychologie cognitive, l'imagerie cérébrale et la neuropsychologie clinique, il dévoile pas à pas ce que les neurosciences nous apprennent sur l'inconscient. Cela accompli, il confronte cette vision à celle de l'inconscient tel que Freud l'a défini afin de mettre au jour les convergences et divergences entre ces deux approches.

À partir du récit détaillé — peut-être trop, trouveront les lecteurs profanes — d'expériences avec des patients au cerveau lésé, Lionel Naccache met en évidence l'existence d'une perception et d'une motricité « hors conscience ». Il en ressort que notre cerveau fonctionne de manière beaucoup plus subtile que ne le supposaient les théories attribuant une aire unique à chacune des fonctions (vision, audition, langage...).

Autrement dit, loin d'être l'*« idiot de la famille »*, l'inconscient regroupe des contenus riches et divers. Il n'existe pas un lieu qui lui soit dédié, mais il repose au contraire sur une multiplicité de substrats cérébraux. De même qu'*« il n'existe aucune région cérébrale dont l'activité serait exclusivement et nécessairement réservée aux pensées conscientes »*. Enfin, inconscient et conscient ne sont pas deux mondes qui s'ignorent. L'inconscient est *« souple et sensible aux modifications dynamiques de la conscience du sujet »*.

Cet *« inconscient cognitif »* correspond-il à celui décrit par Freud ? Certes, *« plusieurs idées importantes semblent communes à ces deux démarches théoriques »* : *« La richesse de l'inconscient, le statut originairement inconscient de toute représentation mentale, le rôle de l'attention dans la prise de conscience et enfin la division de l'espace inconscient en plusieurs catégories qualitativement distinctes »*.

Au terme de son inventaire, l'auteur avoue pourtant sa *« déception »*. Pour Lionel Naccache, grand lecteur de Freud, *« le cœur de la psychanalyse freudienne de l'inconscient, c'est-à-dire le concept de refoulement, et certaines propriétés des représentations mentales inconscientes postulées par Freud sont en absolue contradiction avec ce que nous connaissons aujourd'hui du fonctionnement mental et de sa physiologie »*.

Freud a, selon Lionel Naccache, doté l'inconscient des attributs qui sont *« le propre de la conscience »*. L'inconscient freudien ne serait que *« la conscience du sujet qui interprète sa propre vie mentale inconsciente à la lumière de ses croyances conscientes »*. S'il rejette donc l'édifice théorique de Freud, Lionel Naccache n'en rejette pas pour autant la psychanalyse comme *« procédé thérapeutique »*. Sans dogmatisme et en se démarquant de critiques traditionnelles de l'œuvre de Freud, Lionel Naccache réussit le tour de force de nous éclairer et de questionner un domaine, celui de notre psychisme, sur lequel nous n'avons pas fini de nous interroger. ■

Paul Benkimoun, *Le Monde* daté du 24.11.2006

POURQUOI CET ARTICLE ?

Grâce aux progrès des neurosciences, certains chercheurs, comme Lionel Naccache, sont désormais en mesure de confronter les théories freudiennes sur l'inconscient à la réalité scientifique du fonctionnement de notre cerveau. Et les résultats de ces recherches sont troublants, puisqu'ils semblent fortement remettre en cause le cœur même de la psychanalyse freudienne – sans totalement élucider pour autant les rapports complexes entre conscience et inconscient. Dans l'attente d'un éventuel verdict définitif de la science, et face à l'apparente fragilité des théories freudiennes, la définition de l'inconscient est-elle vouée à demeurer encore longtemps une question en suspens ?

La perception(*)

J'ai la sensation d'une couleur ou d'une odeur, mais je perçois toujours un objet doté de qualités sensibles (une table rouge et sentant la cire). Alors, si je ne perçois pas simplement du rouge, mais une chose rouge, cela signifie que, quand je perçois, j'identifie des objets (l'objet table, ayant telles ou telles qualités sensibles) et que j'opère la synthèse des sensations provenant de mes différents sens. La question est alors de savoir d'une part comment s'opère cette synthèse, et d'autre part comment je reconnais tel ou tel objet.

Edmund Husserl (1859-1938), philosophe allemand, fondateur de la méthode phénoménologique.

Comment articuler perception et sensation ?

On peut soutenir que ce sont les différentes sensations qui vont s'additionner pour composer l'objet : la **sensation** du toucher de la table, de sa couleur et de sa forme, s'ajoutent les unes aux autres jusqu'à constituer la **perception** de l'objet « table ». C'est la solution défendue par les **empiristes** : la **connaissance** dérive de l'**expérience**, entièrement faite d'une **accumulation de sensations**. Nous avons d'abord des sensations, et ce sont elles qui composent nos idées.

Mais comme ces sensations se présentent toujours conjointement dans mon expérience sensitive, je finis par prendre l'habitude de les unir : je désigne alors leur union par un seul nom (je nomme « tulipe » l'union de certaines odeurs, couleurs, et formes se présentant ensemble). Au sens strict, toute chose n'est alors qu'une collection de sensations, unies sous une seule dénomination par une habitude.

La perception est-elle réductible à une somme de sensations ?

Peut-on cependant réduire ainsi l'objet à une collection de qualités senties et la perception à une somme de sensations reçues ? **Descartes** montre que c'est impossible : prenons un morceau de cire qui vient d'être tiré de la ruche ; il est dur, odorant, et possède une forme déterminée. Mais si on l'approche d'une flamme, ces qualités sensibles disparaissent toutes ; et pourtant, chacun le reconnaîtra avec évidence, « la même cire demeure ». L'expérience révèle donc que la cire était, à mon insu, autre chose que ce que je croyais : elle n'est pas un assemblage de qualités sensibles ; son **essence** doit être distinguée de son **apparence**.

La perception est-elle réductible à un acte de la raison ?

Se pose ici une alternative : ou bien on soutient avec les **empiristes** que la perception se confond avec la sensation, mais alors elle n'offrirait qu'un pur divers sans unité ni signification propre ; mais cela ne correspond en rien à notre expérience perceptive. Ou bien on soutient avec **Descartes** que la perception d'un objet se confond avec un acte de la raison : percevoir, c'est concevoir, ce qui fait aussi problème. Comme le note en effet

> « Être, c'est être perçu. », Esse est percipi.
> (George Berkeley)

MOTS CLÉS

APERCEPTION

Mot inventé par Leibniz et repris ensuite par Kant dans la *Critique de la raison pure* (aperception transcendantale), pour désigner l'acte par lequel un sujet opère un retour réflexif sur ses perceptions et en prend conscience. Leibniz oppose ainsi l'aperception aux « petites perceptions » qui sont des perceptions inconscientes.

APPARENCE

L'apparence désigne d'abord le caractère fugitif et vague de ce que le sujet perçoit. L'apparence peut être sensible (il m'apparaît qu'il fait froid, alors qu'il fait tiède) ou intellectuelle (il m'apparaît que cette équation est vraie, alors qu'elle est fausse). Elle ne doit pas être confondue avec l'apparition qui désigne l'acte par lequel un phénomène est donné au sujet.

EMPIRISME

Du grec *empeiria*, « expérience ». Doctrine philosophique selon laquelle toutes nos idées et connaissances sont dérivées de l'expérience sensible. La raison, selon les empiristes, est elle-même issue de l'expérience, aussi bien extérieure (perception sensible), qu'intérieure (réflexion), et en dépend d'autant plus qu'elle permet (grâce aux signes) de rassembler les perceptions. À l'époque moderne, l'empirisme est un courant qui se développe fortement en Grande-Bretagne avec John Locke et David Hume. Kant s'opposera aux empiristes en affirmant l'existence de structures *a priori* de l'esprit et, ainsi, la possibilité de connaissances non empiriques.

ESSENCE/ ACCIDENT

Du latin *esse*, « être ». L'essence d'une chose, c'est sa nature, ce qui définit son être, ce qui fait qu'elle est ce qu'elle est. Ce terme s'oppose à « l'accident » qui désigne un caractère de la chose qui aurait pu ne pas être, qui existe par hasard. Ainsi, par exemple, on peut considérer que la raison est l'essence de l'homme (c'est ce qui fait ce qu'il est), tandis que la couleur de cheveux de chacun est un accident.

(*) Hors programme en Terminale ES et en Terminale S.

René Descartes (1591-1650).

Merleau-Ponty, devant la raison, un carré est toujours un carré, qu'il repose sur l'une de ses bases ou sur l'un de ses sommets ; mais pour la perception, dans le second cas, il est à peine reconnaissable : nous percevons spontanément autre chose. Par conséquent, il faut sans doute sortir de l'alternative si l'on veut rendre compte de notre expérience perceptive réelle : l'objet perçu ne serait alors ni une pure collection de diverses qualités senties par les sens, ni un pur fragment d'étendue conçu par la raison. Il faudrait cesser de confondre la **perception** avec autre chose qu'elle (**sensation** ou **intellection**) et lui restituer sa spécificité.

Comment peut-on sortir de l'alternative ?

C'est **Husserl** qui nous donne la solution : dans la perception, la chose ne se donne ni morcelée dans une diversité de qualités sensibles, ni comme une totalité parfaitement claire et transparente pour la raison qui conçoit. Elle se donne « **par esquisses** ». En effet, je peux faire le tour de cette table que j'ai sous les yeux : j'ai sans cesse conscience de l'existence d'une seule et même table, alors même que la perception de cette table ne cesse de varier. C'est l'essence de la perception.

Chaque « vécu » de la table est celui de la même table : ce n'est pas une représentation dans l'esprit ni une simple apparence. Au contraire, chaque vécu de la table me la rend présente, mais d'un certain point de vue, sous un certain aspect ; c'est ainsi dans un flux temporel d'esquisses que chaque objet apparaît à la conscience, et il ne peut en être autrement : je ne peux pas, par définition, percevoir en même temps les six faces d'un cube posé devant moi. Le propre de la chose perçue, c'est donc de **ne jamais pouvoir se donner tout entière à la conscience :** un objet entièrement présent, est un **idéal** toujours visé mais jamais atteint.

UN ARTICLE DU *MONDE* À CONSULTER

- **Les fourmis, génies de l'orientation** p. 13
(Nathaniel Herzberg, *Le Monde Science et médecine* daté du 01.02.2017)

Outils

- Descartes, *Discours de la méthode ; Méditations métaphysiques.*
- Locke, *Essai sur l'entendement humain.*
- Merleau-Ponty, *Phénoménologie de la perception.*

MOTS CLÉS

ÉTENDUE
L'étendue d'un corps, c'est la portion d'espace que celui-ci occupe dans le réel. C'est parce que les corps sont dans l'espace qu'ils sont étendus. Chaque corps occupe l'espace de manière spécifique.

ÉVIDENCE
Du latin *videre* (« voir »), l'évidence est ce qui s'impose comme réel de façon immédiate et qui peut ainsi être tenu pour vrai sans réflexion. Cependant, toute évidence n'est pas vraie, même si des vérités peuvent êtres évidentes.

INNÉ
Est inné ce qui est donné à un être à sa naissance et appartient de ce fait à sa nature. S'oppose à *acquis*. Un des problèmes essentiels est de déterminer, chez l'homme, les parts respectives de l'inné et de l'acquis.

SENS
Au nombre de cinq (toucher, goût, odorat, ouïe et vue), les sens sont ce par quoi le sujet peut être mis en rapport avec le réel sensible situé hors de lui.

SENSIBLE/ INTELLIGIBLE
Est dit sensible tout ce qui concerne les objets accessibles au moyen des cinq sens. Est dit intelligible tout ce qui concerne l'intellect et ses objets (idées, nombres).

SENSUALISME
Le sensualisme est une doctrine qui veut ramener toutes nos connaissances aux sensations. L'épicurisme, par exemple, est un sensualisme. Cela n'implique pas qu'il suffit de sentir pour connaître, mais seulement que, sans sensation, aucune connaissance ne serait possible.

SYNTHÈSE
Du grec *sun*, « ensemble », et *tithémi*, « poser ». Opération de l'esprit qui consiste à rassembler des éléments divers, et à construire un ensemble à partir de ces principes. La synthèse s'oppose à l'analyse qui est un acte de décomposition.

Dissertation :
Le réel se limite-t-il à ce que perçoivent nos sens ?

L'analyse du sujet

I. Les termes du sujet

• *Le réel* :
– tout ce qui existe concrètement.
– contraire de ce qui est seulement imaginé, conçu, rêvé.

• *Ce que perçoivent nos sens* :
– toutes les informations fournies par nos cinq sens.
– référence à l'activité spécifique de perception, qui ne se limite pas à une simple sensation passive.

• *Se limite-t-il* :
– idée de restriction, par rapport à une opinion courante ou à une définition possible.
– idée d'objectivité, de délimitation exacte des contours.

II. Les points du programme

• La perception.
• La matière et l'esprit.
• La théorie et l'expérience.
• L'interprétation.

L'accroche

La formule « Je crois ce que je vois » est souvent employée pour mettre en doute quelque chose tant que l'on n'en a pas eu de preuve tangible, perceptible.

La problématique

La perception est-elle un critère suffisant pour déterminer ce qui est réel et ce qui ne l'est pas ? Est-elle fidèle à la nature réelle des choses ? Peut-elle tout englober ?

Le plan détaillé du développement

I. La réalité est délimitée par la perception.

a) Est d'abord jugé réel ce qui est perçu concrètement, par opposition à ce qui est rêvé, espéré, projeté.

b) Toute la démarche scientifique s'attache au critère de ce qui est vérifiable par la perception sensorielle (directe et naturelle) ou par des instruments d'optique (perception artificielle).

Transition : Nos sens ne sont donc pas les seuls à entrer en jeu.

II. La perception sensorielle possède de nombreuses limites.

a) Le rôle des facultés mentales est déterminant dans la perception : elles ne sont pourtant pas elles-mêmes perçues.

b) La perception sensorielle est une connaissance « confuse » (Descartes), puisqu'elle ne retranscrit pas fidèlement la nature de l'objet perçu.

c) On peut même supposer que la réalité de l'esprit est plus certaine que celle des corps sur lesquels des illusions sont toujours possibles.

Transition : Comment garantir la preuve de l'existence d'une réalité appelée « esprit » ?

III. Le terme réel a un sens limité.

a) Le réel au sens scientifique regroupe tout ce qui a été vérifié expérimentalement et qui n'est pas pour autant perçu tel quel par nos sens. Sa constitution et ses limites font l'objet de théories en constante évolution, à mesure que les sciences avancent.

b) Le réel au sens objectif est donc impossible à délimiter, puisque chacun a aussi un point de vue qui dépend de sa façon d'interpréter, de son expérience et de ses projets.

Conclusion

Le réel ne se limite pas à ce que perçoivent nos sens, dans la mesure où le terme « réel » suppose une sorte d'idéal d'objectivité, ou au contraire une vision nécessairement subjective du monde extérieur.

Les bons outils

• Descartes analyse la perception d'un morceau de cire dans *Les Méditations métaphysiques*.

• Berkeley montre le type de réalité des choses perçues dans *Les Principes de la connaissance humaine*. ■

Ce qu'il ne faut pas faire
Dresser un cataloguer de choses réelles, mais non perçues (atomes, etc.).

TEXTE CLÉ

Dans cet extrait, Bergson met en lumière le rapport de la perception à l'action intéressée et leur dissociation chez l'artiste.

Auxiliaire de l'action, elle [la perception] isole, dans l'ensemble de la réalité, ce qui nous intéresse ; elle nous montre moins les choses mêmes que le parti que nous en pouvons tirer. Par avance elle les classe, par avance elle les étiquette ; nous regardons à peine l'objet, il nous suffit de savoir à quelle catégorie il appartient. Mais, de loin en loin, par un accident heureux, des hommes surgissent dont les sens ou la conscience sont moins adhérents à la vie. La nature a oublié d'attacher leur faculté de percevoir à leur faculté d'agir. Quand ils regardent une chose, ils la voient pour elle, et non plus pour eux. Ils ne perçoivent plus simplement en vue d'agir ; ils perçoivent pour percevoir, – pour rien, pour le plaisir. Par un certain côté d'eux-mêmes, soit par leur conscience soit par un de leurs sens, ils naissent détachés ; et, selon que ce détachement est celui de tel ou tel sens, ou de la conscience, ils sont peintres ou sculpteurs, musiciens ou poètes. C'est donc bien une vision plus directe de la réalité que nous trouvons dans les différents arts ; et c'est parce que l'artiste songe moins à utiliser sa perception qu'il perçoit un plus grand nombre de choses.

Henri Bergson,
La Pensée et le mouvant

« C'est donc bien une vision plus directe de la réalité que nous trouvons dans les différents arts ; et c'est parce que l'artiste songe moins à utiliser sa perception qu'il perçoit un plus grand nombre de choses »

Les fourmis, génies de l'orientation

Seuls ou en groupe, en avant comme en arrière, ces insectes retrouvent toujours leur chemin. Deux études révèlent le secret de leur étonnant GPS.

Il y a quatre ans, le jeune éthologue Ehud Fonio accomplissait le rêve de tout chercheur israélien : décrocher un poste au prestigieux Institut Weizmann. Il déménageait donc à Rehovot. La suite, c'est son chef, Ofer Feinerman, qui la raconte : *« Le matin, quand Udi a voulu nourrir ses chats dehors, il a vu les croquettes bouger toutes seules. Il a regardé de plus près et a découvert des fourmis. La maison était installée sur un immense nid et ce qu'il observait était du transport coopératif. Il a filmé la scène et me l'a montrée. C'était son deuxième jour au labo. Il m'a demandé si ça m'intéressait. Heureusement que j'ai répondu oui. »*

Après plusieurs années de travail et avec l'appui de leur collègue informaticien du CNRS Amos Korman (université Paris-Diderot), l'équipe vient de percer le secret qui se cache derrière le mouvement apparemment erratique des *Paratrechina longicornis*, aussi surnommées « fourmis folles ». Dans la revue *eLife*, ils viennent de mettre en évidence un nouveau mode collectif d'orientation qui permet au groupe de rapporter au nid des charges gigantesques. Mieux : ils ont établi que celui-ci était basé sur la coordination, la coopération et... le hasard. *« Un comportement qui peut paraître incohérent mais qui se révèle d'une grande efficacité et d'une étonnante souplesse »*, souligne Amos Korman, informaticien spécialisé dans les systèmes complexes.

Comme souvent chez les animaux, tout est une histoire de nourriture. Chez les fourmis, on appelle ça le fourragement. Le groupe envoie ses éclaireuses parcourir les alentours. Une fois la proie localisée, l'insecte rentre au nid, laissant derrière lui des phéromones. Il recrute alors des congénères. Ensemble, ils suivent l'empreinte chimique, se saisissent des proies et rentrent au bercail.

Seulement voilà : les fourmis ne sont pas des géomètres. Tracée pour un individu, la piste peut s'avérer impraticable pour un convoi exceptionnel. *« Dit autrement, imaginez que votre GPS vous indique le chemin des piétons alors que vous êtes en voiture »*, explique Amos Korman. Comment l'armée de fourmis contourne-t-elle les obstacles ?

Installant une colonie dans le laboratoire, l'équipe israélienne a d'abord constaté qu'avant de lâcher un jet de phéromones, la fourmi opérait un petit mouvement arrière. Les chercheurs ont ainsi pu, pour la première fois, tracer la carte des signaux et faire deux découvertes inattendues. Loin de suivre une piste préexistante, le groupe construit sa voie au fur et à mesure, par tronçons d'environ 10 cm. *« Comme un GPS qui indique de prendre la première à gauche mais n'indique pas le trajet total jusqu'à destination »*, traduit le myrmécologue Thibaud Monnin (CNRS-université Pierre-et-Marie-Curie). Surtout, l'armée ne suit pas toujours ses éclaireurs. « *Elle perd la piste... mais la piste la rattrape* », explique Amos Korman.

Pourquoi une telle pagaille ? C'est là que l'informaticien est entré en scène. Il a proposé un modèle dans lequel, à chaque étape, le groupe suit à 80 % le chemin indiqué par les pisteuses mais prend, dans 20 % des cas, une autre direction, au hasard. Un modèle à la fois conforme aux observations et précieux. *« Quand tout va bien, le groupe perd très peu de temps pour atteindre le nid et, à l'inverse, il se sort de situations critiques qui autrement le bloqueraient à jamais. »* Et le chercheur du CNRS de vanter l'adaptation par le hasard : *« Vous n'éduquez pas un enfant en programmant toute sa vie car vous risquez la catastrophe au moindre pas de côté. Vous acceptez plutôt l'incertitude. »*

Une source d'inspiration

Les fourmis érigées en modèle ? De nombreux scientifiques, adeptes du biomimétisme, puisent en tout cas dans leur organisation une source d'inspiration, de la robotique à la gestion des réseaux de distribution d'eau ou d'électricité. De quoi nourrir l'idée d'une intelligence collective des fourmis sans commune mesure avec sa simplicité individuelle. *« Mais même si le groupe développe des compétences supérieures à la somme des individualités, ça ne veut pas dire que les individus sont stupides »*, souligne Antoine Wystrach, du Centre de recherche sur la cognition animale (CNRS-université de Toulouse).

Le biologiste sait de quoi il parle. Dans une seconde étude, publiée mardi 17 janvier, dans la revue *Current Biology*, l'équipe franco-britannique qu'il coordonnait a mis en évidence les étonnantes capacités d'orientation, cette fois de chaque spécimen. Et elles laissent songeur. Non seulement les fourmis étudiées utilisent leur mémoire (remarquable) du paysage et les informations imprévues qui surgissent sous leurs pattes (ou leurs yeux). Mais elles y parviennent dans toutes les positions, quitte à ruser avec leurs propres limites.

Cette fois, ce sont des *Cataglyphis velox* qui ont servi de modèle. Contrairement à la plupart de leurs cousines, ces fourmis du désert n'utilisent pas de phéromones. A dire vrai, elles ne font rien comme les autres. Elles sortent aux heures les plus chaudes, quand leurs prédateurs se terrent, et fourragent en solitaire. Lorsqu'elles mettent la main sur un de ces minuscules insectes grillés par le soleil dont elles raffolent, elles le portent jusqu'au nid. Du moins quand elles le peuvent. Sinon, elles se retournent et le tirent en marche arrière.

Leur secret pour retrouver la maison ? Pour le savoir, Antoine Wystrach et ses collègues ont construit dans le désert andalou un circuit que les fourmis ont pu mémoriser pendant vingt-quatre heures. Puis ils leur ont distribué des morceaux de biscuit à rapporter. Celles qui se déplaçaient en avant n'ont rencontré aucune difficulté à s'orienter. Les plus chargées, circulant à reculons, ont au contraire raté le premier tournant. Elles ont alors abandonné leur charge, se sont retournées, ont réévalué le chemin, puis ont repris le biscuit, qu'elles ont tiré sur la bonne voie.

Comment interpréter un tel comportement ? *« Grâce aux indices terrestres, la fourmi mémorise sur sa rétine une scène de façon égocentrée »*, explique Antoine Wystrach. La droite est donc... à droite. En marche arrière, *Cataglyphis* est perdue. Mais qu'elle se retourne, et la voilà capable de mémoriser la route, la nouvelle direction et la présence du biscuit. *« Elle intègre alors le repère centré sur elle-même et les directions centrées sur le monde »*, poursuit le scientifique.

Encore faut-il à la fourmi un instrument qui, en marche arrière, lui indique le cap général. Chez *Cataglyphis*, ce compas est céleste. Pour s'en convaincre, les scientifiques ont repris une vieille expérience en réfléchissant le soleil à l'aide d'un miroir. Les fourmis marchant à reculons sont tombées dans le piège et sont parties dans le mauvais sens. Par conséquent, c'est bien le soleil qui les orientait.

Deux espèces de fourmis, donc. Deux modes de fourragement (individuel ou collectif), deux natures d'indices (visuels ou olfactifs), deux types de charges (plus ou moins lourdes) et deux façons de se mouvoir (en avant ou en arrière). Thibaud Monnin y voit une conclusion : *« Les stratégies d'orientation des fourmis sont plus complexes, plus dynamiques et plus robustes que ce qu'on croyait. »* Dit plus trivialement, elles sont vraiment phénoménales. ■

Nathaniel Herzberg, *Le Monde Science et médecine* daté du 01.02.2017

POURQUOI CET ARTICLE ?

Cet article nous fournit un excellent exemple de **faculté perceptive à l'œuvre dans le monde animal**. En nous relatant des découvertes récentes faites par des éthologues au sujet du mode de déplacement des fourmis, l'article de Nathaniel Herzberg nous montre que **la perception est un acte de l'intelligence animale et qu'elle n'est pas spécifiquement humaine**. Les fourmis sont ainsi capables de se déplacer dans l'espace pour ramener leur nourriture dans la fourmilière d'une manière très précise, bien qu'elles ne possèdent pas d'objets techniques comme les GPS que nous, hommes, utilisons. Ceci s'explique en particulier par **l'intelligence collective de certaines espèces de fourmis,** comme les *Paratrechina longicornis* dont il est question au début de l'article.

Autrui(*)

Qu'est-ce qu'autrui ? Un autre moi-même, c'est-à-dire celui qui est à la fois comme moi et autre que moi. Rencontrer autrui, cela suppose donc d'une part la vie en communauté ; mais d'autre part, comme je ne saurais être moral tout seul, la moralité elle-même suppose la rencontre d'autrui.

Socrate.

Comment définir ce qu'est autrui ?

La réponse semble simple : autrui, ce sont les autres hommes dans leur ensemble. Cela signifie que je ne comprends jamais autrui comme étant seulement autre chose que moi, une chose parmi les choses. Dès la **perception**, je ne vise pas autrui comme je vise une chose inerte, c'est-à-dire comme une pure **altérité** : autrui est tout à la fois *autre* que moi et *identique* à moi. En termes platoniciens, autrui entrelace le **même** et l'**autre**.

Quel rapport existe-t-il entre moi et autrui ?

Nous avons retenu du **solipsisme** cartésien l'idée que le **moi** est plus certain que le monde : il y a d'abord le moi, puis ensuite seulement le **monde** et **autrui**. Selon Descartes en effet, je n'ai pas besoin d'autrui pour avoir conscience de moi ; mais tout seul, puis-je avoir conscience d'exister ?

Husserl va montrer que la conscience n'est pas une substance, mais une **ouverture à l'altérité** : je n'ai pas d'abord conscience de moi, puis d'autrui et du monde, parce que ma conscience est d'emblée *rapport* au monde et à autrui. Le monde dont je suis conscient n'est pas un désert vide, car je peux deviner la trace d'autrui derrière les choses : le chemin sur lequel je marche n'a pas été tracé par mes seuls pas.

En quoi la visée d'autrui est-elle spécifique ?

À même la perception, je distingue moi, les autres choses que moi, et autrui, c'est-à-dire l'**autre moi**. **Husserl** montre que cette distinction, qui semble toute naturelle, est en fait très complexe, et repose en dernière analyse sur le langage : autrui, à la différence des choses, *répond* quand je lui parle.

MOTS CLÉS

AUTRE/ AUTRUI

L'autre est tout ce qui n'est pas moi (un objet, un animal, un homme, etc.). Autrui désigne l'autre en tant que personne humaine et donc en tant qu'*alter ego*, c'est-à-dire en tant qu'il est *un autre moi-même*. Autrui est donc à la fois un autre moi, et un autre que moi. C'est cet entrelacement du même et de l'autre en autrui qui fait l'objet d'un questionnement philosophique.

COMPASSION

Sentiment qui nous fait éprouver la souffrance d'autrui. Compatir, c'est littéralement « souffrir avec » l'autre. Rousseau pose la compassion – appelée aussi pitié et suscitée par le malheur d'autrui – comme le sentiment caractéristique de la nature humaine.

HUMANITÉ/ ANIMALITÉ

Par opposition à l'animalité qui désigne les caractéristiques communes à l'ensemble des espèces animales dont l'homme fait partie, l'humanité est l'ensemble des caractéristiques spécifiques au genre humain. Sur le plan moral, l'humanité en moi comme en autrui est considérée par Kant comme ce qui nous confère un caractère sacré, qui oblige absolument et sans restriction au respect.

INTERSUBJECTIVITÉ

Du latin *inter*, « entre », et *subjectus*, « sujet ». Terme phénoménologique utilisé par Husserl pour désigner la relation réciproque des consciences les unes avec les autres, comme étant à l'origine de la constitution d'un monde commun. Autrui n'est pas coupé de moi, mais je le découvre en même temps que moi-même dans la possibilité du dialogue et le partage d'un monde commun.

PERSONNE

Désigne autrui en tant qu'entité morale qu'il me faut respecter.

RESPECT

Reconnaissance de la dignité d'autrui en tant qu'elle équivaut à la sienne propre. Kant définit le respect comme le sentiment par lequel nous prenons conscience de la loi morale en nous.

(*) Hors programme en Terminale S.

Par le langage, je suis avec autrui en situation de **compréhension réciproque** (ce pourquoi, d'ailleurs, je ne me comporte pas de la même façon seul que devant autrui). Le langage fonde donc la « communauté intersubjective ». Un langage que je serais seul à comprendre serait au mieux un code, au pire un charabia : par le seul fait que je parle une langue, je ne suis jamais seul, parce que parler une langue, c'est d'emblée appartenir à une communauté.

En quel sens ai-je besoin d'autrui pour être conscient de moi-même ?

Pour Hobbes, j'ai besoin d'autrui parce qu'il est dans la nature humaine de désirer qu'autrui admette ma **supériorité**. La nature humaine révèle donc un **désir de pouvoir** sur autrui.

Hegel juge cette thèse insuffisante, car Hobbes suppose une nature humaine antérieure à la rencontre d'autrui. Mais selon Hegel, je ne suis *homme* que si l'on m'accorde ce statut. Le désir de pouvoir, et donc le besoin d'autrui n'est pas seulement révélateur, mais bien **constitutif de mon humanité**.

Selon Hegel, l'**humanité** ne nous est pas donnée à la naissance, au contraire, elle est gagnée si nous voyons autrui nous l'accorder, car c'est lui qui me donne le statut d'être humain.

Il faut le **miroir de l'autre** pour que la conscience de nous-même ne soit pas une illusion : ce qui différencie le fou qui se prend pour Napoléon, et Napoléon lui-même, c'est qu'autrui ne reconnaît pas que le fou est ce qu'il croit être. Or, la reconnaissance *par* l'autre ne passe pas simplement par la reconnaissance *de* l'autre : tel est le véritable sens de la dialectique du maître et de l'esclave.

Qu'est-ce que la reconnaissance d'autrui ?

Je reconnais autrui comme un homme, et en échange, il fait de même. Hegel va montrer en quoi cette thèse est absurde : si je cesse de **dominer** autrui, si je le reconnais comme un autre homme, alors, c'est lui qui va me dominer. La reconnaissance est donc pour Hegel « **une rivalité à mort** » dont l'enjeu est le choix entre la **vie** et la **liberté**. Dans la lutte pour la reconnaissance, l'**esclave** est le premier à lâcher prise : il préfère abandonner sa liberté plutôt que de risquer sa vie. Le **maître** arrive donc à obliger l'autre à le reconnaître comme étant un homme, c'est-à-dire comme étant libre ; et en acceptant de reconnaître le maître, l'esclave accepte d'être asservi, c'est-à-dire de ne pas être lui-même reconnu comme homme.

> « Une conscience de soi qui est pour une autre conscience de soi n'est pas seulement pour elle comme pur objet, mais comme son autre soi. » (Hegel)

Quel rôle autrui joue-t-il dans la moralité ?

Selon Hegel, c'est finalement le maître qui devient **inhumain** en refusant le statut d'homme à l'esclave. Il est en réalité esclave de son désir qui l'enchaîne au plaisir. Faisant d'autrui un **moyen** d'assouvir ses désirs, et non une **fin en soi**, le maître méconnaît la **liberté** véritable : je ne suis vraiment libre que si je reconnais autrui, malgré toutes ses différences, comme étant le même que moi (voir *zoom* ci-contre).

La **moralité** ne se fonde donc pas sur un prétendu « droit à la différence », bien au contraire : c'est parce qu'autrui, *malgré* ses différences, appartient au même, c'est-à-dire à l'humanité, que j'ai des devoirs moraux envers lui ; c'est pourquoi Rousseau faisait de la pitié, sentiment naturel par lequel je m'identifie aux souffrances d'autrui, le fondement de la moralité. ■

UN ARTICLE DU *MONDE* À CONSULTER

- **Matthieu Ricard, altruiste intégral** p. 17
(Catherine Vincent, *Le Monde* daté du 10.09.2015)

MOTS CLÉS

SOLIPSISME

Formé du latin *solus* (« seul ») et *ipse* (« soi-même »), le solipsisme est l'acte par lequel un sujet se saisit comme étant seul avec lui-même et ainsi radicalement coupé du monde et des hommes. On peut ainsi opposer l'attitude solipsiste à l'acte intersubjectif qui ne me « coupe » pas des autres mais qui me met en rapport avec eux.

ZOOM SUR…

La conception husserlienne de l'intersubjectivité

Pour Husserl, la visée d'autrui est en soi spécifique et diffère de la visée de tout autre objet intentionnel, parce que je sais qu'autrui me voit le voir : autrui est bien un objet de ma perception parmi tous les autres, mais il diffère de tous les autres objets parce que je suis moi-même un objet de sa perception. Il est vrai que c'est également le cas avec les animaux : mais même si je sais qu'un animal me voit lorsque je le regarde, je ne sais pas quel sens il peut bien donner à cette perception.

Face à autrui, je peux m'assurer de la signification qu'il donne à ce qu'il voit de moi par le langage : parce qu'autrui peut me parler, je suis face à lui en situation de compréhension réciproque.

Paresser lorsqu'on a du travail sous le regard de son chien n'est pas un problème ; mais si autrui me voit dans cette situation, j'en suis gêné, parce que je sais le sens qu'il donne à mon comportement. Autrui n'est donc pas celui qui a des devoirs envers moi ; c'est bien plutôt moi qui ai toujours des devoirs envers lui, parce que c'est aussi à travers lui que je me juge.

Dissertation :
Qu'est-ce que comprendre autrui ?

L'analyse du sujet

I. Les termes du sujet

• *Comprendre* :
– idée de connaissance théorique, de raisonnement.
– idée de sentiment, de sympathie.

• *Autrui* :
– tout autre individu.
– toute personne considérée comme sujet doté de conscience.

II. Les points du programme

• Autrui.
• La vérité.
• La morale.

« L'Enfer, c'est les autres. » Cette formule prononcée par Garcin dans *Huis-Clos* de Jean-Paul Sartre désigne le fait que les autres font de moi une chose quand ils me jugent.

L'accroche

Dans le livre *L'Attentat*, de Y. Khadra, le personnage principal découvre que sa propre femme est directement responsable d'une attaque terroriste.

La problématique

Quelles sont les exigences à remplir pour qu'il y ait vraiment compréhension de l'autre ? Faut-il le connaître intimement, et déjà un peu l'aimer ? Ou suffit-il d'une simple identification à soi ? Mais s'agit-il alors vraiment de le comprendre en tant qu'être différent ?

« La connaissance de soi n'est pas possible sans la présence de quelqu'un d'autre qui soit notre ami. » (Aristote)

Le plan détaillé du développement

I. Comprendre autrui revient à l'identifier à soi.

a) Au sens intellectuel, la compréhension suppose la saisie des intentions, des propos, par la disposition commune de raison (*cf.* analyse de Malebranche).

b) Au sens affectif, la compréhension suppose le sentiment partagé à l'égard des plaisirs et des douleurs éprouvés par l'autre, via la sympathie naturelle (*cf.* analyse de Hume). Cela donne lieu au respect moral minimal, parfois au pardon.

Transition : La compréhension repose alors sur ce qui est commun, et non sur ce qui est différent. L'autre en tant qu'autre n'est-il jamais saisi comme tel ?

II. Rencontrer l'autre, en tant qu'autre, revient à ne pas le comprendre.

a) Autrui est un sujet doté d'intériorité, je ne peux par définition jamais me mettre totalement à sa place, du fait de mon extériorité par rapport à lui (*cf.* analyse de Sartre).

b) Cette extériorité m'amène plutôt à le juger (exemple de la honte, développé par Sartre).

c) Du point de vue affectif, son extériorité peut aussi devenir une rivalité, au point que l'amour-propre en sort exacerbé (*cf.* analyse de Rousseau dans l'*Émile*).

Transition : Comment expliquer alors les relations d'amour ou d'amitié sincères ?

III. Autrui est compris dans la mesure où il peut et veut me comprendre.

a) La saisie de l'altérité fondamentale d'autrui se fait grâce à son visage, à la fois parfaitement singulier et totalement fragile : comprendre autrui signifie d'abord comprendre et expérimenter qu'il est autre (*cf.* analyse de Lévinas).

b) Dans l'amour ou l'amitié, on attend même de ce sujet qu'il comprenne notre propre personnalité. La compréhension est en même temps un appel à la compréhension réciproque.

c) Comprendre ne revient donc pas à posséder l'autre, mais à établir une relation d'enrichissement mutuel (exemple de l'amitié, développé par Kant).

« Dans l'expérience même de ma distance aux choses et à autrui, j'éprouve la présence sans distance d'autrui à moi. » (Jean-Paul Sartre)

Conclusion

Comprendre autrui suppose un désir de compréhension réciproque et respectueux. ■

Ce qu'il ne faut pas faire

Proposer une série de réponses sans établir de progression entre elles.

Les bons outils

• Hume, *Enquête sur les principes de la morale*. L'auteur montre les parts respectives de l'amour-propre et du souci pour le bien d'autrui.
• Sartre, *L'Être et le Néant* (chap. « Le regard »).
• Montesquieu, « contre l'esclavage », *De l'esprit des lois*.

TEXTE CLÉ

Dans cet extrait, Platon montre à travers ce dialogue entre Socrate et Alcibiade que la véritable connaissance de soi nécessite la médiation d'un autre que soi.

SOCRATE – Comment faire pour nous en rendre compte le plus clairement ? Nous avons reconnu en effet que, si nous connaissons cela, nous nous connaîtrons aussi nous-mêmes. Au nom des dieux, cette sage inscription* de Delphes, que nous avons mentionnée tout à l'heure, la comprenons-nous bien ?

ALCIBIADE – Que veux-tu dire par là, Socrate ?

SOCRATE – Je vais t'expliquer ce que je soupçonne que signifie et recommande cette inscription. Je ne vois guère d'exemples propres à l'éclaircir, en dehors de la vue.

ALCIBIADE – Comment dis-tu cela ?

SOCRATE – Réfléchis avec moi. Si ce précepte s'adressait à notre œil comme à un homme et lui disait : « Vois-toi toi-même », comment interpréterions-nous ce conseil ? Ne serait-ce pas de regarder un objet où l'œil se verrait lui-même ?

ALCIBIADE – Évidemment.

SOCRATE – Cherchons donc parmi les objets celui qu'il faut regarder pour voir en même temps cet objet et nous-mêmes ?

ALCIBIADE – C'est évidemment, Socrate, un miroir ou un objet semblable.

SOCRATE – C'est juste. Et dans l'œil par lequel nous voyons, n'y a-t-il pas aussi quelque chose de cette sorte ?

ALCIBIADE – Assurément.

SOCRATE – Eh bien, as-tu remarqué que le visage de celui qui regarde dans l'œil d'un autre se montre dans la partie de l'œil qui lui fait face, comme dans un miroir. C'est ce que nous appelons pupille, parce que c'est une sorte d'image de celui qui regarde dedans.

ALCIBIADE – C'est exact.

SOCRATE – Donc un œil qui regarde un autre œil et qui se fixe sur ce qu'il y a de meilleur en lui, ce par quoi il voit, peut ainsi se voir lui-même.

ALCIBIADE – Évidemment.

Platon, *Premier Alcibiade*

* Il s'agit de l'inscription suivante « *Connais-toi toi-même* », inscrite au fronton du temple d'Apollon au sanctuaire grec de Delphes.

Matthieu Ricard, altruiste intégral

Le moine bouddhiste le plus célèbre, actif sur de nombreux fronts, plaide aussi pour la cause animale. Pour ce végétarien convaincu, « en aimant aussi les animaux, on aime mieux les hommes. »

En s'opposant à l'introduction d'un menu végétarien dans les écoles publiques, Gilles Platret, maire (Les Républicains) de Chalon-sur-Saône (Saône-et-Loire), ne s'attendait pas à trouver sur sa route un adversaire de cette stature. Quelle idée, aussi, d'avancer de tels arguments ! De déclarer que le régime végétarien *« n'apporte pas toutes les ressources nutritionnelles suffisantes pour l'enfant, en particulier le fer, dont la carence est source de fatigue pour l'écolier »* ! Un bel exemple de ce que Matthieu Ricard, reprenant le titre d'un des ouvrages de son philosophe de père, Jean-François Revel, appelle la *« connaissance inutile »* : celle qui existe et dont on ne se sert pas.

« Le mythe des protéines "incomplètes", perpétué notamment par l'industrie de la viande, repose sur des recherches anciennes et désuètes », réplique-t-il dans une tribune publiée dans *Le Monde* le 2 septembre. Derrière son air affable, sa tunique safran et sa robe rouge, l'homme est un pugnace : le lendemain, on pouvait l'entendre débattre avec Gilles Platret sur les ondes de RMC. Sur la supériorité des protéines animales, le maire de Chalon s'est fait plus discret, préférant évoquer une mesure « anti-laïque » et l'organisation des cantines. C'est que le moine bouddhiste le plus célèbre en Occident, l'interprète en français du dalaï-lama, toujours en première ligne dans le combat des Tibétains contre la répression chinoise, fut aussi biologiste, spécialiste de génétique cellulaire à l'Institut Pasteur. Faire parler les données scientifiques, il sait faire. Enchaîner les causes et les conséquences aussi. C'est là toute la force de son dernier ouvrage, *Plaidoyer pour les animaux. Vers une bienveillance pour tous* (Allary Editions), publié en octobre 2014. Vendu, à ce jour, à 50 000 exemplaires.

Discuter avec Matthieu Ricard est une expérience singulière. Lui qui fêtera l'année prochaine ses 70 ans écoute vos questions avec courtoisie, sans vous interrompre. Et lorsqu'il parle, ce n'est pas du tout comme un livre : le propos est spontané, jovial même, entrecoupé de rires et d'exclamations. D'emblée, on le trouve sympathique. Mais tout de même un peu naïf, un peu fleur bleue dans son appel constant à la compassion. Et puis, face à la logique tranquille de son argumentation, voilà qu'on perd pied. Qu'on se surprend à y croire. Les hommes tuent chaque année des milliers de milliards d'animaux pour leur consommation, mais nous sommes de plus en plus nombreux et il faut bien que nous mangions ? Il s'agit là, affirme-t-il, d'un *« massacre inégalé dans l'histoire de l'humanité »* qui pose un *« défi éthique majeur »* et nuit aussi à notre propre espèce. Nous avons toujours exploité les animaux, pourquoi devrions-nous arrêter ? Cet « alibi historique », fondé sur notre passé carnivore et chasseur, n'a pas de sens : *« L'homme était parfois cannibale, et nous n'en déduisons pas qu'il est acceptable d'être cannibale aujourd'hui. »* Il suffirait de changer les méthodes cruelles de l'élevage industriel et des abattoirs pour que tout s'arrange ? *« Une échappatoire pour se donner meilleure conscience tout en poursuivant le massacre des animaux »*. Il n'en démord pas : *« Ce qu'il faut, c'est y mettre fin. »*

« Une question de cohérence »

Mais au fait, d'où vient cet engagement soudain pour la gent animale ? Pourquoi ce nouveau combat, pour celui qui mène de front tant d'autres actions – sauvegarde de la culture tibétaine, aide aux populations, colloques et conférences, mise en œuvre d'un centre de recherche sur les effets de la méditation sur le cerveau, sans parler des longs moments passés dans son monastère bouddhiste de Shechen, au Népal, pour pratiquer la méditation dans la solitude ? Il rit encore.

« Ce qui m'a le plus surpris depuis la sortie de mon livre, c'est que je suis désormais "classé" comme défenseur des animaux, comme si c'était une spécialité. C'est juste une question de cohérence ! » Humanité d'un côté, animaux de l'autre : pour celui qui a fait de l'altruisme son maître mot (son dernier livre, publié en avril 2017 chez Allary Editions en collaboration avec la chercheuse en neurosciences Tania Singer, a pour titre *Vers une société altruiste*), ce n'est pas en ces termes que la question se pose.

« L'altruisme n'a pas de barrière, et l'idée qu'il serait spécial d'avoir de la compassion pour les animaux est révélatrice d'une société qui a depuis longtemps fort peu de considération pour eux, remarque-t-il. *Entre une chèvre et un homme, il y a des différences colossales lorsqu'il s'agit de nommer un professeur d'université. Mais lorsqu'il s'agit de recevoir un coup de couteau dans le ventre, basiquement, c'est la même chose. »* Dans l'expérience de la souffrance, affirme-t-il, nous ne sommes pas si différents des bêtes. Comment, dès lors, justifier moralement les douleurs incommensurables que nous leur faisons subir ?

Longtemps, pourtant, Matthieu Ricard n'a guère pris position pour la cause animale. Du moins publiquement. Mais le réveil de sa conscience, lui, remonte à loin. *« Petit, j'ai vécu plusieurs années avec l'une de mes grands-mères*, raconte-t-il. *Comme toutes les bonnes grands-mères de Bretagne, elle m'emmenait à la pêche. J'étais un peu gêné par les petits poissons qui étouffaient sur le quai, mais je regardais ailleurs. Jusqu'au jour où une amie, je devais avoir 13 ou 14 ans, s'est étonnée : "Comment ? Tu pêches !" Le ton de sa voix a provoqué un déclic. Comme un mur qui s'écroule, derrière lequel on commence à voir les choses telles qu'elles sont. D'un seul coup, j'ai eu honte de ne pas m'être imaginé à la place du poisson. De ne pas m'être demandé ce que cela me ferait d'être brusquement tiré dans l'eau, comme lui dans l'air. »*

L'adolescent cesse de pêcher, mais n'en continue pas moins à manger de la viande et du poisson jusqu'en 1967. Cette année-là, le jeune étudiant en sciences, élevé dans une éducation laïque par un père philosophe et une mère artiste peintre, doué et curieux de tout, sportif, amateur de Bach, passionné d'astronomie, d'échecs et de photo, effectue son premier voyage en Inde. Il y fait la rencontre de sa vie : Kangyour Rinpoché, un lama tibétain qui deviendra son premier maître spirituel. *« Selon le bouddhisme, tous les êtres sans distinction ont au fond d'eux-mêmes la "nature de Bouddha", et tous ont le droit fondamental d'exister et de ne pas souffrir »*, rappelle-t-il. Dès lors, devenir végétarien, *« le seul moyen d'éviter de vivre de la souffrance et de la mort des autres »*, était une évidence.

L'autre prise de conscience, celle de la souffrance *« immense »* des animaux issus de l'élevage industriel, sera beaucoup plus tardive. *« Pendant quarante ans, je n'ai quasiment pas vécu en Occident. Je n'avais pas pris la mesure de la situation, d'autant moins que tout concourt à ce qu'elle soit soigneusement cachée. Je suis passé récemment à côté d'un abattoir dans la région de Périgueux : de l'extérieur, cela ressemble à un supermarché Leclerc ! »* Il y a quelques années, il visionne le documentaire *Earthlings* (« Terriens », de Shaun Monson, 2005) : *« Le plaidoyer le plus complet, le plus solide que je connaisse sur la maltraitance des animaux, en accès libre sur Internet. »* Il rencontre des experts, accumule les données... Sa conviction est vite faite. *« Si l'on veut continuer à consommer de la viande dans ces conditions tout en refusant de faire souffrir les autres, cela devient vraiment difficile de se réconcilier avec soi-même ! »* Et qu'on ne vienne pas lui dire qu'il n'est guère moral de défendre les bêtes quand il y a tant de souffrances humaines dans le monde ! La remarque, « presque comique et complètement absurde », lui a souvent été faite depuis la publication de son *Plaidoyer pour les animaux*. Il lui a même donné un nom : le sophisme de l'indécence.

« En quoi tuer des milliards d'animaux aide-t-il les droits de l'homme en Chine ? En quoi décider que je ne vais plus manger de viande nuit-il aux Syriens ? L'altruisme n'est pas une quantité limitée, c'est une attitude. En aimant aussi les animaux, on aime mieux les hommes. Et ceux qui usent de cet argument sont en général ceux qui auront le moins tendance à l'altruisme à l'égard de leurs prochains ! » Adressé à Matthieu Ricard, le reproche est particulièrement malvenu : ses droits d'auteur sont intégralement reversés à l'organisation humanitaire qu'il a fondée en 2000, Karuna-Shechen, dont les écoles, cliniques et dispensaires améliorent la vie de dizaines de milliers de personnes en Inde, au Tibet et au Népal.

Catherine Vincent, *Le Monde* daté du 10.09.2015

POURQUOI CET ARTICLE ?

Dans cet extrait, Catherine Vincent nous expose **la pensée altruiste** du moine bouddhiste français Matthieu Ricard. Celui-ci, auteur d'un ouvrage intitulé *Plaidoyer pour les animaux*, considère que **la compassion envers autrui ne doit pas s'arrêter au genre humain**, mais qu'elle doit s'étendre à l'ensemble du monde animal. Le végétarisme est ainsi pour lui une pratique qui doit permettre aux hommes de mettre fin à la souffrance animale et rendre possible un monde plus altruiste. Selon Matthieu Ricard, les hommes ne seront véritablement altruistes que lorsqu'ils auront reconnu les bêtes comme leurs alter ego, ce qu'elles sont bien en tant qu'êtres vivants naturels.

Le désir

Nous éprouvons sans cesse des désirs : que le désir vise un objet déterminé – une belle voiture – ou un état diffus et général – le bonheur –, désirer semble faire corps avec l'élan même de la vie qui sans cesse nous entraîne au-delà de nous-mêmes : vers les objets extérieurs pour nous les approprier, ou vers ce que nous voudrions être mais que nous ne sommes pas.

La naissance de Vénus, fresque de Pompéi.

Le désir est-il essentiel pour comprendre ce qu'est l'homme ?

Si Spinoza a pu faire du désir **l'essence même de l'homme**, c'est que désirer n'est pas un phénomène accidentel mais bien le signe de notre condition humaine.

C'est d'abord **le signe d'un manque** : on ne désire que ce que l'on n'a pas. Il y aurait au cœur de l'homme une absence de plénitude et un inachèvement qui aspireraient à se combler et qui seraient à l'origine de la dynamique même de l'existence.

Le désir peut-il être pleinement satisfait ?

Dans le désir, il n'est pas dit que j'aspire vraiment à une satisfaction qui fasse disparaître tout désir. **Le désir est contradictoire** car il veut et ne veut pas être satisfait : que serait, en effet, une vie sans désir, si ce n'est une vie morte ?

Par ailleurs, le désir sent confusément qu'aucun objet n'est à même de le satisfaire pleinement. C'est pourquoi, à la différence du besoin, **il est illimité, insatiable** et sans cesse guetté par la démesure, comme le montre Platon dans le *Gorgias* quand il compare l'homme qui désire à un tonneau percé qui ne peut jamais être rempli.

Selon Schopenhauer, la vie d'un être de désir est donc comme un pendule qui oscille entre la souffrance (quand le désir n'est pas satisfait, et que le manque se fait douloureusement sentir) et l'ennui (quand le désir est provisoirement satisfait).

Le désir est-il par essence violent ?

Dans le *Léviathan*, Hobbes montre que le comportement humain est **une perpétuelle marche en avant du désir**. Sitôt satisfait, il se porte sur un autre objet, et ainsi de suite à l'infini ; mais comme les objets désirables ne sont pas en nombre illimité, mon désir **se heurte tôt ou tard au désir d'autrui**.

Les autres deviennent non pas seulement des concurrents, mais bien des adversaires, car le meilleur moyen d'empêcher le désir de l'autre de me barrer la route est de tuer l'ennemi. Parce qu'il est un être de désir, **l'homme naturel est nécessairement violent** : il faut un État pour faire cesser « la guerre de tous contre tous ».

« Le désir (cupiditas) est l'essence même de l'homme, en tant qu'elle est conçue comme déterminée, par une quelconque affection d'elle-même, à faire quelque chose. […] Le désir est l'appétit qui a conscience de lui-même. » (Spinoza)

MOTS CLÉS

BESOIN

Le besoin caractérise l'état de l'organisme lorsqu'il est privé de ce qui assure son fonctionnement : on distingue le besoin vital – boire et manger –, qui concerne la conservation de l'individu, et le besoin sexuel, qui assure la survie de l'espèce. Le besoin a donc un caractère nécessaire que le désir n'a pas nécessairement.

DÉSIR

Du latin *desiderare*, de *de* privatif et *sidus*, « astre, étoile ». Désirer, c'est donc littéralement « cesser de contempler une étoile » et regretter l'absence de l'astre qu'on ne voit plus. Cette étymologie met en lumière le fait que le désir repose d'abord sur une absence, sur un manque. En ce sens, le désir peut se définir comme la tendance consciente à combler un manque. Le comblement de ce manque pouvant prendre la forme du plaisir.

Tout désir est-il désir de pouvoir ?

Dans le *Traité de la nature humaine*, Hobbes va plus loin. Je ne désire un objet que parce qu'un autre le désire aussi : ce que je désire, ce n'est pas l'objet lui-même, c'est en priver autrui pour le forcer à reconnaître que je peux obtenir ce qu'il se voit refusé. **Tout désir aspire à obtenir de l'autre l'aveu du pouvoir, c'est-à-dire « l'honneur »**. Tout désir, en tant qu'il vise avant tout à l'humiliation de l'autre, est désir de pouvoir.

En d'autres termes, je ne désire que médiatement ou indirectement un objet : ce que je désire immédiatement, c'est affirmer ma supériorité sur autrui ; la possession de l'objet n'est ici qu'un moyen.

Faut-il chercher à maîtriser ses désirs ?

Si le désir est insatiable, il risque d'entraîner l'homme dans des excès et de faire son malheur. Les sagesses antiques préconisaient ainsi **une discipline des désirs**. L'homme est malheureux parce qu'il désire trop et mal. Apprendre à désirer seulement ce que l'on peut atteindre, en restant dans les bornes du raisonnable, telle est la morale **stoïcienne**.

S'arracher à la peur superstitieuse de la mort et des dieux et s'en tenir aux désirs naturels et nécessaires, qui sont tout à la fois faciles à combler et dont la satisfaction est source de plaisir, telle est la morale **épicurienne**. Toutes deux dessinent l'idéal d'une sagesse humaine fondée sur l'absence de troubles (ou ataraxie) et l'harmonie avec la nature. ■

> « Malheur à qui n'a plus rien à désirer ! Il perd ainsi tout ce qu'il possède. On jouit moins de ce qu'on obtient que de ce qu'on espère, et l'on n'est heureux qu'avant d'être heureux. » (Rousseau)

Marc-Aurèle (121-180), empereur romain et philosophe stoïcien. Les stoïciens partagent avec les épicuriens l'idée que notre état initial est celui du trouble intérieur, et qu'il faut précisément la philosophie pour parvenir à la paix de l'âme et donc au bonheur, conçu négativement comme l'absence de troubles.

UN ARTICLE DU *MONDE* À CONSULTER

- **Vivre humainement parmi les humains** p. 21
(Jean Birnbaum, *Le Monde* daté du 30.05.2008)

MOTS CLÉS

ÉROS

Divinité de l'amour chez les grecs. Symbole de l'amour et du désir sensuel, par opposition à *philia*, « l'amitié » et *agapê*, « l'amour » (selon une dimension affective et morale). *Éros* est présenté comme un démon dans le *Banquet* de Platon. Fils de *pénia* (« le manque ») et de *poros* (« la ressource »), il est un être intermédiaire, entre les dieux et les mortels. Éros ne peut être de nature purement divine (les dieux ne désirent pas puisqu'ils sont comblés), mais il n'est pas non plus comme *pénia*, un pur manque. C'est donc un démon (*daïmôn*) qui vit en quête perpétuelle de satisfaction.

LIBIDO

Terme latin signifiant « désir amoureux ». Chez Freud, énergie des tendances affectives, dont le noyau est la pulsion sexuelle.

ZOOM SUR...

La tripartition des désirs selon Épicure

Il y a des désirs de trois sortes : les désirs naturels et nécessaires (boire quand on a soif, manger quand on a faim, par exemple) ; les désirs naturels mais non nécessaires (manger des mets délicats et savoureux ou satisfaire ce qu'Épicure nomme « les désirs du ventre ») et enfin les désirs non naturels et non nécessaires (comme désirer la fortune ou les honneurs).

Les premiers désirs sont faciles à satisfaire et procurent un plaisir parfait, parce que le plaisir est une qualité insusceptible de degré. Les deuxièmes sont plaisants à satisfaire, mais peuvent générer des habitudes qui nous font dépendre des caprices du hasard : celui qui s'accoutume au luxe risque de souffrir, si les circonstances le privent de sa fortune. Les derniers désirs enfin sont illimités : celui qui veut la richesse n'en aura jamais assez et connaîtra une insatisfaction perpétuelle. Qui recherche le plaisir véritable devra donc s'en tenir à la seule satisfaction des désirs naturels et nécessaires : il connaîtra alors un bonheur réel et durable.

Dissertation : Le désir peut-il être désintéressé ?

L'analyse du sujet

I. Les termes du sujet

- *Le désir* :
– tendance générale à obtenir ce que l'on n'a pas.
– tendance irrépressible, physique et/ ou psychologique.
- *Désintéressé* :
– idée d'indifférence à l'égard de son profit ou bien-être personnel.
– idée de générosité, de don : contraire d'« égoïste », d'« individualiste ».

II. Les points du programme

- Le désir.
- Le bonheur.
- La morale.

L'accroche

Les hommes politiques parlent bien souvent au nom de l'intérêt général, et non au nom de leur seule ambition personnelle.

La problématique

Le désir n'est-il pas, par nature, par définition, tourné vers le bien-être et l'intérêt de celui qui désire ? Comment pourrait-on désirer ce qu'on jugerait n'apporter ni bien ni plaisir ? Mais bien et plaisir s'obtiennent-ils toujours en ne visant que le seul intérêt particulier ? Ne consistent-ils qu'en cela ?

Le plan détaillé du développement

I. Le désir vise notre bien-être particulier.

a) Le désir porte sur ce que l'on ne possède pas : son objectif est de changer notre état grâce à l'obtention de l'objet désiré (*cf.* définition de Platon).

b) Par-delà des objets spécifiques, le bonheur peut être vu comme la satisfaction de toutes nos inclinations, la réalisation parfaite de notre intérêt (*cf.* définition de Kant).

c) L'indifférence à l'égard de notre intérêt, le sens du sacrifice semblent plutôt des prescriptions de la morale, présentées comme des devoirs, non comme des désirs.

Transition : Pourtant, on peut aussi désirer se comporter de façon morale et généreuse.

« Notre propre intérêt est encore un merveilleux instrument pour nous crever les yeux agréablement. » (Pascal)

II. Désir et morale ne sont pas opposés.

a) Le désir et le plaisir font juger de ce qui est bien. Tout acte moral a pour moteur psychologique un désir (*cf.* analyse de Spinoza), dans la mesure où c'est lui seul qui nous fait agir, et non la volonté.

b) Le désir porte sur autrui, sur la connaissance, sur la beauté, sur des réalités qui nous dépassent et qui ne constituent pas seulement notre bien-être matériel (*cf.* analyse de Platon dans *Le Banquet*).

Transition : Dans ces situations, n'est-ce pas toujours avec l'idée d'un intérêt que l'on agit ?

III. Le terme *intérêt* n'est pas univoque.

a) L'intérêt au sens le plus trivial désigne ce qui nous est matériellement profitable, rejoignant ainsi l'avidité et l'égoïsme. Mais cela ne constitue pas toujours notre intérêt véritable, ni le seul intérêt possible.

b) D'un point de vue individuel, vivre selon la vertu constitue notre réel intérêt, qui n'est pas matériel (*cf.* analyse d'Épictète).

c) D'un point de vue collectif, l'intérêt général est aussi un élément désiré ou voulu par le corps social, et il n'est pas individuel (*cf.* analyse de Rousseau dans *Le Contrat social*).

Conclusion

Le désir peut être désintéressé, au sens où il ne se porte pas que vers l'intérêt matériel et personnel. ■

Ce qu'il ne faut pas faire

S'en tenir à un seul sens des termes *intérêt* et *désintéressé*, sans les analyser de façon complète.

Les bons outils

- Platon, dans *Le Banquet*, décrit l'« ascension » de l'amour, du stade physique au stade immatériel et intellectuel.
- Épicure, *Lettre à Ménécée*.
- Rousseau, *Le Contrat social*.
- Spinoza, *Éthique*.

TEXTE CLÉ

Dans cet extrait, Platon oppose deux conceptions du désir : celle du désir tempéré prônée par Socrate, et celle du désir illimité affirmée avec force par Calliclès.

SOCRATE – Considère si tu ne pourrais pas assimiler chacune de ces deux vies, la tempérante et l'incontinente, au cas de deux hommes, dont chacun posséderait de nombreux tonneaux, l'un des tonneaux en bon état et remplis, celui-ci de vin, celui-là de miel, un troisième de lait et beaucoup d'autres remplis d'autres liqueurs, toutes rares et coûteuses et acquises au prix de mille peines et de difficultés ; mais une fois ses tonneaux remplis, notre homme n'y verserait plus rien, ne s'en inquiéterait plus et serait tranquille à cet égard. L'autre aurait, comme le premier, des liqueurs qu'il pourrait se procurer, quoique avec peine, mais n'ayant que des tonneaux percés et fêlés, il serait forcé de les remplir jour et nuit sans relâche, sous peine des plus grands ennuis. Si tu admets que les deux vies sont pareilles au cas de ces deux hommes, est-ce que tu soutiendras que la vie de l'homme déréglé est plus heureuse que celle de l'homme réglé ? Mon allégorie t'amène-t-elle à reconnaître que la vie réglée vaut mieux que la vie déréglée, ou n'es-tu pas convaincu ?

CALLICLÈS – Je ne le suis pas, Socrate. L'homme aux tonneaux pleins n'a plus aucun plaisir, et c'est cela que j'appelais tout à l'heure vivre à la façon d'une pierre, puisque, quand il les a remplis, il n'a plus ni plaisir ni peine ; mais ce qui fait l'agrément de la vie, c'est d'y verser le plus qu'on peut.

SOCRATE – Mais si l'on y verse beaucoup, n'est-il pas nécessaire qu'il s'en écoule beaucoup aussi et qu'il y ait de larges trous pour les écoulements ?

CALLICLÈS – Bien sûr.

SOCRATE – [...] ce que tu veux dire, c'est qu'il faut avoir faim, et, quand on a faim, manger ?

CALLICLÈS – Oui.

SOCRATE – Et avoir soif, et, quand on a soif, se désaltérer ?

CALLICLÈS – Oui, et qu'il faut avoir tous les autres désirs, pouvoir les satisfaire, et y trouver du plaisir pour vivre heureux.

Platon, *Gorgias*

Vivre humainement parmi les humains

Un chef-d'œuvre épicurien entre dans « Le Monde de la philosophie ». André Comte-Sponville, qui vient de publier, aux éditions Hermann, un essai sur Lucrèce, l'a lu et relu.

Quelle est la place de Lucrèce et de sa pensée dans votre propre itinéraire philosophique ?

Elle est à la fois précoce, tardive et décisive. Précoce, puisque je l'ai découvert à 19 ans, en khâgne : le *De rerum natura* était au programme, cette année-là, du concours de la rue d'Ulm. Je n'ai guère cessé, depuis, de le relire. Pourquoi alors parler d'une place tardive ? Parce que, pendant mes années de formation ou dans mes premiers livres, c'est surtout Épicure qui m'importait. Lucrèce, son génial disciple latin, ne représentait pour moi qu'une voie d'accès – que je trouvais à la fois très fiable et quelque peu décevante – vers son maître, qui était, avec Spinoza et Marx, l'un de mes philosophes de prédilection.

Concernant la fiabilité de Lucrèce, j'avais assurément raison : on ne peut rêver d'un disciple plus intelligent, plus pénétrant, plus enthousiaste ! Vous savez que d'Épicure, qui avait beaucoup écrit, on n'a conservé que trois lettres et quelques fragments. Lucrèce, lui, n'a écrit qu'un seul livre. Mais c'est un chef-d'œuvre, et le seul exposé épicurien dont nous disposions *in extenso*. Pour qui s'intéresse à l'épicurisme, il est donc plus que précieux : il est irremplaçable.

Pourquoi le trouvais-je alors décevant ? Parce que je ne retrouvais pas en lui ce qui me bouleversait dans les fragments d'Épicure : une certaine lumière, une certaine légèreté, une certaine grâce, comme une vérité heureuse, ou comme un bonheur qui serait vrai... Lucrèce n'est pas seulement philosophe, vous le savez, c'est aussi un immense poète, l'un des plus grands de toute l'Antiquité. Mais c'est un poète sombre, angoissé, douloureux... Épicure, c'est Mozart, du moins c'est à lui qu'il me faisait penser. Lucrèce, ce serait plutôt Schubert, en plus terrien, ou Brahms, en plus sombre... J'étais jeune : je préférais la grâce et la lumière ; ou plutôt (car je les préfère toujours) je rêvais qu'elles puissent un jour éliminer, comme dit à peu près Lucrèce, les fantômes de la nuit... En vieillissant, j'ai compris que ce n'était qu'un rêve (quand bien même ce rêve s'appelle la philosophie), qui nous sépare de la seule sagesse acceptable : non pas l'élimination de la nuit, que seule la religion peut promettre, mais son acceptation sereine. Épicure est un sage : il vit, l'expression est de lui, *« comme un dieu parmi les hommes »*. Lucrèce n'est qu'un philosophe poète, qui essaie de vivre humainement parmi les humains, qui célèbre la sagesse et la lumière, certes, mais sans pouvoir se libérer tout à fait de la nuit qui est en lui, et qui est lui. C'est ce que j'ai essayé de comprendre dans mon dernier livre, *Le Miel et l'Absinthe*, sous-titré *Poésie et philosophie chez Lucrèce* (Éd. Hermann). Lucrèce est un épicurien paradoxal, et c'est en quoi il m'intéresse aujourd'hui au moins autant que son maître. Le paradoxe est double, à la fois formel et conceptuel. Épicure condamnait la poésie ; Lucrèce expose l'épicurisme en hexamètres dactyliques. Épicure est peut-être le philosophe le plus lumineux de toute l'Antiquité, le plus serein, le plus heureux. Lucrèce, philosophe épicurien, en tire le poème le plus sombre, le plus âpre, le plus angoissé... Ce n'est pas seulement une question de sensibilité. Lucrèce est un philosophe tragique, ce qu'Épicure n'était pas. C'est ce qui me gêna longtemps chez Lucrèce, et qui me passionne aujourd'hui. C'est pourquoi je parlais d'une influence paradoxalement tardive de son œuvre sur mon travail : je ne l'ai lu d'abord que pour comprendre Épicure ; ce n'est que depuis une quinzaine d'années qu'il m'importe pour lui-même, et davantage, parfois, que son maître... Pour le philosophe matérialiste que je suis, il n'est de sagesse acceptable que tragique : c'est ma façon d'intégrer les objections que Nietzsche faisait à Épicure ou Spinoza, sans renoncer pour autant ni au matérialisme ni à la sagesse...

Quel est le texte qui vous a le plus marqué, nourri, et pourquoi ?

Lucrèce n'a écrit qu'un seul ouvrage, le *De rerum natura*, mais divisé en six chants. Le texte de lui que j'ai le plus travaillé, c'est sans conteste celui, dans le livre II, que Lucrèce consacre au *clinamen*, cette déviation indéterminée et infime des atomes, qui explique à la fois l'existence des mondes et celle, tout aussi incontestable pour Lucrèce, de la liberté. C'est une théorie qu'on ne trouve exposée dans aucun des textes d'Épicure qui sont parvenus jusqu'à nous, mais que toute l'Antiquité tardive lui attribue, sous son nom grec de *parenklisis*. Lucrèce, selon toute vraisemblance, n'en est donc pas l'inventeur. Il n'en reste pas moins que l'exposé qu'il en fait est un texte extraordinaire, souvent mal compris, où l'on voit ce que peut être un *« matérialisme de l'aléatoire »*, comme disait mon maître et ami Louis Althusser, un matérialisme non fataliste, et même antifataliste, qui serait aussi et surtout un matérialisme de la liberté.

C'est le texte de Lucrèce que j'ai le plus travaillé. Mais ceux que j'ai le plus lus et relus, non comme un travail mais comme un plaisir, comme une émotion, comme un repos dans la nuit ou le combat, c'est un passage quasi schopenhauerien du livre III, sur le divertissement, comme dira Pascal, et la mort (voir surtout les vers 1 046 à 1 094), et un autre du livre IV, sur l'amour, bouleversant d'érotisme et de vérité, aux vers 1 030 à 1 134. Il n'est malheureusement pas possible de les citer ici : je ne peux qu'y renvoyer le lecteur...

Selon vous, où cet auteur trouve-t-il aujourd'hui son actualité la plus intense ?

Trois points, qui sont liés, font de Lucrèce un auteur particulièrement nécessaire aujourd'hui : le combat contre l'obscurantisme, l'exploration d'une spiritualité sans Dieu, enfin la quête d'une sagesse tragique. Lucrèce est un philosophe des Lumières. Pas plus qu'Épicure, il ne fait profession d'athéisme : les dieux existent, mais très loin, dans les intermondes, où ils sont trop heureux pour s'occuper des hommes. La critique de la religion est pourtant beaucoup plus vive, chez Lucrèce, que chez son maître : il voit dans le fanatisme et la superstition l'une des causes principales du malheur des hommes.

Il n'y en a pas moins chez lui une forme de piété ou, comme je préférerais dire, de spiritualité : la piété, explique-t-il, ce n'est pas courir les autels, ni se mettre à genoux, ni faire vœu sur vœu : *« C'est pouvoir, l'âme en paix, contempler toute chose. »* Ici, le matérialisme touche à la spiritualité. *« Les innombrables lecteurs de Lucrèce,* dira Alain, *savent ce que c'est que sauver l'esprit en niant l'esprit. »* La formule est très juste. Elle débouche sur ce que j'appelle une sagesse tragique : une sagesse qui ne fait pas l'impasse sur la mort et la souffrance, une sagesse qui n'essaie pas de consoler, qui n'offre pas un sens ou un salut, mais qui tend vers un certain bonheur, même dans les difficultés, et une certaine paix, même au cœur des combats... C'est ce qui nous rend Lucrèce si proche, si émouvant, si fraternel. ■

Propos recueillis par Jean Birnbaum, *Le Monde* daté du 30.05.2008

POURQUOI CET ARTICLE ?

Cet article de Jean Birnbaum, s'entretenant ici avec le philosophe André Comte-Sponville au sujet du philosophe épicurien Lucrèce, exprime à quel point le poème de Lucrèce (*De natura rerum*) est complexe et riche de sens. André Comte-Sponville nous montre à travers ses propos que la sagesse tragique du matérialisme qui est le sien et celui de Lucrèce conduit **à une pleine acceptation du désir dans sa réalité**.

L'existence et le temps(*)

Il est impossible de définir le temps dans ses trois dimensions (passé, présent et avenir) ; définir le temps, ce serait dire : « le temps, c'est... ». Or, on ne peut demander ce qu'est le passé (qui n'est plus) ou l'avenir (qui n'est pas encore) : seul le présent est, mais le présent n'est pas la totalité du temps.
Plus qu'une chose à définir, le temps est la dimension de ma conscience, qui se reporte à partir de son présent vers l'avenir dans l'attente, vers le passé dans le souvenir et vers le présent dans l'attention (saint Augustin).

Saint Augustin. « Qu'est donc que le temps ? Si personne ne me le demande, je le sais ; mais si on me le demande et que je veuille l'expliquer, je ne le sais plus. »

En quoi la conscience est-elle temporelle ?

Husserl montre comment la conscience est toujours **conscience intime du temps**. Si je regarde à l'intérieur de moi, je n'y trouve pas une identité fixe et fixée d'avance, mais une **suite de perceptions** sans rapport entre elles (le chaud puis le froid, le dur puis le lisse par exemple). C'est alors la conscience du temps qui me permet de poser mon identité : la conscience du temps me permet de comprendre que dans cette suite de perceptions, ce n'est pas moi qui change, mais c'est le temps qui s'écoule. Mon identité est donc de part en part temporelle. Surtout, la perception suppose que ma conscience fasse **la synthèse des différents moments perceptifs** : j'identifie la table comme table en faisant la synthèse des différentes perceptions que j'en ai (vue de devant, de derrière, etc.). Or, cette synthèse est temporelle : c'est dans le temps que la conscience se rapporte à elle-même ou à autre chose qu'elle.

Si le temps n'est pas une chose, qu'est-il ?

Selon Kant, le temps n'est ni une intuition (une perception), ni un concept, mais plutôt **la forme même de toutes nos intuitions** : cela seul explique que le temps soit partout (tout ce que nous percevons est dans le temps) et cependant nulle part (nous ne percevons jamais le temps comme tel).
Nous ne pouvons percevoir les choses que sous forme de temps et d'espace ; et ces formes ne sont pas déduites de la perception, parce que toute perception les suppose. La seule solution consiste donc, pour Kant, à faire du temps et de l'espace **les formes pures ou a priori de toutes nos intuitions sensibles** : le temps n'est pas dans les choses, il est la forme sous laquelle notre esprit perçoit nécessairement les choses.

Quelle est la solution proposée par Bergson ?

Ni le passé, ni l'avenir ne sont : seul l'instant présent existe réellement, et le temps n'est que la succession de ces instants ponctuels de l'avenir vers le passé. Quand nous essayons de comprendre le temps, nous le détruisons en en faisant une pure ponctualité privée d'être.
Bergson montre ainsi que notre **intelligence** comprend le temps à partir de l'instant ponctuel : elle le spatialise, puisque la ponctualité n'est pas une détermination temporelle, mais spatiale. Le temps serait alors **la succession des instants**, comme la ligne est une succession de points. Notre intelligence comprend donc le temps à partir de l'espace : comprendre le temps, c'est le détruire comme temps.

MOTS CLÉS

A PRIORI
Formule latine signifiant « à partir de ce qui vient avant ». Désigne ce qui est indépendant de toute expérience. S'oppose à *a posteriori*. Contre l'empirisme, Kant soutient l'existence de structures a priori qui précèdent et conditionnent notre connaissance du monde.

DURÉE
Alors que le temps, comme grandeur physique homogène et mesurable, se réduit à une suite discontinue d'instants ponctuels, la durée désigne le temps subjectif, tel que nous le vivons, qui transcende toujours l'instant ponctuel en empiétant sur le passé et l'avenir. Bergson montre ainsi que la durée, ou temps vécu, est hétérogène, continue et qualitative, contrairement au temps physique, qui n'en est que la spatialisation abstraite pour les besoins de l'action.

ESPACE
L'espace est avant tout l'étendue géométrique, telle que l'a formalisée Euclide. Descartes en fait une « substance étendue », aux caractéristiques strictement géométriques, ouvrant le champ à la physique moderne. Kant considère l'espace et le temps comme des formes *a priori* de notre sensibilité, autrement dit non pas des réalités objectives existant par soi, mais des structures de l'esprit, conditions de possibilité de toute expérience.

ÉTERNEL/ IMMORTEL
Est éternel ce qui est soustrait au devenir temporel, autrement dit ce qui n'a ni commencement, ni fin dans le temps. Est immortel ce qui a un commencement dans le temps, mais qui n'a pas de fin et qui dure donc dans le temps.

EXISTENCE
Du latin *exsistere*, « se tenir hors de, sortir de ». Au sens strict, celui qui est utilisé par les phénoménologues, seul l'homme existe, dans la mesure où seul il est capable de se jeter hors de lui-même pour se rapporter à soi et au monde.

(*) Hors programme en Terminale ES et en Terminale S.

Qu'est-ce-que la durée ?

À ce temps spatialisé, homogène et mesurable, il faut donc opposer notre vécu interne du temps ou **« durée »**. La durée, c'est le temps tel que nous le ressentons quand nous ne cherchons pas à le comprendre. Elle n'a pas la ponctualité abstraite du temps : dans la durée telle que nous la vivons, notre passé immédiat, notre présent et notre futur immédiat sont confondus. Tout geste qui s'esquisse est empreint d'un passé et gros d'un avenir : se lever, aller vers la porte et l'ouvrir, ce n'est pas pour notre vécu une succession d'instants, mais un seul et même mouvement qui mêle le passé, le présent et l'avenir. La durée n'est pas ponctuelle, elle est **continue**, parce que notre conscience dans son présent se rapporte toujours à son passé et se tourne déjà vers son avenir. La durée non mesurable, hétérogène et continue est donc **le vrai visage du temps** avant que notre intelligence ne le décompose en instants distincts.

Sous quel signe le temps place-t-il notre existence ?

Non seulement le temps place notre existence sous le signe de l'irréversible, mais il éveille en nous la possibilité d'une **conscience morale** : je me reproche mon passé parce que je ne peux rien faire pour annuler les erreurs que j'ai commises.

Parce que le temps est irréversible, je crains mon avenir et je porte le poids de mon passé ; parce que mon présent sera bientôt un passé sur lequel je n'aurai aucune prise, je suis amené à me soucier de ma vie. Selon **Heidegger**, c'est même parce qu'il est de part en part un être temporel que l'homme existe. Les choses sont, mais seul l'homme existe (au sens étymologique) : l'homme est jeté hors de lui-même par le temps. Être temporel, ce n'est donc pas simplement être soumis au temps : c'est être **projeté vers un avenir**, vers du possible, avoir en permanence à se choisir et à répondre de ses choix (ce que Heidegger nomme le souci).

Le temps fait-il de la mort notre horizon ?

Si je ne savais pas d'avance que je vais mourir un jour, si je n'étais pas certain de ne pas avoir tout le temps, je ne me soucierais pas de ma vie. Ce n'est donc pas la mort qui nous vient du temps, mais **le temps qui nous vient de la mort** (Heidegger).

Je ne meurs pas parce que je suis un être temporel et soumis aux lois du temps, au contraire : le temps n'existe pour moi que parce que la perspective certaine de ma mort m'invite à m'en soucier (inconscients de leur propre mort, les animaux ne connaissent pas le temps). Et comme personne ne pourra jamais mourir à ma place, personne ne pourra non plus vivre ma vie pour moi : c'est la perspective de la mort qui rend chacune de nos vies **uniques et insubstituables.**

UN ARTICLE DU *MONDE* À CONSULTER

• **Le temps, un sixième sens à explorer** p. 25
(Marc Gozlan, *Le Monde Science et techno* daté du 10.11.2012)

MOTS CLÉS

Exister, c'est donc être hors de soi, être en *ex-tase* permanente. Enfin, exister, en tant qu'un acte ontologique (qui concerne notre être) s'oppose à vivre, en tant qu'acte biologique (qui concerne notre corps vivant).

FINITUDE
Caractère de ce qui est fini, c'est-à-dire borné dans l'espace et le temps. L'existence humaine peut être dite finie dans la mesure où elle a un commencement (la naissance) et une fin dans le temps (la mort). C'est l'horizon existentiel de la mort qui fait que l'homme ne peut pas ne pas être considéré comme fini.

IDENTITÉ
Du latin *idem*, « même ». L'identité d'une chose, c'est ce qui fait qu'elle demeure la même à travers le temps malgré les changements.

IPSÉITÉ
Du latin *ipse*, « soi-même », l'ipséité désigne le fait d'exister en tant que *soi*.

« Conscience signifie mémoire – conservation et accumulation du passé dans le présent. C'est un trait d'union entre ce qui a été et qui sera, un pont jeté entre le passé et l'avenir. » (Bergson)

« L'univers dure. Plus nous approfondissons la nature du temps, plus nous comprenons que la durée signifie invention, création de formes, élaboration continue de l'absolument nouveau. » (Bergson)

Dissertation :
Sommes-nous prisonniers du passé ?

L'analyse du sujet

I. Les termes du sujet

• *Nous* :
– chaque individu et son histoire personnelle ;
– entité collective (société, génération, nation, humanité, etc.).

• *Prisonniers* :
– idée d'enfermement, d'obstacle et de limites empêchant d'agir et de décider ; domaine physique et psychologique ;
– idée de faute et de culpabilité ; domaine moral.

• *Passé* :
– passé immédiat (enfance, éducation) ou plus lointain (origines) ;
– passé individuel et collectif (histoire, tradition, commémoration).

II. Les points du programme

• Le temps.
• L'histoire.
• La liberté.

Gedächtniskirsche (« église du souvenir ») à Berlin, mémorial dédié à la paix et à la réconciliation, symbole du souvenir de la Seconde Guerre mondiale.

L'accroche

Le film *Eternal Sunshine of the Spotless Mind* (2004, Michel Gondry) est construit sur la volonté du héros d'oublier les moments douloureux de son passé.

La problématique

Le passé a-t-il une emprise telle que nos choix et nos actions sont entravés par des événements antérieurs ? La liberté humaine n'a-t-elle pas la force de résister ou de s'en dégager ?

Le plan détaillé du développement

I. La liberté donne un statut particulier à l'homme.

a) Le libre arbitre est la faculté de se déterminer selon un choix personnel, sans être poussé ni empêché par une force antécédente ou supérieure.

« Que chacun examine ses pensées, il les trouvera toutes occupées au passé et à l'avenir. Nous ne pensons presque point au présent ; et, si nous y pensons, ce n'est que pour en prendre la lumière pour disposer de l'avenir. Le présent n'est jamais notre fin. »

b) La connaissance humaine progresse (ex. : Pascal dans la *Préface du Traité du Vide*) en sciences notamment, à mesure que le temps avance.
c) Dans l'histoire, le renouvellement des projets politiques montre la singularité de chaque période.
Transition : N'existe-t-il pas pourtant pour chaque société un poids de l'histoire ?

II. Le passé a une emprise déterminante.

a) Dans toute société, des événements passés influencent le présent.
b) De façon plus générale, selon le principe du déterminisme, le présent est la conséquence nécessaire du passé.
c) La réalité de l'emprisonnement est analysée en psychanalyse (ex. : névrose ou complexe d'Œdipe).
Transition : Pour autant, on peut guérir de cette emprise du passé.

III. La libération à l'égard du passé est une action de progrès.

a) Connaître les déterminismes permet d'en être moins prisonnier et d'agir en conséquence.
b) La vision que nous avons du passé peut dépendre de nos choix et de nos projets. Le présent oriente donc aussi l'interprétation du passé.

Conclusion

Nous sommes dépendants, mais pas prisonniers. Le passé a des conséquences sur le présent, mais qui n'annulent pas notre capacité à en tirer des leçons. ■

Les bons outils

• L'analyse et la théorie du libre arbitre chez Descartes, dans les *Méditations métaphysiques*.
• Les lois de l'inconscient dégagées par Freud, dans les *Cinq leçons sur la psychanalyse*.

Ce qu'il ne faut pas faire

Dresser uniquement un catalogue d'exemples psychologiques sur le regret ou le remords.

TEXTE CLÉ

Dans cet extrait, Pascal nous rappelle à quel point nous oublions de considérer le présent dans le cours de notre existence.

Nous ne nous tenons jamais au temps présent. Nous anticipons l'avenir comme trop lent à venir, comme pour hâter son cours ; ou nous rappelons le passé pour l'arrêter comme trop prompt : si imprudents, que nous errons dans les temps qui ne sont point nôtres, et ne pensons point au seul qui nous appartient ; et si vains, que nous songeons à ceux qui ne sont rien, et échappons [et nous laissons échapper] sans réflexion le seul qui subsiste. C'est que le présent, d'ordinaire, nous blesse. Nous le cachons à notre vue, parce qu'il nous afflige ; et, s'il nous est agréable, nous regrettons de le voir échapper. Nous tâchons de le soutenir par l'avenir, et pensons à disposer les choses qui ne sont pas en notre puissance pour un temps où nous n'avons aucune assurance d'arriver. Que chacun examine ses pensées, il les trouvera toutes occupées au passé et à l'avenir. Nous ne pensons presque point au présent ; et, si nous y pensons, ce n'est que pour en prendre la lumière pour disposer de l'avenir. Le présent n'est jamais notre fin : le passé et le présent sont nos moyens ; le seul avenir est notre fin. Ainsi nous ne vivons jamais, mais nous espérons de vivre ; et, nous disposant toujours à être heureux, il est inévitable que nous ne le soyons jamais.

Pascal, *Pensées*

Le temps, un sixième sens à explorer

La perception du temps évolue avec l'âge mais aussi en fonction de notre état émotionnel. De mieux en mieux décryptés par les scientifiques, les circuits cérébraux qui régissent cette sensation peuvent être exploités à des fins thérapeutiques, notamment chez les patients atteints de la maladie de Parkinson.

Le temps fait partie intégrante de notre vie quotidienne, que nous soyons pressés, reposés, sous l'emprise d'une émotion ou en proie à l'ennui. Qu'il s'agisse de marcher, conduire, écouter de la musique, entendre la sonnerie du téléphone, participer à une conversation ou faire du sport, le temps est là : omniprésent et immatériel. Alors que la perception de la vue, du toucher, de l'ouïe, de l'odorat, du goût met en jeu des récepteurs sensoriels spécialisés, il n'existe aucun récepteur spécifique du temps ! Et pourtant le temps est aussi présent en nous, dans le cerveau, véritable machine à traiter le temps.

« Dès le plus jeune âge, le nourrisson est plongé dans un monde avec de nombreuses régularités temporelles. Il apprend alors les durées associées à des actions dont il fait l'expérience au quotidien », souligne la professeure Sylvie Droit-Volet, du Laboratoire de psychologie sociale et cognitive (CNRS, université Blaise-Pascal, Clermont-Ferrand). *« Il réagit, en s'agitant ou en pleurant, quand ce qu'il attend n'arrive pas au bon moment : quand le mobile au-dessus de son lit s'arrête de tourner plus tôt que d'habitude, quand sa mère met plus de temps que prévu à faire son biberon »*, ajoute-elle.

Le très jeune enfant « vit dans le temps » avant d'avoir conscience que le temps passe. Il appréhende le temps directement à travers son expérience des actions. Ainsi, note Sylvie Droit-Volet, *« pour l'enfant de 3 ans, le temps est multiple, spécifique à chaque action »*. A 5-6 ans, un enfant devient capable de transposer la durée apprise lors d'une action (appuyer sur une poire en caoutchouc) sur une autre (tirer sur une manette). *« Il commence à comprendre qu'un temps unique existe indépendamment des actions »*, indique-t-elle.

La sensibilité au temps s'améliore pendant l'enfance du fait du développement des capacités d'attention et de mémoire de travail chez l'enfant, qui dépendent de la lente maturation du cortex préfrontal. En effet, juger correctement le temps demande non seulement de lui prêter attention, mais aussi de conserver en mémoire le flux de l'information temporelle et de maintenir une attention soutenue. C'est ainsi que les enfants avec un trouble de déficit de l'attention avec hyperactivité éprouvent des difficultés à estimer correctement le temps.

Un moyen d'augmenter la précision des performances temporelles consiste à compter le temps. *« A 5 ans, l'enfant n'est pas capable de compter le temps, mais peut le faire si un adulte le demande. Cependant, le comptage ne suit pas vraiment le rythme des secondes. A partir de 8 ans, l'enfant commence à compter tout seul le temps avec régularité, mais il faut attendre l'âge de 10 ans pour qu'il compte le temps spontanément avec régularité, sans l'aide d'un adulte »*, précise Sylvie Droit-Volet.

Sur la base de notre capacité précoce à estimer le temps, des chercheurs ont imaginé, dès 1963, que le temps perçu par notre cerveau (temps subjectif) est calé sur le tic-tac d'une pendule intérieure, de la même façon que notre vie est rythmée par le tic-tac de notre montre (temps objectif). Ils ont modélisé un mécanisme de mesure du temps, une sorte d'horloge interne. Celle-ci est constituée d'une « base de temps » émettant en permanence des impulsions (« tic-tac ») qui sont stockées dans un accumulateur. La durée subjective du temps dépend du nombre d'impulsions accumulées. Quand l'horloge interne s'accélère, le nombre d'impulsions augmente et le temps paraît plus long.

Par ailleurs, dès qu'on détourne son attention du temps, les impulsions sont bloquées et ne parviennent plus à l'accumulateur. Du fait que ces « tic-tac » ne sont pas comptabilisés, le temps est alors jugé plus court qu'il ne l'est objectivement. Utile pour prédire le comportement de sujets dans les recherches en psychologie, l'horloge interne n'est cependant qu'une métaphore, car non plausible sur les plans neurophysiologique et neuroanatomique.

Un modèle physiologiquement plus réaliste a été développé au début des années 2000 par le professeur Warren Meck, de la Duke University à Durham (Caroline du Nord, Etats-Unis). Dans ce modèle, baptisé « striatal beat-frequency », la représentation du temps est sous-tendue par l'activité oscillatoire de neurones situés dans les régions superficielles du cerveau (cortex). Chaque neurone oscillateur présente une activité caractérisée par un rythme qui lui est propre. La fréquence des oscillations est détectée par certains neurones du striatum dorsal, sous-structure des « ganglions de la base », terme désignant un ensemble de centres nerveux enfouis profondément sous le cortex.

« Chacun de ces neurones reçoit jusqu'à 30 000 connexions provenant d'un contingent de neurones du cortex oscillant à des fréquences différentes. Ces neurones du striatum seraient à même de lire le code temporel émis par des neurones oscillateurs corticaux. Ils s'activeraient notamment lorsque l'activité oscillatoire correspondrait à des profils d'activité détectés antérieurement et stockés en mémoire », indique Warren Meck.

Parallèlement à ce modèle dans lequel l'activité neuronale est à l'origine de l'estimation du temps, les structures cérébrales impliquées dans le traitement de l'information temporelle diffèrent selon qu'il s'agit d'estimer la durée d'un stimulus (« temps explicite ») ou de percevoir la durée qui nous sépare d'un événement dont on s'attend qu'il se produise dans les secondes ou minutes à venir (« temps implicite »).

« Pour des durées allant de quelques millisecondes à quelques minutes, le traitement du temps explicite et du temps implicite n'implique pas les mêmes zones neuroanatomiques », souligne Jennifer Coull, chercheuse CNRS au Laboratoire des neurosciences cognitives à l'université d'Aix-Marseille. Ces différences s'expliquent du fait que *« le traitement du temps implicite sert presque toujours à réaliser un but sensitivo-moteur – "Avant de participer à une réunion de travail, ai-je ou non le temps de prendre un café ?" –, alors que le traitement du temps explicite vise à estimer une durée en tant que telle »*, note la spécialiste. Les études sur le temps explicite montrent que deux structures corticales, l'aire

POURQUOI CET ARTICLE ?

Cet article nous montre que **le temps vécu par l'homme est le produit d'un acte subjectif, lui-même lié au corps et en particulier au cerveau.** Marc Gozlan met en effet en évidence le fait que la perception interne que nous avons du temps s'enracine dans des phénomènes neurologiques complexes relatifs à différentes zones du cerveau. Ceci explique que notre perception du temps soit souvent fonction de nos émotions, d'où une multiplicité de perceptions du temps selon les individus et les situations affectives qu'ils vivent.

motrice supplémentaire, qui coordonne les gestes complexes, et le cortex préfrontal droit, sont constamment activées.

Il a été montré que le cervelet joue un rôle majeur dans les tâches motrices nécessitant la perception du temps implicite. D'autres zones du cerveau peuvent être impliquées dans l'estimation du timing implicite, comme le cortex pariétal gauche, qui gère les intentions du mouvement, et le cortex prémoteur gauche, région du lobe frontal dont le rôle est de planifier et d'organiser le mouvement. Il arrive que le cortex préfrontal droit, habituellement impliqué dans l'estimation du temps explicite, soit sollicité pour l'estimation du temps implicite. C'est le cas lorsqu'un événement ne survient pas dans le délai auquel on s'attendait à le voir apparaître, par exemple lorsqu'un feu rouge dure bien plus longtemps que prévu. Il se produit alors une mise à jour par le cerveau des prédictions temporelles avec une nouvelle anticipation du délai d'attente.

Par ailleurs, *« les zones cérébrales impliquées diffèrent selon le contexte, et ce d'autant que la durée du stimulus est brève, inférieure à quelques 200 millisecondes »*, précise Jennifer Coull. On observe que le cortex visuel est activé lorsqu'on évalue la durée d'un stimulus visuel. De même, il se produit une activation du cortex moteur primaire lorsque l'estimation temporelle est associée à une action, et le cortex auditif est sollicité lors de l'estimation de la durée d'un stimulus sonore.

Surtout, la perception du temps par le cerveau met en jeu des processus liés à la mémoire et à l'attention. Pour preuve, la sensation que le temps passe plus vite si on est très occupé, qu'on s'adonne à une activité passionnante ou amusante. Il s'envole même lorsqu'on est amoureux ! A l'inverse, l'eau mettra un temps fou à bouillir si l'on garde les yeux fixés sur la casserole. De même, l'étudiant n'en finira pas de regarder sa montre si le cours lui semble prodigieusement ennuyeux...

« Du fait de la participation conjointe de processus mnésiques et attentionnels, le traitement par le cerveau de l'information temporelle ne peut reposer que sur un réseau fonctionnel, non sur une structure unique. Cela explique sans doute la raison pour laquelle il n'existe pas de maladie neurologique ou psychiatrique uniquement caractérisée par des déficits temporels », note Jennifer Coull.

La dopamine est le principal neurotransmetteur impliqué dans le traitement du temps. Les agonistes dopaminergiques, médicaments qui renforcent l'action de la dopamine, ont tendance à accélérer notre perception du temps, qui passe alors plus vite. C'est aussi le cas pour certaines drogues, comme la cocaïne, qui renforcent l'action de la dopamine. A l'inverse, les neuroleptiques utilisés dans le traitement de la schizophrénie diminuent l'activité de la dopamine, avec pour conséquence la sensation que le temps s'écoule plus lentement.

A ces nouvelles connaissances neuroanatomiques, neurophysiologiques et neurochimiques du traitement du temps sont venus s'ajouter les résultats de récentes recherches en neuropsychologie qui montrent comment, sous l'effet des émotions, le temps perçu est plus court ou plus long qu'il ne l'est en réalité.

Sylvie Droit-Volet et Sandrine Gil, maître de conférences au Centre de recherche CNRS sur la cognition et l'apprentissage (université de Poitiers), ont rapporté, en 2011, que le changement d'état émotionnel induit par certains films affecte la perception du temps. Ces psychologues ont présenté à des étudiants des extraits de films connus pour induire une sensation de peur (films d'horreur : *The Blair, Scream, Shining*) ou de tristesse (films dramatiques : *City of Angels, Philadelphia, Dangerous Mind*). Une troisième catégorie de films « neutres » (séquences de prévisions météorologiques ou d'informations boursières) a été utilisée. Il a ensuite été demandé à ces étudiants d'évaluer la durée d'un stimulus visuel.

« La peur provoque une distorsion temporelle, la durée du stimulus étant perçue comme plus longue qu'en réalité », fait remarquer Sylvie Droit-Volet. Le fait d'avoir peur provoquerait un « éveil », une activation physiologique qui accélère le rythme de l'horloge interne. Cet « éveil » se traduit par une dilatation des pupilles, une accélération du rythme cardiaque, une élévation de la pression artérielle, une contraction musculaire. Il est le reflet d'un mécanisme de défense déclenché dans une situation de menace, l'organisme se préparant à agir, en l'occurrence à attaquer ou à fuir. Cette surestimation temporelle dans une situation de menace a également été observée par ces chercheurs chez des enfants de 3 ans.

En revanche, *« contre toute attente, la tristesse n'affecte pas la perception du temps, sans doute parce ce que l'émotion ressentie en regardant un film triste n'est pas assez forte pour provoquer un ralentissement physiologique »*, note Sylvie Droit-Volet, en ajoutant qu'il conviendrait de travailler sur des états profonds de tristesse dans les épisodes dépressifs majeurs. Son équipe évalue actuellement si l'horloge interne ralentit chez des sujets sains adeptes de la méditation-relaxation. Peut-on, dans cet état, être réellement hors du temps ?

Sandrine Gil et Sylvie Droit-Volet ont également travaillé sur la perception du temps quand l'autre exprime une « émotion secondaire » : une expression faciale de honte. Voir un visage exprimant la honte incite celui qui l'observe à comprendre l'origine de ce sentiment. *« Cette activité réflexive entraîne un détournement de l'attention du traitement du temps qui conduit à ce que le temps estimé paraisse plus court qu'il ne l'est en réalité »*, souligne Sylvie Droit-Volet. Cette sous-estimation temporelle ne s'observe qu'à partir de 8 ans, lorsque l'enfant a appris la notion de honte.

La « théorie de l'esprit incarné » (encore nommée « théorie de la cognition incarnée ») explique en quoi la perception des émotions d'autrui modifie notre perception du temps. Elle est sous-tendue par l'existence d'un processus interne de mimétisme ou de simulation de l'état émotionnel de l'autre qui nous permet de nous adapter à l'autre et de bien comprendre de ce qu'il ressent. Ainsi, lorsqu'un adolescent côtoie une personne âgée qui parle et marche plus lentement que lui, son horloge interne ralentit pour se synchroniser sur le temps du senior. Il se produit chez le jeune un ralentissement subjectif du temps qui permet à ces deux personnes de mieux interagir socialement.

Sylvie Droit-Volet et ses collègues ont montré que, si l'on empêche ce processus de mimétisme en bloquant les expressions faciales de l'individu qui observe l'autre en lui mettant un stylo dans la bouche, plus rien ne se passe. L'horloge interne ne change plus de rythme, quelle que soit l'émotion perçue chez l'autre. De même, des études ont indiqué qu'une personne « botoxée » reconnaît moins bien les expressions émotionnelles et ressent moins d'empathie vis-à-vis des autres.

« Notre perception du temps est un bon révélateur de notre état émotionnel », résume Sylvie Droit-Volet, qui souligne que les distorsions temporelles émotionnelles ne résultent pas d'un dysfonctionnement du système de l'horloge interne mais, au contraire, de son excellente capacité à s'adapter aux événements de notre environnement. Selon elle, *« il n'existe pas un temps unique, homogène, mais plutôt de multiples temps dont on fait l'expérience. Nos distorsions temporelles sont le reflet direct de la façon dont notre cerveau et notre corps s'adaptent à ces temps multiples, ces temps de la vie »*.

Le philosophe André Bergson n'avait-il pas raison quand il expliquait, dans son ouvrage *Durée et simultanéité. A propos de la théorie d'Einstein*, que l'*« on doit mettre de côté le temps unique, seuls comptent les temps multiples, ceux de l'expérience »* ? Autre façon de dire que le temps perçu est on ne peut plus relatif.

Marc Gozlan, *Le Monde Science et techno* daté du 10.11.2012

LA CULTURE

Le langage(*)

Aristote définissait l'homme comme « le vivant possédant le langage » : la capacité linguistique semble n'appartenir en propre qu'à l'homme, et le distinguer de tous les autres vivants. Le langage permet à l'homme de penser et de communiquer ses idées : il fonde donc la vie en communauté.

Comment définir le langage ?

Le langage se définit par un vocabulaire, c'est-à-dire par un pouvoir de nomination, et par une grammaire, c'est-à-dire par des règles régissant la nature et les relations des mots. **Saussure** a montré que les mots que nous utilisons pour parler (ou signes) sont la totalité d'un signifiant (la suite de sons qui compose le mot) et d'un signifié (ce que le mot désigne).

Il a aussi établi qu'il n'y avait aucun rapport logique entre le signifiant et le signifié : c'est **la thèse de l'arbitraire du signe**. Le langage est donc une convention arbitraire ; c'est pourquoi, d'ailleurs, il existe plusieurs langues.

Peut-on parler d'un langage animal ?

Certains animaux ont développé des formes évoluées de communication, et particulièrement ceux qui vivent en société comme les abeilles. Mais, comme l'a montré Benveniste, ce « langage » n'a rien à voir avec le langage humain : il dicte un comportement, et non une réponse linguistique.

Les animaux n'utilisent pas dans leur communication des signes composés, mais des signaux indécomposables. Alors que **le langage humain est un langage de signes**, la communication animale est un code de signaux, dont chaque signal renvoie à une seule signification possible.

Qu'est-ce qui caractérise le langage humain ?

Selon Rousseau, « la langue de convention n'appartient qu'à l'homme » : les animaux possèdent leur « langage » dès la naissance. Ils n'ont pas à l'apprendre, parce que c'est leur instinct qui le leur dicte ; ce « langage » est inné, et non acquis.

Ferdinand de Saussure (1857-1913).

« C'est dans les mots que nous pensons. [...] Vouloir penser sans les mots, c'est une tentative insensée. » (Hegel)

MOTS CLÉS

ABSTRACTION

Du latin *abstrahere*, « tirer, enlever ». Constitutive de la pensée et du langage, l'action d'abstraire est l'opération de l'esprit qui isole, pour le traiter séparément, un élément d'une représentation ; la blancheur, la liberté, sont des abstractions.

CONCEPT

Du latin *conceptus*, « reçu, saisi ». Produit de la faculté d'abstraction, un concept est une catégorie générale qui désigne un caractère commun à un ensemble d'individus. Les concepts, auxquels renvoient les signes du langage, permettent d'organiser et de classer notre saisie du réel.

DIALOGUE

Des mots grecs *dia*, « à travers », et logos, « parole ». Le dialogue n'est pas uniquement échange d'informations utiles, il est aussi échange d'idées. Il fait accéder à la représentation abstraite, il est, par conséquent, le propre de l'homme.

INEFFABLE

Ce qui ne peut être dit, soit parce qu'on suppose qu'il n'existe aucun mot pouvant l'exprimer, soit parce que ce qui est à dire reste confus, obscur.

LANGAGE

On peut le définir comme un système de signes ordonnés suivant des règles. Il est une spécificité humaine dans la mesure où il comporte des caractéristiques propres absentes de la communication animale, en particulier sa plasticité et son caractère articulé, rendant possible une infinité de combinaisons à partir d'un nombre réduit d'éléments.

(*) Hors programme en Terminale S.

Le « langage » animal n'a pas de grammaire : les signaux qui le composent ont chacun un sens précis et unique, et ne peuvent donc pas être combinés entre eux. Grâce à la grammaire et au nombre infini de combinaisons qu'elle permet, **le langage humain, lui, est plus riche de significations et surtout, il est capable d'invention et de progrès**.

Sur quelle faculté le langage repose-t-il ?

Le mot *arbre* désigne aussi bien cet arbre-ci que cet arbre-là. *Arbre* ne désigne pas un arbre donné, mais le concept même d'« arbre » (ce que doit être une chose pour être un arbre : avoir un tronc, etc.) ; c'est pour cela qu'il peut désigner tous les arbres. Les mots ne renvoient pas à des choses, mais à des concepts abstraits et généraux.

Le langage est donc le fruit de notre **faculté d'abstraction** : le mot *arbre* peut désigner tous les arbres, parce que nous avons, contrairement aux animaux, la faculté de ne voir dans cet arbre-ci qu'un exemplaire de ce que nomme le mot *arbre* (le concept d'arbre).

Le langage ne sert-il qu'à communiquer ?

Comme l'a montré Bergson, les mots désignent des concepts généraux, et non des choses singulières. Le langage simplifie donc le monde et l'appauvrit : il nous sert d'abord à y imposer un ordre en classant les choses par ressemblances.

Le langage ne fait donc pas que décrire un monde qui lui serait préexistant : **c'est lui qui délimite le monde humain**, ce que nous pouvons percevoir et même ce que nous pouvons penser. N'existe, en fait, que ce que nous pouvons nommer dans notre langue.

« Les limites de mon langage signifient les limites de mon propre monde. » (Wittgenstein)

Le langage constitue-t-il la communauté humaine ?

La conscience ne vise pas autrui comme une chose parmi les choses, parce que, contrairement aux choses, autrui peut répondre quand je lui parle : parce qu'il me répond, autrui est non un simple objet de ma perception, mais un autre sujet qui me vise à son tour dans sa propre conscience.

Le langage permet de **viser intentionnellement autrui comme sujet** : Husserl peut donc affirmer que c'est lui qui fonde la communauté humaine, entendue comme « communauté intersubjective ».

Le langage a-t-il une fonction éthique ?

Le langage semble n'avoir qu'une seule fonction : décrire des « états de choses » (comme par exemple : « le chat est sur le paillasson »).

Wittgenstein remarque cependant qu'à côté de cette fonction descriptive, le langage a plus fondamentalement une fonction éthique : dire que le chat est sur le paillasson, c'est certes décrire la position du chat, mais c'est aussi célébrer la communauté humaine pour laquelle cette proposition a une signification. **Le langage fait de l'homme « l'animal cérémoniel »** : il n'a de sens que dans une communauté, et c'est cette communauté de langue que nous célébrons, même sans le savoir, dès que nous parlons. ■

UN ARTICLE DU *MONDE* À CONSULTER

- **Dans le secret des langues sifflées** p. 31
(Florence Rosier, *Le Monde Science et médecine* daté du 26.08.2015)

MOTS CLÉS

LANGUE
Une langue est un ensemble institué et stable de signes et de règles grammaticales que partage une communauté humaine donnée. Elle se distingue du langage en ce sens qu'elle est une incarnation du langage objectif dans une communauté vivante (par exemple : la langue française).

NATURALISME/ CONVENTIONNALISME
Le naturalisme est une doctrine philosophique qui considère que le principe de toute réalité réside dans la nature. En ce qui concerne le langage, le naturalisme conçoit donc que les mots sont une propriété des choses et qu'ils sont une imitation par les sons et les signes des choses telles qu'elles se présentent dans la nature (ainsi, par exemple, le mot « *miauler* » semble imiter le bruit du chat). Le conventionnalisme considère quant à lui que le principe de toute chose est arbitraire et n'a pas sa source dans la nature. Ainsi, le conventionnalisme conçoit le langage comme un ensemble de signes et de sons contingents, sans rapport direct avec les réalités désignées (par exemple, le mot « *chat* » ne semble pas ressembler à l'animal désigné, si bien qu'on peut aussi bien appeler ce dernier « *cat* » ou « *gato* »).

PAROLE
Elle est nécessairement individuelle, et suppose un sujet actif. Par la parole on s'approprie une langue. La parole est ce par quoi le sujet exerce sa fonction linguistique.

SIGNE
Élément fondamental du langage, composé d'un signifiant, suite de sons ou de gestes, et d'un signifié ou concept, qui lui donne sens (distinction saussurienne).

« Voyez par exemple avec quelle sincérité on prononce le mot ***miasme***... n'est-ce pas là une onomatopée... du dégoût ? » (Bachelard)

Dissertation :
La langue est-elle un moyen d'expression comme un autre ?

L'analyse du sujet

I. Les termes du sujet

• *La langue* :
– la langue maternelle et/ ou la langue du pays d'adoption.
– tout système de signes reconnus collectivement et/ ou institutionnellement.

• *Moyen d'expression* :
– support par lequel des idées, des sentiments, des besoins sont extériorisés.
– idée de revendication.

• *Comme un autre* :
– processus de comparaison qui renvoie à l'idée de nivellement, d'absence de différence spécifique.

II. Les points du programme

• Le langage, la culture.
• La société et les échanges, l'État.

L'accroche

De plus en plus de pays font passer des tests de langue aux candidats à l'immigration.

La problématique

Si l'on s'exprime toujours dans sa langue, est-ce par habitude, ou parce que les autres moyens d'expression sont moins riches, moins révélateurs ? Pourtant, le recours à d'autres signes et gestes n'est-il pas parfois plus efficace et adapté à l'exigence d'expression ?

Le plan détaillé du développement

I. La langue est un mode d'expression culturel et non naturel.

a) Toute langue est construite sur une structure et un système conventionnels de signes (*cf.* analyse de Saussure).

b) Tous les moyens d'expression ne sont pas conventionnels ou culturels. Les pleurs et les cris, identiques chez tous les individus de la même espèce, sont ainsi naturels ou physiques.

c) Une langue évolue de façon constante. Elle est soumise à des éléments sociaux : mots et expressions à la mode, vocabulaire propre à une génération, etc.

Transition : Ne s'agit-il pas toujours de faire voir ce que l'on ressent, ce que l'on est, de la même façon que pour tout autre mode d'expression ?

« Nous pensons un univers que notre langue a d'abord modelé. » (Saussure)

II. La langue n'a pas de fonction privilégiée.

a) D'autres formes d'expression permettent d'extérioriser les sentiments, et de meilleure façon : l'art, la musique (*cf.* analyse de Bergson sur les limites du langage courant).

b) La langue est sociale, d'abord parce que le langage répond à la nécessité de communiquer pour satisfaire ses besoins et organiser le travail entre les hommes (*cf.* analyse de Bergson sur la fonction utilitaire du langage), exactement de la même façon que les animaux ont un moyen de communication pour survivre ensemble.

Transition : Pourquoi n'existe-t-il pas alors de langue universelle ?

III. La langue dépasse la simple faculté d'expression.

a) La pensée se forme par le langage (*cf.* analyse de Hegel). La langue est donc ce par quoi la pensée individuelle, voire l'identité collective, s'entretient.

b) Tous les autres modes d'expression culturels sont alors compris et interprétés en fonction de sa ou ses langues.

Conclusion

La langue n'est pas un moyen d'expression comme un autre, car c'est par elle que la pensée, la compréhension et l'identité de l'individu se façonnent. ■

Ce qu'il ne faut pas faire
Établir une comparaison de valeur entre les langues.

Les bons outils
• Rousseau, *Essai sur l'origine des langues.*
• Benveniste, *Problèmes de linguistique générale.*
• Merleau-Ponty, *Sens et non sens.*
• Wittgenstein, *Tractatus philosophicus.*

« Ce que l'on conçoit bien s'énonce clairement/ et les mots pour le dire arrivent aisément. » (Boileau)

TEXTE CLÉ

Dans cet extrait, Bergson met en lumière la généralité propre au langage qui nous empêche la plupart du temps d'accéder à la vérité des choses.

Nous ne voyons pas les choses mêmes ; nous nous bornons, le plus souvent, à lire des étiquettes collées sur elles. Cette tendance, issue du besoin, s'est encore accentuée sous l'influence du langage. Car les mots (à l'exception des noms propres) désignent des genres. Le mot, qui ne note de la chose que sa fonction la plus commune et son aspect banal, s'insinue entre elle et nous, et en masquerait la forme à nos yeux si cette forme ne se dissimulait déjà derrière les besoins qui ont créé le mot-lui même. Et ce ne sont pas seulement les objets extérieurs, ce sont aussi nos propres états d'âme qui se dérobent à nous dans ce qu'ils ont d'intime, de personnel, d'originalement vécu. Quand nous éprouvons de l'amour ou de la haine, quand nous nous sentons joyeux ou tristes, est-ce bien notre sentiment lui-même qui arrive à notre conscience avec les mille nuances fugitives et les mille résonances profondes qui en font quelque chose d'absolument nôtre : Nous serions alors tous romanciers, tous poètes, tous musiciens. Mais le plus souvent, nous n'apercevons de notre état d'âme que son déploiement extérieur. Nous ne saisissons de nos sentiments que leur aspect impersonnel, celui que le langage a pu noter une fois pour toutes parce qu'il est à peu près le même, dans les mêmes conditions, pour tous les hommes. Ainsi, jusque dans notre propre individu, l'individualité nous échappe. Nous nous mouvons parmi des généralités et des symboles.

Henri Bergson, *Le Rire*

« Le mot, qui ne note de la chose que sa fonction la plus commune et son aspect banal, s'insinue entre elle et nous »

Dans le secret des langues sifflées

Le « langage des oiseaux » est sifflé par les habitants d'un village isolé du nord de la Turquie. Une étude récente aide à comprendre comment leur cerveau traite cette information.

Mon cheval arrêté sous l'arbre plein de tourterelles, je siffle un sifflement si pur (...) » exultait Saint-John Perse (Anabase, 1924). « *Un sifflement si pur,* pourraient poursuivre les habitants du « village des oiseaux », en Turquie, *qu'il nous sert depuis des lustres à communiquer, d'un bord à l'autre de nos vallées, à des centaines de mètres à la ronde.* »

Une étude menée par l'équipe d'Onur Güntürkün, de l'université de la Ruhr à Bochum (Allemagne), met en musique la gymnastique du cerveau de ces siffleurs. Publiée le 17 août dans *Current Biology,* elle ébranle une idée consensuelle, qui veut que notre hémisphère gauche soit prédominant dans le traitement du langage. Car le traitement de cette langue sifflée semble moins latéralisé que prévu.

Ce « village des oiseaux », Kusköy, se trouve dans une vallée perdue de la chaîne Pontique, bordant la mer Noire. Pour s'épargner de fastidieuses heures de marche dans ce relief accidenté, ses habitants ont inventé cette langue ailée : proches du son de la flûte, leurs sifflements portent bien plus loin que le langage crié.

Cette « langue des oiseaux » est l'une des dizaines de langues sifflées recensées à travers le monde. « *Une quarantaine de langues sifflées ont été étudiées mais jusqu'à* 70 ont été signalées », précise Julien Meyer, de l'Institut des sciences cognitives (CNRS, Lyon). Début 2015, ce linguiste et acousticien a publié un passionnant ouvrage, *Whistled Languages* (« Langues sifflées », Springer, non traduit).

Sidérantes langues sifflées, si longtemps méconnues ! « *Les ethnomusicologues et les linguistes les ont longtemps tenues pour des codes secrets, pas pour de véritables langages. D'où leur désintérêt* », se désole Julien Meyer. Chaque langue sifflée, en réalité, dérive de la langue parlée alentour. Elle en reproduit la grammaire et le vocabulaire. « *C'est un mode d'expression simplifié, qui n'est utilisé que dans des contextes traditionnels.* » Une tradition fort ancienne, mentionnée au VIIIe siècle de notre ère dans un traité chinois.

Tous les continents étudiés recèlent leurs langues sifflées. En Amérique par exemple, on siffle (ou l'on a sifflé) le mazatèque ou le tepehua au Mexique ; le wayapi ou le gaviao en Amazonie. En Afrique, c'est le banen ou le moba... Le turc et le grec peuvent aussi être sifflés ; tout comme le chepang, au Népal ; le hmong ou l'akha, en Asie du Sud-Est ; le yupik, en Alaska... Sans oublier le béarnais, sifflé jusqu'à peu dans le village d'Aas, dans les Pyrénées. « *La dernière siffleuse traditionnelle connue du Béarn est décédée en 1998* », indique Julien Meyer.

Car ces langues sifflées sont souvent menacées. « *En ville, elles ne survivent pas. Et à la campagne, elles subissent la domination des milieux urbains. Elles sont de plus victimes de la raréfaction des espaces ruraux. En Amazonie, dans les villages isolés du cœur de la forêt équatoriale, le gaviaõ sifflé survit très bien* : même les enfants *l'utilisent. Mais en bordure de forêt, à la lisière des effets de la déforestation, seuls les Indiens de plus de 50 ans ou ceux qui continuent de chasser y ont recours.* »

La plus fameuse des langues sifflées est le silbo, sur l'île de la Gomera, aux Canaries. Sa pratique a été héritée des Berbères, qui occupaient l'île bien avant l'arrivée des Espagnols. Le silbo vit aujourd'hui une renaissance : depuis 1999, son enseignement est obligatoire en classe de primaire. Et en 2009, il a été déclaré Patrimoine mondial de l'humanité par l'Unesco. « *La seule langue dans ce cas* », souligne Julien Meyer.

A l'été 2013, une langue sifflée berbère a été découverte dans le Haut-Atlas marocain. « *On en soupçonnait depuis longtemps l'existence* », explique Julien Meyer, à l'origine de cette découverte avec Gérard Pucheu, fondateur de l'association Lo Bearn Shiula (« Le Béarnais sifflé »). Car au Ve siècle avant notre ère, l'historien grec Hérodote rapportait l'existence d'une langue sifflée en Afrique du Nord. Vingt-cinq siècles plus tard, J.-M. G. Le Clézio, Prix Nobel de littérature, a décrit à son tour, dans *Désert* (Gallimard, 1980), deux bergers dialoguant dans une langue sifflée berbère.

Si la phonétique de la parole sifflée défie les experts, l'étude de *Current Biology* s'est intéressée à sa perception. Les auteurs ont fait écouter, dans un casque, des syllabes parlées ou sifflées à 31 siffleurs turcs. Chaque oreille percevait une syllabe différente. Puis ils ont demandé à ces volontaires de dire ce qu'ils entendaient. Résultat : alors que l'oreille droite – correspondant à l'hémisphère gauche – répondait mieux aux syllabes parlées (64 % des cas, contre 29 % pour l'oreille gauche), cette latéralisation disparaissait pour les syllabes sifflées. « *Ce n'est pas si surprenant, commente Fanny Meunier, du CNRS (université de Lyon). Les réseaux cérébraux s'adaptent aux caractéristiques du signal acoustique. Le cortex auditif droit préfère traiter des segments temporels plus longs, comme dans la langue sifflée ou dans la musique. Le cerveau ferait donc appel à ces réseaux, plus performants dans ce type de signal. Cela compenserait la prédominance de l'hémisphère gauche observée généralement dans le langage. D'où cet équilibre apparent dans les réponses aux sons perçus par chaque oreille.* » Mais ce résultat reste à confirmer par l'imagerie cérébrale.

En 2005, des chercheurs ont exploré le cerveau de siffleurs de silbo (Carreiras et al., *Nature*). Par IRM cérébrale, ils ont montré que cette langue active, globalement, les mêmes zones du cerveau que la langue parlée. Pour autant, les chercheurs notaient déjà une activation moindre de l'hémisphère gauche.

Les langues sifflées ouvrent aussi de passionnantes perspectives sur l'origine du langage. Un vif débat oppose les spécialistes : le langage humain est-il vraiment apparu grâce au contrôle des vibrations de nos cordes vocales ? Ou bien résulterait-il, en amont, de productions sonores contrôlées par l'avant de la bouche ? Cette hypothèse alternative a été proposée en 2014 (Lameira et al., Trends Cognitive Sciences). Les grands singes, en effet, ne contrôlent que des sons issus des lèvres et des cavités buccales. Or « *les langues sifflées, apparues dans des contextes de subsistance et de modes de vie traditionnels, donnent la part belle aux résonances buccales* », relève Julien Meyer. L'homme aurait-il sifflé avant de parler ?

Florence Rosier, *Le Monde Science et médecine* daté du 26.08.2015

POURQUOI CET ARTICLE ?

Quelle est l'origine des langues ? À cette question classique de la philosophie une étude récente sur le langage sifflé apporte un nouvel éclairage. Tandis que la parole suppose la maîtrise des cordes vocales, laquelle est relativement tardive dans l'évolution de l'humanité, l'émission de sifflements n'implique, quant à elle, que le contrôle des lèvres et de la bouche, disposition déjà présente chez les grands singes. Dès lors, il est permis de penser que le langage sifflé précéda la parole articulée. « Les premières langues furent chantantes » : Rousseau ne croyait sans doute pas si bien dire !

L'art

L'art ne doit pas seulement être entendu dans le sens de « beaux-arts » : il ne faut pas oublier l'art de l'artisan, qui lui aussi réclame une technique, c'est-à-dire un ensemble de règles à respecter. Il est clair cependant que les beaux-arts n'ont pas la même finalité puisqu'ils recherchent le beau et produisent des objets dépourvus d'utilité.

Comment définir l'art ?

Ce n'est qu'au XVIIIe siècle que le terme d'*art* a été réduit à la signification que nous lui connaissons actuellement. Il avait jusque-là servi à désigner **toute activité humaine ayant pour but de produire des objets** : en ce sens, l'art s'oppose à la nature, qui est l'ensemble de tout ce qui se fait sans que l'homme n'ait à intervenir.

L'art réclame toujours des **règles** : lorsque l'on est charpentier comme lorsque l'on est musicien, il faut observer des règles si l'on veut produire l'œuvre désirée. C'est exactement ce que veut dire le mot *technè* en grec : la technique, c'est l'ensemble des règles qu'il faut suivre dans un art donné.

Statue de Kant à Kaliningrad.

Peut-on définir ce qu'est le beau ?

Deux grandes conceptions s'affrontent dans l'histoire de la philosophie : soit le beau est une **caractéristique de l'objet**, soit il est un **sentiment du sujet**. La première doctrine remonte à Platon : une chose est belle quand elle est parfaitement ce qu'elle doit être ; on peut parler d'une belle marmite, quand cette marmite rend exemplaire l'idée même de marmite.

La seconde est inaugurée par Kant : le beau n'est pas une caractéristique de l'objet, c'est un sentiment du sujet, éveillé par certains objets qui produisent en nous un **sentiment de liberté et de vitalité**. En effet, le sentiment du beau est le « libre jeu » de l'imagination et de l'entendement : le beau suscite un jeu de nos facultés par lequel nous éprouvons en nous le dynamisme même de la vie.

Le beau dépend-il du goût de chacun ?

Selon Kant, la réponse est négative : **le beau plaît universellement**, même s'il s'agit d'une universalité de droit, et non de fait. Si je juge une œuvre belle alors que mon voisin la trouve laide, la première chose que je tenterai de faire, c'est de le convaincre. C'est ce qui différencie le beau de l'agréable : l'agréable est affaire de goût et dépend du caprice de chacun, alors que le beau exige l'universalité.

Le beau peut être universel parce qu'il fait jouer **des facultés qui sont communes à tous les sujets** : le sentiment que j'éprouve devant la belle œuvre peut, en droit, être partagé par tous.

Kant estime néanmoins que cette définition vaut aussi bien pour le beau naturel que pour le beau artistique ; en un sens, le beau naturel peut être selon lui supérieur au beau artistique, parce qu'il est purement gratuit : la belle œuvre est faite pour plaire, et cette intention, quand elle est trop visible, peut gâcher notre plaisir ; rien de tel avec un beau paysage.

MOTS CLÉS

ART

Ars en latin ; traduit le mot grec *techné*, « savoir-faire ». Désigne d'abord le savoir-faire de l'artisan, la maîtrise technique. Terme qui tend à être réservé aujourd'hui à la création artistique.

BEAU

Ce qui fait naître le sentiment esthétique. Si l'Antiquité cherchait à formuler des règles objectives du beau, la modernité, avec Kant, a insisté sur le fondement subjectif du jugement esthétique et sa spécificité. Kant définit le beau comme « ce qui plaît universellement sans concept ».

BEAU/ AGRÉABLE

Kant oppose l'agréable, qui touche les sens, au beau, qui suscite un plaisir désintéressé. Le jugement sur l'agréable et ses variétés est lié à un intérêt, et relève de la seule faculté de désirer. Ce n'est pas l'objet d'un simple jugement : il produit une inclination et un plaisir en résulte. L'agréable dépend du goût de chacun et est particulier, tandis que le beau doit être universel.

BEAUX-ARTS/ ARTS MÉCANIQUES/ ARTS LIBÉRAUX

Au Moyen Âge, on opposait aux arts dits « mécaniques », qui réclamaient une habileté manuelle, les sept arts « libéraux » (c'est-à-dire dignes des hommes libres) : la dialectique, la grammaire, la rhétorique, l'arithmétique, l'astronomie, la géométrie et la musique. Aujourd'hui, on appelle « beaux-arts » les arts qui ont pour objet de représenter le beau : essentiellement la peinture, la sculpture, l'architecture, la musique, la danse et la poésie. On voit bien ici que le terme tardif de « beaux-arts » n'équivaut pas aux anciens arts libéraux ;au contraire, nombre de nos beaux-arts (comme la peinture, la sculpture ou l'architecture) étaient jadis considérés comme des arts mécaniques, et leurs « artistes » comme des artisans. Ce qui s'oppose à l'artisanat, ce sont donc les beaux-arts.

L'œuvre d'art a-t-elle une fonction ?

Contrairement à l'objet technique qui trouve la raison de son existence dans son utilité, l'œuvre d'art semble ne pas avoir de fonction particulière. Suffit-il alors de rendre un objet technique inutilisable pour en faire une œuvre d'art ? C'est en tous cas la théorie du *ready-made* de Marcel Duchamps.

Pour Kant cependant, cette inutilité n'est pas simplement une absence de fonction : elle résulte de la nature même du beau. Dire qu'une fleur est belle ne détermine en rien le concept de fleur : **le jugement esthétique n'est pas un jugement de connaissance**, il ne détermine en rien son objet, qui plaît sans qu'on puisse dire pourquoi. C'est ainsi parce que le beau plaît sans concept que l'œuvre ne peut pas avoir de finalité assignable.

« Rien ne nous empêche de dire que, comparée à cette réalité, l'apparence de l'art est illusoire ; mais l'on peut dire avec autant de raison que ce que nous appelons réalité est une illusion plus forte, une apparence plus trompeuse que l'apparence de l'art. » (Hegel)

L'art sert-il à quelque chose ?

Que l'œuvre d'art n'ait pas de fonction assignable ne signifie pas que l'art ne sert à rien : Hegel, dans son *Esthétique*, lui assigne même la tâche la plus haute. Une œuvre n'a pas pour but de reproduire la nature avec les faibles moyens dont l'artiste dispose, mais de la recréer.

Dans le tableau, ce n'est donc pas la nature que je contemple, mais l'esprit humain : **l'art est le moyen par lequel la conscience devient conscience de soi**, c'est-à-dire la façon par laquelle l'esprit s'approprie la nature et l'humanise.

C'est donc parce que nous nous y contemplons nous-mêmes que l'art nous intéresse.

Certes, un outil est aussi le produit de l'esprit humain ; mais il a d'abord une fonction utilitaire et pratique. En contemplant une œuvre d'art en revanche, nous ne satisfaisons pas un besoin pratique, mais purement spirituel : c'est ce qui fait la supériorité des œuvres sur les autres objets qui peuplent notre monde. ■

« L'art et rien que l'art! C'est lui qui nous permet de vivre, qui nous persuade de vivre, qui nous stimule à vivre » (Nietzsche)

« L'art est ce qui révèle à la conscience la vérité sous forme sensible. » (Hegel)

Victoire de Samothrace.

UN ARTICLE DU *MONDE* À CONSULTER

- **Vermeer, grand maître des énigmes** p. 35
(Philippe Dagen, *Le Monde* daté du 23.02.2017)

MOTS CLÉS

GÉNIE

Du latin *genius*, de *genere* qui signifie « produire ». Le génie désigne dans le domaine des beaux-arts une personne capable d'une production artistique à nulle autre pareille, ce qui la rend absolument singulière est donc inimitable. Le génie est donc l'artiste par excellence, le créateur absolu d'un *style*.

***KANON* (CANON)**

La beauté, selon un sens classique, est définie à partir des règles, de la mesure. *Kanon* en grec, signifie « règle », au sens d'instrument et de procédure. Le *canon* est donc un ensemble de règles données pour œuvrer à un contenu. Tous les grands sculpteurs grecs (Phidias, Praxitèle) ont respecté un canon pour leurs statues, que reprendront ensuite les artistes de la Renaissance.

Les grecs possédaient également le mot *kosmos*, dont le sens est « en bon ordre ». Le terme désigne à la fois l'ordre et la beauté (ou la beauté résultant de l'ordre). C'est de là que proviennent le sens et l'origine du mot *cosmétique*.

ŒUVRE

L'œuvre est le produit du travail. C'est le résultat obtenu par le producteur une fois le processus de production achevé. Il peut s'agir aussi bien d'une oeuvre utile dans le cas de l'artisanat (une table, une chaise), que d'une œuvre sans utilité particulière dans le cas d'une œuvre d'art produite par un artiste.

Dissertation :
L'œuvre d'art doit-elle plaire ?

L'analyse du sujet

I. Les termes du sujet

• *Œuvre d'art* :
– sens classique : toute création appartenant à la liste classique des beaux-arts.
– sens moderne : toute production humaine revendiquant ce statut.

• *Doit-elle plaire* :
– idée d'impératif, d'obligation morale ou déontologique.
– idée de nécessité.

II. Les points du programme

• L'art.
• La matière et l'esprit.
• Le devoir.

Chardin, *La Raie*.

L'accroche

Zola, dans la préface de *Thérèse Raquin*, s'insurge contre ceux qui ont trouvé son roman « obscène », alors qu'il ne visait que la vérité selon lui.

La problématique

L'artiste est-il soumis à l'impératif de créer un plaisir chez le spectateur ? Le statut d'œuvre d'art nécessite-t-il qu'il y ait toujours divertissement, ou peut-on au contraire lui donner un autre rôle ? L'œuvre d'art peut-elle même être soumise à un impératif quelconque ?

Le plan détaillé du développement

I. Le plaisir a partie liée avec l'essence et l'existence même des œuvres d'art.

a) Il existe un plaisir naturel propre à la vision des images (cf. analyse d'Aristote), ce pour quoi l'art est essentiellement imitatif.

b) Les grandes œuvres sont celles qui, depuis leur création, plaisent de façon constante, du fait des qualités de composition qu'elles possèdent (*cf.* analyse de Hume).

c) L'appréciation de la beauté se fait en fonction du plaisir ressenti, donc sans plaisir, les œuvres ne seraient pas reconnues comme telles.

Transition : Pourtant, nombreuses ont été les œuvres non appréciées, voire condamnées lors de leur création.

II. La relativité du plaisir esthétique constitue un problème.

a) Le jugement esthétique est relatif à chacun, s'il repose sur un plaisir.

b) Le plaisir éprouvé par le plus grand nombre ne signifie pas que l'œuvre soit de grande qualité (exemple du cinéma dit « grand public »). Il peut y avoir un plaisir superficiel, lié à l'apparence de beauté ou à l'apparence de l'objet représenté (*cf.* analyse de Platon dans l'*Hippias Majeur*).

c) Le but de l'art n'est pas de divertir. Certains artistes modernes revendiquent un autre idéal que celui de la beauté ou du plaisir. Il s'agit au contraire de faire réfléchir, de choquer, etc.

Transition : Tout et n'importe quoi peut-il donc être de l'art ?

III. L'œuvre d'art est à redéfinir constamment.

a) L'œuvre d'art est suffisamment riche pour mettre chaque spectateur en situation de former et d'échanger des jugements, ce qui suscite un plaisir et un intérêt spécifiques (*cf.* analyse de Kant).

b) De nos jours, les frontières de l'art ne sont pas fixes, et le jugement doit être forgé sur le statut même d'œuvre d'art, sur le fait même de savoir en quoi il s'agit d'une œuvre d'art (exemple des *ready-made* de Duchamp). Pour cela, le plaisir ne suffit pas.

Conclusion

Une œuvre d'art suscite plaisir et intérêt, de différentes natures, mais sans que l'exigence de plaisir soit elle-même un préalable à remplir.

Ce qu'il ne faut pas faire

Omettre de citer et d'analyser ne serait-ce qu'un exemple d'œuvre d'art.

Les bons outils

• Aristote, *Poétique*.
• Hume, *De la norme du goût*. Est présentée dans cet essai la figure du critique d'art.
• Diderot, *Traité du Beau*.
• Plotin, *Traité du beau*.
• Kant, *Critique de la faculté de juger*.

TEXTE CLÉ

Dans cet extrait, Alain explique que l'activité de l'artisan se distingue de celle de l'artiste qui conçoit son œuvre en la produisant, tandis que l'artisan la conçoit avant de la produire.

Il reste à dire en quoi l'artiste diffère de l'artisan. Toutes les fois que l'idée précède et règle l'exécution, c'est industrie. Et encore est-il vrai que l'œuvre souvent, même dans l'industrie, redresse l'idée en ce sens que l'artisan trouve mieux qu'il n'avait pensé dès qu'il essaie ; en cela il est artiste, mais par éclairs. Toujours est-il que la représentation d'une idée dans une chose, je dis même d'une idée bien définie comme le dessin d'une maison, est une œuvre mécanique seulement, en ce sens qu'une machine bien réglée d'abord ferait l'œuvre à mille exemplaires. Pensons maintenant au travail du peintre de portrait ; il est clair qu'il ne peut avoir le projet de toutes les couleurs qu'il emploiera à l'œuvre qu'il commence ; l'idée lui vient à mesure qu'il fait ; il serait même rigoureux de dire que l'idée lui vient ensuite, comme au spectateur, et qu'il est spectateur aussi de son œuvre en train de naître. Et c'est là le propre de l'artiste. Il faut que le génie ait la grâce de la nature et s'étonne lui-même. Un beau vers n'est pas d'abord en projet, et ensuite fait ; mais il se montre beau au poète ; et la belle statue se montre belle au sculpteur à mesure qu'il la fait ; et le portrait naît sous le pinceau.

Alain, *Système des beaux-arts*

« Toujours est-il que la représentation d'une idée dans une chose, je dis même d'une idée bien définie comme le dessin d'une maison, est une œuvre mécanique seulement. »

Vermeer, grand maître des énigmes

Une remarquable exposition, au Louvre, démontre la singularité du peintre face à ses contemporains.

Etre pris au dépourvu par Johannes Vermeer (1632-1675) au Louvre : étrange moment. Peu de peintres sont aussi connus et ses œuvres le sont d'autant mieux qu'elles sont peu nombreuses : moins d'une quarantaine tenues pour certaines. Il y en a douze dans l'exposition, ce qui est déjà en soi remarquable. Plusieurs ont eu le funeste destin de devenir des images publicitaires, à commencer par *La Laitière*, qui fait office de visuel – comme on dit – pour l'exposition « Vermeer et les maîtres de la peinture de genre ». *La Femme à la balance* n'est guère moins célèbre, et c'est elle cependant qui, dès l'entrée, surprend, arrête le regard et déconcerte : évidence de la composition, énigme du sens. C'est pourtant un petit tableau simple. Une jeune femme, dont la chevelure est voilée de blanc et qui semble enceinte, tient dans sa main droite une balance d'orfèvre. Des bijoux sont répandus sur la table, glissés hors d'un coffret. Un peu de lumière descend d'une fenêtre haute sur le visage, le buste, le blanc de la coiffe et celui d'une ganse de fourrure. Au mur, nettement visible, un jugement dernier est encadré de noir et d'or. Il est traditionnel de considérer que le geste de la femme répond à celui-ci, quand les âmes seront pesées, bonnes et mauvaises. Cela étant, calculer le poids et la valeur des bijoux pourrait aussi trahir l'avarice, la cupidité ou quelque autre vice passible au moins du purgatoire. L'interprétation n'est pas si claire, sans même tenir compte de la grossesse de la femme.

Homogénéité sociale

A côté du Vermeer se trouve un tableau de son contemporain Pieter de Hooch (1629-1684) : une jeune femme, penchée également vers la gauche, vêtue elle aussi de bleu et voilée de blanc, pèse de l'or dans une chambre au mur tendu de cuir fauve. Un tapis à motifs rouges et bleu-noir reçoit la lumière passée à travers une large fenêtre à moitié ouverte. Le Hooch est dominé par des variations de rouges et d'ocres, que le bleu pâle du manteau rend plus sonores, alors que les bruns sombres et les gris du Vermeer étouffent un bleu plus dense, la luminosité se concentrant sur le front et la fourrure neigeuse. Les deux compositions sont presque identiques et dateraient de 1664. L'hypothèse selon laquelle Hooch aurait influencé Vermeer est donc tentante, mais difficile à vérifier. Le serait-elle, le Vermeer n'en serait pas élucidé pour autant. Ces œuvres sont les premières du parcours. Celui-ci est conçu sur ce principe comparatif : accrocher ensemble des travaux de Vermeer et de ses contemporains en les associant par sujets. Outre Pieter de Hooch, les principaux interlocuteurs sont, dans l'ordre de leur naissance, Gerard Dou (1613-1675), Gerard ter Borch (1617-1681), Jan Steen (1626-1679), Gabriel Metsu (1629-1667), Frans van Mieris de Oudere (1635-1681) et Caspar Netscher (1639-1684). Natifs de Delft, Leyde ou Rotterdam, ils sont pour la plupart issus de familles dans lesquelles les activités artistiques sont de tradition : peintres, graveurs ou marchands d'art comme le père de Vermeer, qui a commencé comme tavernier. L'homogénéité sociale est donc flagrante, de même que la cohérence stylistique. Tous ont reçu dans les ateliers de leurs pères ou de leurs maîtres une formation savante qui leur permet de traiter les moindres détails de la réalité dans des tableaux de format moyen ou réduit aux dimensions des intérieurs des bourgeois protestants auxquels ils sont destinés. Ce sont des virtuoses de la draperie froissée, du reflet sur les têtes des clous des fauteuils de cuir, des pavements de losanges bicolores ou des perspectives légèrement décalées de chambranles et corridors. Ce sont aussi des virtuoses de la narration tissée de sous-entendus sociaux et moraux. Ils tiennent la chronique d'une vie confortable et lente dans des logis parés de miroirs et de tableaux. Les meubles sont lourds et luisants. Un perroquet du Gabon est attaché à son perchoir par une chaînette délicate. Jeunes filles et jeunes femmes brodent et jouent de la musique. Pour entraîner ces protestantes vertueuses vers la luxure, leurs galants leur font manger des huîtres, réputées aphrodisiaques, et boire du vin blanc dans de longues flûtes. Ensuite consentent-elles sans doute à retirer quelques-uns de leurs vêtements enrichis de fourrure, de fil d'or ou d'argent, et à s'abandonner sur leurs lits que dissimulent des draperies de velours. Ces histoires banales, qui ne tournent ni à la tragédie ni à la satire, sont contées dans des tableaux que le spectateur doit considérer attentivement afin de découvrir les indices du récit, dissimulés dans le demi-jour ou plus nettement indiqués par la direction d'un regard ou la position du corps. Les motifs sont identiques d'un peintre à l'autre. Ce n'est pas étonnant puisqu'ils les prennent dans le quotidien des Provinces-Unies dans la période de plus grande prospérité du pays, avant que les attaques anglaises et françaises ne le ruinent, à partir des années 1670, retirant aux artistes sujets et clients. Vermeer meurt à 43 ans, accablé par l'effondrement du marché de l'art et désespéré par ses dettes.

Fond de mélancolie

Mais est-il vraiment l'un des leurs ? Il est de leur génération et de leur milieu, même s'il vit assez en retrait à Delft, ville de moindre importance qu'Amsterdam ou Leyde. Il peint à peu près les mêmes sujets. A peu près : les épisodes de séduction et de parade mondaine ne l'intéressent pas. Surtout, il peint autrement, si différemment que l'on se demande si ce n'est pas de façon délibérée. Il ôte au tableau l'essentiel de sa capacité narrative, car il n'y a souvent qu'une personne dans la pièce et donc ni jeux de regards ni jeux de gestes. On est seul, chez Vermeer, et, s'il y a une servante, elle regarde ailleurs. Seule et tranquille : l'expression est soit à peine visible, soit évasive. Quelqu'un est là, juste là, dans un peu de lumière. Il ne fait rien de remarquable. La laitière verse le lait, la dentellière tire son fil, la coquette caresse ses perles. Encore se passe-t-il quelque chose dans ces toiles, une action minime. Dans bien d'autres, elle est suspendue. La dame à la robe jonquille s'est arrêtée d'écrire sa lettre et paraît se demander s'il faut qu'elle la finisse. Le géographe examine moins sa carte qu'il ne rêvasse, un compas inutile dans la main, à moins qu'il ne soit distrait par ce qu'il aperçoit par la fenêtre. La joueuse de luth est inattentive ou songeuse. Même la coquette au collier et la peseuse de bijoux paraissent étrangères à ce qu'elles sont supposées faire et qui, de toute façon, est futile.

Les contemporains de Vermeer travaillent, s'appliquent, détaillent. Ils font de la peinture. Lui semble plutôt tenté de la défaire, jusqu'à laisser la lumière ou la pénombre dissoudre un peu les lignes. De temps en temps, parce qu'il le faut bien, il va au terme de l'entreprise. Cet effort de sérieux donne *L'Allégorie de la foi* – il se convertit au catholicisme pour se marier –, tableau grave et sacré quoique parsemé de bizarreries. Plus souvent, la représentation glisse vers le vaporeux, l'incertain, l'elliptique. Il serait anachronique d'affirmer que Vermeer peint les limites de la peinture, sur fond de mélancolie et de scepticisme, car Vermeer n'est pas Giorgio De Chirico. Il n'en demeure pas moins que, dans nombre de ses tableaux, des cartes et des peintures sont accrochées aux murs. Et que, curieusement, aucun des personnages ne leur accorde un regard. Vermeer, ou le doute. ■

Philippe Dagen, *Le Monde* daté du 23.02.2017

POURQUOI CET ARTICLE ?

Cet article de Phillipe Dagen nous présente l'exposition consacrée au grand maître de la peinture hollandaise Vermeer qui s'est tenue au musée du Louvre en 2017. L'auteur de l'article prend ici appui sur les tableaux de Vermeer et d'autres peintres hollandais du XVIIe siècle présentés au Louvre pour nous livrer une réflexion sur le sens de ces peintures. Vermeer apparaît ainsi comme un artiste qui **ne cherche pas à raconter, mais davantage à suggérer, en nous mettant face à des situations dépourvues de toute utilité pratique.** C'est ainsi que l'on peut penser que l'art de Vermeer s'apparente à une **méditation picturale sur le sens ou le non-sens de la vie,** qui se dit en silence sur la toile.

Le travail

Toute société humaine est fondée sur un partage du travail entre ses différents membres. La nécessité du travail est pourtant vécue comme une malédiction pénible. N'est-il pas cependant une condition de l'accomplissement de l'humanité ? En outre, chacun produisant quelque chose de différent, comment mesurer la valeur relative des biens que l'on échange ?

Karl Marx

En quoi le travail est-il une nécessité ?

L'étymologie même du mot « travail » renvoie à un instrument de torture ; Dieu condamne d'ailleurs Adam au travail, qui est le châtiment du péché originel. Le travail est donc une nécessité vitale à laquelle l'homme semble condamné, car, contrairement aux animaux, **il ne trouve pas dans la nature de quoi satisfaire immédiatement ses besoins** : les vêtements ne se tissent pas tout seuls, la terre doit être cultivée.

L'invention des machines ne résout pas le problème puisqu'il faut encore des hommes pour les concevoir et les réparer.

Travailler est-il un obstacle à la liberté ?

Si le travail est vécu comme une contrainte pénible, il n'en est pas moins le moyen par lequel **l'homme s'affranchit de la nature et conquiert sa liberté et son humanité**. C'est ce que montre Hegel : en m'apprenant à retarder le moment de la satisfaction de mes désirs, le travail m'oblige à me discipliner.

Dans l'effort, l'homme se rend peu à peu maître de lui : il se libère ainsi de la nature en lui (les instincts) en transformant la nature hors de lui. Faire taire la tyrannie des instincts, n'est-ce pas là précisément être libre, n'est-ce pas là la marque propre de l'humanité ? Le travail est donc nécessaire en un second sens : sans lui, l'homme ne peut pas réaliser son humanité.

La nécessité du travail n'est-elle qu'une contrainte ?

Le travail ne doit pas être pensé dans l'horizon de la survie : par son travail, l'homme cultive et humanise la nature (Marx) et se cultive lui-même.

Tel est le sens de la dialectique du maître et de l'esclave chez Hegel : le maître, c'est-à-dire celui qui jouit du travail d'autrui sans avoir rien à faire de ses dix doigts, est finalement le véritable esclave ; et l'esclave, qui apprend à se discipliner lui-même et acquiert patiemment un savoir-faire, devient maître de lui comme de la nature. Alors qu'il était une contrainte subie et la marque de l'esclavage, **le travail devient moteur de notre libération**.

« L'esclave lui-même est une sorte de propriété animée et tout homme au service d'autrui est comme un instrument. Si les navettes tissaient d'elles même, les chef n'auraient pas besoin d'esclaves. »(Aristote)

MOTS CLÉS

ALIÉNATION

Du latin *alienus*, « étranger », de *alius*, « autre ». En droit, désigne le fait de donner ou de vendre. C'est le sens qu'utilise Rousseau dans *Le Contrat social*.

Selon Hegel, Feuerbach et Marx, l'aliénation est le processus par lequel un individu est dépossédé de ce qui le constitue au profit d'un autre, ce qui entraîne un asservissement.

CAPITALISME

Système économique et social caractérisé par la propriété privée des moyens de production et fondé sur la recherche du profit.

Marx analyse et critique ce « mode de production bourgeois », qui repose selon lui sur l'exploitation du travail salarié, devenu une marchandise, et l'aliénation des travailleurs.

ÉTAT DE NATURE, ÉTAT CIVIL

L'état de nature est un état fictif ou supposé de l'homme avant qu'il ne vive en société. S'oppose à état civil, ou état social. Des philosophes comme Rousseau ou Hobbes ont thématisé cette distinction.

LOISIR

Au sens grec de *skholê*, activité libre à laquelle un citoyen grec, qui n'était pas astreint à un travail manuel, pouvait s'adonner, temps qu'il pouvait consacrer à des occupations personnelles. Le loisir a trois fonctions : le délassement (qui délivre le corps de la fatigue), le divertissement (qui délivre l'existence de l'ennui), et la culture (qui délivre les esprits de l'ignorance). Il ne faut pas confondre le loisir avec l'oisiveté, qui est un état d'inactivité complète.

OBLIGATION, CONTRAINTE

L'obligation est un devoir auquel je suis tenu de satisfaire, tout en pouvant matériellement m'y soustraire. La contrainte est une force à laquelle je n'ai pas la possibilité d'échapper.

« Le travail, au contraire, est désir réfréné, disparition retardée : le travail forme. Le rapport négatif à l'objet devient forme de cet objet même, il devient quelque chose de permanent, puisque justement, à l'égard du travailleur l'objet a une indépendance. » (Hegel)

Illustration tirée des *Confessions* de Jean-Jacques Rousseau.

Le travail fonde-t-il la propriété ?

Le champ appartient à celui qui l'a défriché et qui le laboure : c'est, selon Locke, le fondement même de la société civile. Je possède ce que je travaille, sans avoir pour cela besoin du consentement des autres ; mais comme je ne peux pas tout travailler, ma propriété est naturellement limitée : le **droit naturel** répartit donc équitablement la propriété entre les hommes.

Rousseau ajoute cependant que ce droit naturel n'est pas le **droit positif** : dans un corps social organisé, c'est la loi, et non le seul travail, qui fixe la propriété de chacun. Lorsqu'il passe de l'état de nature à l'état civil, l'homme abandonne le bien dont il jouissait seulement pour en être le premier occupant : désormais, n'est à moi que ce dont la loi me reconnaît légitime propriétaire. L'État doit-il alors simplement constater l'inégalité des richesses et de la propriété de chacun, ou doit-il chercher à les répartir entre ses membres ?

L'organisation capitaliste du travail en change-t-elle le sens ?

Marx montre comment le système capitaliste fait du propriétaire celui qui possède les **moyens de production** et non pas celui qui travaille, et qui ne possède pas l'outil de son travail. Le système capitaliste privilégie donc le capital au travail, si bien que l'enrichissement est possible à la bourgeoisie sans que celle-ci n'accomplisse le travail fait par les prolétaires qui est pourtant la condition nécessaire de son enrichissement.

En dépossédant le travailleur de ses moyens de production et du produit de son travail, le capitalisme, au lieu d'en faire une activité libératrice et formatrice, a rendu le travail **aliénant** : dans « le travail aliéné » inauguré par la grande industrie et le salariat, non seulement l'ouvrier n'est pas maître de ce qu'il fait, mais encore sa force de travail est elle-même vendue et achetée comme une marchandise. Le travail devient donc aliéné en un double sens : d'abord parce que le travailleur le vend, et ensuite parce qu'en le vendant, il s'aliène lui-même. ■

UN ARTICLE DU *MONDE* À CONSULTER

• **Au travail, un repos payant** p. 39
(Sabah Rahmani, *Le Monde Science et médecine* daté du 21.10.2015)

ZOOM SUR...

La conception du travail de Karl Marx

L'ACCUMULATION DU CAPITAL

La plus-value progressivement générée par les processus productifs conduit à une lente accumulation de capital. Nous ne sommes pas encore dans le mode de production capitaliste, mais cette accumulation et la constitution progressive d'une classe de possédants en est une des deux conditions de possibilité. La seconde, c'est la constitution progressive d'une classe de prolétaires ; c'est-à-dire d'hommes ne possédant plus rien qu'eux-mêmes, et par-là réductibles à une force de travail qu'ils devront vendre pour survivre.

Au prix de son propre épuisement, la force de travail produit une plus-value qui revient tout entière au propriétaire du capital ; le salaire n'est donc pas le prix du travail, mais le prix de la force de travail, achetée par le propriétaire des moyens de production, au même tire que n'importe quelle matière première. Ce qui détermine le salaire, ce n'est rien d'autre que le prix nécessaire au renouvellement de la force de travail épuisée par le processus productif.

L'ALIÉNATION DU TRAVAILLEUR

L'ouvrier, réduit à n'être qu'une force de travail, voit son travail l'appauvrir au lieu de l'enrichir : il ne peut même pas acheter le produit de ses efforts, tandis que la rationalisation du processus productif et la division des tâches le transforment en pièce d'un mécanisme qui lui échappe et sur lequel il n'a plus aucune maîtrise. Au lieu d'être une affirmation de soi et une libération, comme le croyait encore Hegel, le travail devient le lieu de la suprême aliénation : en vendant son travail, l'ouvrier se vend lui-même, c'est-à-dire aliène sa propre essence.

« Le travail ne produit pas seulement des marchandises ; il se produit lui-même et produit l'ouvrier comme une marchandise. »

Dissertation :
Peut-on opposer le loisir au travail ?

L'analyse du sujet

I. Les termes du sujet

• *Loisir* :
– sens économique : toute activité indépendante du travail rémunéré.
– sens psychologique : toute activité correspondant à un goût ou plaisir personnel.

• *Travail* :
– sens large : toute activité qui produit des biens ou services ayant une valeur d'usage.
– sens restreint : activité rémunérée, socialement organisée.

• *Peut-on opposer* :
– opposition de caractéristiques.
– opposition de valeur.

II. Les points du programme

• La société, les échanges.
• Le travail, la technique.
• La liberté.
• Le bonheur.

L'accroche

L'ouverture des magasins le dimanche fait actuellement débat.

La problématique

Loisir et travail : s'agit-il de deux activités sans point commun entre elles, répondant à des finalités contraires ? N'existe-t-il pas des formes de travail, l'art par exemple, qui s'apparentant au loisir ?

Le plan détaillé du développement

I. Travail et loisir s'opposent sur de nombreux points.

a) Le travail relève pour l'homme de la nécessité de produire pour satisfaire ses besoins. C'est une activité répétitive, pénible, imposée par la nature (*cf.* analyse de Marx).

b) Au contraire, le loisir est librement voulu, plaisant, sans exigence de résultats ni de régularité.

c) La division du travail et la hiérarchie professionnelle s'imposent à l'individu. Le loisir est exercice de la liberté, de l'individualité et d'une plus grande mixité sociale.

Transition : Mais le loisir aussi peut être pratiqué avec effort et régularité : club de sport, de théâtre, etc. N'est-ce pas alors une forme de travail ?

II. Le loisir est soumis au travail.

a) Le loisir répond à des procédés économiques et sociaux (*cf.* analyse de Arendt).

b) Le loisir est passif, notamment quand le travail est pénible et abêtissant (*cf.* analyse de Marx).

Transition : N'y a-t-il pas opposition entre différentes façons de travailler ou de se livrer à un loisir ?

III. Une nouvelle opposition, plus pertinente.

a) Le travail, dans son essence, suppose une activité mentale, une maîtrise technique et psychologique qui amène l'homme à la culture (*cf.* analyse de Marx).

b) Inversement, certaines tâches sont purement matérielles, alors qu'elles s'effectuent pendant le temps libre (ménage). Or le loisir ne se résume pas à cela.

c) La véritable opposition de valeur se fait entre le travail (activité répétitive et soumise à l'exigence de consommation) et « l'œuvre » (activité plus personnelle et créatrice, selon les termes de Arendt).

Conclusion

Travail et loisir peuvent moins être opposés que consommation et création.

Ce qu'il ne faut pas faire

Analyser travail et loisir séparément, dans deux parties distinctes.

Les bons outils

• Marx, *Le Manifeste du parti communiste*.
• Arendt, *Condition de l'homme moderne* : l'auteur y distingue le concept de travail et celui d'œuvre.

TEXTE CLÉ

Dans cet extrait, Rousseau met en lumière l'origine sociale du travail, inexistant à l'état de nature.

Tant que les hommes se contentèrent de leurs cabanes rustiques, tant qu'ils se bornèrent à coudre leurs habits de peaux avec des épines ou des arêtes, à se parer de plumes et de coquillages, à se peindre le corps de diverses couleurs, à perfectionner ou embellir leurs arcs et leurs flèches, à tailler avec des pierres tranchantes quelques canots de pêcheurs ou quelques grossiers instruments de musique, en un mot tant qu'ils ne s'appliquèrent qu'à des ouvrages qu'un seul pouvait faire, et qu'à des arts qui n'avaient pas besoin du concours de plusieurs mains, ils vécurent, sains, bons, et heureux autant qu'ils pouvaient l'être par leur nature, et continuèrent à jouir entre eux des douceurs d'un commerce indépendant.
Mais, dès l'instant qu'un homme eut besoin du secours d'un autre, dès qu'on s'aperçut qu'il était utile à un seul d'avoir des provisions pour deux, l'égalité disparut, la propriété s'introduisit, le travail devint nécessaire et les vastes forêts se changèrent en des campagnes riantes qu'il fallut arroser de la sueur des hommes, et dans lesquelles on vit bientôt l'esclavage et la misère germer et croître avec les moisson.

Jean-Jacques Rousseau, *Discours sur l'origine et les fondements de l'inégalité parmi les hommes*

« Dès l'instant qu'un homme eut besoin du secours d'un autre, dès qu'on s'aperçut qu'il était utile à un seul d'avoir des provisions pour deux, l'égalité disparut »

Au travail, un repos payant

Prouesse ou paresse ? L'image de la sieste au travail est encore ambiguë. On vante sa pratique chez des hommes politiques (Churchill, Obama, Chirac...), des chercheurs (Newton et Archimède étaient en pleine sieste quand ils ont fait leurs grandes découvertes, Einstein et Edison étaient des adeptes...), des artistes (elle était source d'inspiration pour Dali), des pilotes de ligne, ou encore des sportifs professionnels. Pour autant, en France, la sieste n'a guère sa place dans les entreprises, alors qu'au Japon ou en Chine, elle est une institution au travail.

La baisse de vigilance, de concentration et d'apprentissage qui frappe presque tous les individus en début d'après-midi est désormais reconnue. Et la possibilité de faire une sieste sur le lieu de travail pour contrer cette baisse de performance commence à être admise. Alors qu'il travaillait dans des grandes entreprises, Bruno Comby, polytechnicien et auteur d'*Eloge de la sieste* (J'ai lu, réédition 2005) nous confie : « *Je me cachais pour faire la sieste. Quand j'avais un bureau, je fermais la porte, et quand je ne pouvais pas faire autrement, je dormais à la pause du midi dans un parc, dans ma voiture ou, au pire, aux toilettes !* »

« Un impact sur la performance »

Certaines entreprises ont franchi le pas, comme Renault, qui teste depuis près d'un an la mise en place d'une salle de repos sur le site tertiaire du Plessis-Robinson (Hauts-de-Seine). « *La fatigue a des conséquences sur le salarié mais également sur l'entreprise. Il y a des risques d'accident du travail ou de trajet, mais aussi un impact sur le moral, la motivation, le stress et, in fine, sur la performance. Or la récupération est un facteur clé de préservation du capital santé, qui est un sujet évident dans l'entreprise* », justifie Sophie Benchetrit, chef de projet à la direction des ressources humaines France chez Renault. Tout en avouant que « *même si on a communiqué sur le sujet, je ne peux pas dire qu'il n'y a plus de résistances : certains manageurs sont convaincus, d'autres moins* ».

Depuis quelques années, dans les quartiers d'affaires effrénés des grandes villes occidentales, des bars à sieste font leur apparition. Cadre supérieur dans diverses grandes entreprises françaises et étrangères où il était constamment soumis au stress et aux impératifs de productivité, Christophe Chanhsavang se souvient que lui et ses collègues, qui travaillaient en open space, piquaient souvent du nez après le déjeuner et ne faisaient qu'« *acte de présence à ces moments-là* ». Inspiré par ses stages en Asie, il a créé en 2011 le « bar à sieste » ZZZen, à Paris, dans le quartier de l'Opéra, le premier du genre en France. « *C'est un concept novateur, un lieu de bien-être qui propose des endroits confortables à des citadins qui en ont fort besoin.* »

Parce qu'il lui est impossible de faire un somme au bureau, Jérôme Martin, directeur d'une société de conseil en ingénierie à Paris, a choisi cette option du bar à sieste une ou deux fois par semaine : « J'ai découvert que ce moment m'oblige à sortir de ma tour d'ivoire. On détend toutes les tensions, même si on ne dort pas complètement, on s'évade et on ne pense plus au travail. Cette prise de recul permet de remettre les choses dans l'ordre, d'être plus performant et efficace après au travail. »

En France, une personne sur quatre travaille la nuit. « *Pour les salariés qui font les trois-huit par exemple, ou lorsqu'une personne se lève à 3 heures du matin pour conduire son camion, une longue sieste l'après-midi est nécessaire pour compenser le manque de sommeil* », explique le docteur Eric Mullens, spécialiste du sommeil, intervenant auprès des entreprises et des médecins de travail. « *Pour les personnes qui travaillent en horaires décalés, il devrait y avoir un espace sieste ou en tout cas une possibilité, même assis dans un fauteuil ou la tête posée sur le bureau, de pouvoir se détendre, voire dormir, sans que ce soit mal vu. On accepte bien que les gens aillent prendre un café, moins bon pour la santé* », insiste le docteur Sylvie Royant, psychiatre, spécialiste du sommeil. Depuis 2012, la Haute Autorité de santé (HAS) sensibilise sur le manque de sommeil et en fait une question de santé publique. Les comités d'hygiène, de sécurité et des conditions de travail (CHSCT) et les salariés devant être informés et formés sur le sujet.

Troubles du sommeil, burn-out, stress, fatigue chronique... la sieste pourrait-elle devenir un outil de prévention ? Oui, répondent tous les médecins et spécialistes du sommeil interrogés. Outre la santé au travail, les adeptes de ce repos réparateur insistent également sur ses effets sur la créativité, comme le montrent des intuitions suscitées après une sieste chez des chercheurs et des artistes. « *La sieste ouvre des états de notre subconscient,* rappelle Bruno Comby. *Elle permet d'accéder à cet état de créativité, pour résoudre des problèmes, trouver des réponses ou des inventions* ». Rien n'empêche donc d'être un génie de la sieste. ■

Sabah Rahmani, *Le Monde Science et médecine* daté du 21.10.2015

POURQUOI CET ARTICLE ?

Longtemps réprouvée par une morale de l'effort, la sieste fait aujourd'hui l'objet d'une valorisation grandissante dans le monde du travail. Tandis qu'en Europe les apologistes du travail lui imputent traditionnellement le vice de paresse, les champions de la rentabilité, Asie en tête, ont su percevoir les vertus du repos réparateur, reconstituant la force de travail de l'individu. La salle de repos voisine désormais le poste de travail. Loin du « précieux farniente » volé au temps de l'efficacité et du labeur (Rousseau), notre modernité accomplit ici un étrange prodige : même la sieste a droit au travail !

La technique

« Technique » vient du grec technè qui signifie, selon Aristote, « une disposition à produire accompagnée d'une règle vraie » : la technique au sens grec, c'est l'ensemble des règles qu'il faut suivre pour produire un objet donné. Mais la technique moderne peut-elle encore se comprendre ainsi ?

La technique est-elle spécifiquement humaine ?

Chez l'animal, l'organe et l'outil se confondent : le crabe, par exemple, se sert de ses pinces pour s'enterrer. Même les primates ne fabriquent pas d'outils : un chimpanzé peut se servir d'un bâton pointu qu'il a ramassé, mais il ne saurait le tailler lui-même pour le rendre pointu. Dans le *Gorgias*, Platon fait le récit mythique de la naissance de la technique : l'imprudent Épiméthée n'ayant laissé à l'homme aucun instrument naturel pour se nourrir et se défendre, son frère Prométhée aurait dérobé la technique et le feu aux dieux. Entendons par là que **la technique comme production d'outils est pour l'homme une nécessité vitale** : avec la technique, l'homme devient « *homo faber* » (Bergson), l'être qui place des outils entre lui et le monde.

Pourquoi la technique est-elle un ensemble de « règles vraies » ?

Un artisan n'est pas libre de faire ce qu'il veut : on ne fait pas des haches en plomb ou des fers à cheval en bois. Pour produire un objet, il faut ordonner la matière et la forme selon la fonction qu'on veut lui attribuer, en obéissant à ce qu'on appelle **les règles de l'art**.

Ces règles ne sont pas laissées au caprice de tel ou tel : elles sont nécessaires et enseignables, c'est-à-dire qu'on peut les transmettre ; en ce sens, on peut dire qu'elles sont « vraies », parce qu'elles ne changent pas et ne peuvent pas être modifiées.

La technique n'est-elle qu'une disposition à produire ?

Pour comprendre ce qu'est une chose, il faut savoir ou imaginer comment elle a été produite : c'est ce qu'on appelle le « schème

Statue d'Aristote.

MOTS CLÉS

ARTISAN

Un artisan est un travailleur qui maîtrise une technique et qui produit des objets à l'aide de cette technique. Ainsi, par exemple, un maçon est capable de transformer un tas de pierres en maison à l'aide de la technique de construction qu'il possède. Un artisan est donc un travailleur manuel, dont l'activité consiste essentiellement en une transformation de la nature.

OUTIL

Un outil est un instrument artificiel produit par l'homme et qui lui permet d'accroître l'efficacité de son travail. Ainsi, par exemple, la scie est un outil du menuisier : elle est un instrument artificiel qui prolonge sa main et son bras en vue de la transformation plus aisée du bois.

TECHNOCRATIE

Au sens premier du mot, la technocratie est le pouvoir (*cratos*) de la technique. Ce terme désigne aujourd'hui l'ensemble des pouvoirs que les objets techniques peuvent avoir sur l'homme qui en dépend, mais aussi le pouvoir politique en tant qu'il peut faire usage des objets techniques afin de contrôler les hommes.

TECHNOLOGIE

Au sens premier du mot, la technologie est l'étude (*logos*) de la technique (*technè*). Par extension, on appelle aujourd'hui « technologies » l'ensemble des objets que l'on pourrait qualifier simplement de techniques.

SPÉCIALISATION

Acte qui consiste pour le travailleur à séparer une tâche d'un processus productif des autres tâches et à l'isoler de façon partielle. Ainsi par exemple, le travail qui consiste à s'occuper uniquement de la carrosserie dans la fabrication d'une voiture est un travail spécialisé car il ne concerne qu'une partie du processus de production. La spécialisation est particulièrement visible dans le cadre du travail à la chaîne et est une des causes de l'aliénation au travail, même si elle peut être aussi à l'origine d'une plus grande efficacité productive.

Charlie Chaplin, *Les Temps modernes*.

artificialiste ». Autrement dit, la technique nous fournit les modèles selon lesquels nous comprenons le monde qui nous entoure : ainsi, nous appliquons sans même nous en rendre compte des schèmes techniques sur la nature afin de la rendre compréhensible – nous disons qu'un arbre produit des fruits, comme on dit d'un potier qu'il produit des cruches. Cela signifie que la façon dont nous pensons la technique détermine radicalement notre rapport au monde.

Que signifie la définition aristotélicienne de la technique ?

Selon Aristote, tout objet produit non par la nature, mais par l'homme, est déterminé par quatre causes : la cause **matérielle** (la matière dans laquelle il est fait), la cause **formelle** (la forme qu'on va lui donner), la cause **finale** (ce à quoi l'objet va servir) et la cause **efficiente** (l'artisan qui travaille l'objet).

La technique est l'ensemble des règles permettant d'**ordonner ces causes dans un art donné** : une règle technique nous dit comment travailler telle matière, quelle forme lui donner, si l'on veut en faire tel objet.

UN ARTICLE DU *MONDE* À CONSULTER

- **La machine, l'espion et le mouchard** p. 43 (Vincent Giret, *Le Monde Eco et entreprise* daté du 09.10.2015)

La définition aristotélicienne s'applique-t-elle à la technique moderne ?

Selon Aristote, la technique est l'ensemble des règles définissant les moyens en vue d'une fin. Heidegger montre comment notre modernité ne pense plus la technique comme l'ensemble des règles nécessaires à un art : nous en sommes au contraire venus à ne plus penser les choses qu'en termes techniques.

La technique n'est donc pas un instrument neutre qu'on peut bien ou mal utiliser, mais un mode de pensée. L'homme ne pense plus qu'à gérer, à calculer et à prévoir : c'est la différence que fait Heidegger entre la pensée méditante et désintéressée, et la pensée calculante qui veut par la technique **dominer la nature et l'asservir aux besoins de l'homme**.

Le danger lié à la technique n'est donc pas d'abord celui d'une explosion nucléaire ou d'un conflit planétaire destructeur : le véritable danger, c'est que la technique devienne **l'unique mode de pensée**, c'est-à-dire la seule façon que nous ayons de penser quelque chose. Car alors, il nous faudra craindre que l'homme se pense lui-même en termes techniques, comme un objet manipulable ou comme une ressource à exploiter de la manière la plus productive possible.

Or, nous dit Heidegger, cela a déjà eu lieu. La technique n'est plus un projet dont l'homme serait encore le maître : elle est bien plutôt la façon dont l'homme moderne se comprend lui-même et comprend le monde, en sorte que l'homme lui-même est mis au service de la technique, et non l'inverse. ■

ZOOM SUR...

La pensée artistotélicienne de la nature et de la technique

L'ART ET LA NATURE

La substance individuelle ou première, support des changements, est elle-même déterminable comme un composé de matière et de forme. La matière, c'est le support ultime, le noyau stable de la substance, qui, comme on le voit dans la production technique, peut perdre une forme déterminée pour en acquérir une autre : le bois de l'arbre devient le bois de la chaise. Mais c'est la forme qui fait d'une chose ce qu'elle est : dans ce sens, elle coïncide avec son essence.

Soulignons l'importance du paradigme de la production technique chez Aristote : il va lui permettre de penser la nature elle-même. En effet, la production d'une substance individuelle suppose l'intervention de quatre causes que l'art rend visibles : en plus de la cause formelle (la forme du lit) et de la cause matérielle (le bois) déjà citées, il faut une cause efficiente (l'artisan) et une cause finale (le projet de l'artisan).

L'art permet ainsi de distinguer ce qui est étroitement uni dans la production d'une chose naturelle par la *physis* (la « nature ») : alors qu'une chose artificielle a hors d'elle-même le principe de sa propre production et de ses changements, une chose naturelle renferme en elle-même, par essence et non par accident, le principe ou la cause de son mouvement et de son repos.

Si donc, selon le mot d'Aristote, « l'art imite la nature », c'est pourtant par analogie avec l'art que se comprend la génération naturelle.comme une marchandise.

Dissertation :
Le développement technique est-il une menace pour la liberté ?

L'analyse du sujet

I. Les termes du sujet

• *Le développement technique* :
– au sens économique, les innovations de produits et de procédés de production.
– au sens usuel, la part grandissante des objets techniques dans le quotidien.

• *Menace* :
– idée de danger, identifié ou non.
– idée de volonté délibérée.

• *Liberté* :
– au sens philosophique, métaphysique, le libre arbitre, la faculté de choix.
– au sens politique, l'ensemble des droits reconnus par un État, une Constitution.

II. Les points du programme

• La technique.
• La liberté.
• L'État.

L'accroche

Chaque individu est repérable grâce à son téléphone portable.

La problématique

Les objets techniques accroissent notre pouvoir d'action, mais n'augmentent-ils pas aussi l'étendue des pouvoirs exercés sur nous, par exemple la surveillance ?
Gardons-nous la réelle maîtrise du développement de la technique dans notre vie de tous les jours ?

Le plan détaillé du développement

I. Le développement technique nous libère de multiples efforts et dangers.
a) Les progrès techniques ont fait reculer les pires dangers naturels : les maladies et autres fléaux sont moins dévastateurs dans les sociétés les plus « avancées » techniquement.
b) Les progrès techniques nous libèrent de tâches pénibles, dans la vie professionnelle comme domestique. Le temps de loisir s'en trouve augmenté (cf. analyse de Arendt).
c) Les objets techniques sont de plus en plus accessibles à tous (portable, iPod, etc.).

> « L'essence de la technique n'est absolument rien de technique. Aussi ne percevrons-nous jamais notre rapport à l'essence de la technique, aussi longtemps que nous nous bornerons à nous représenter la technique et à la pratiquer, à nous en accommoder ou à la fuir. » (Heidegger)

Transition : Ce pouvoir ne peut-il pas se retourner contre nous ?
II. Le développement technique peut être un vecteur de domination.
a) Le développement technique entre bien dans une logique de pouvoir qui consiste à surveiller les agissements des individus (*cf.* analyse de Foucault sur le pouvoir technocratique moderne).
b) Le marché économique renouvelle sans cesse l'offre de produits et rend obsolètes des objets pourtant performants, ce qui nous pousse à consommer (*cf.* analyse de Arendt).
Transition : Pour autant, s'agit-il de revenir en arrière ?
III. La technique ne doit être qu'un moyen.
a) Les possibilités techniques vont jusqu'à changer l'ordre écologique (réchauffement climatique) ou modifier la structure des organismes (OGM, clonage). Elles permettraient même de détruire la Terre entière (arme nucléaire). L'homme se retrouve donc dans une situation de pouvoir quasi divin sur la nature.
b) Pourtant le risque principal n'est pas là : il est plutôt que la technique devienne l'unique mode de pensée de l'être humain, que l'homme ne raisonne plus qu'en termes techniques, se considérant lui-même comme un objet ou une ressource à exploiter. La technique doit rester un moyen en vue d'une fin dont l'homme reste maître.

Conclusion

Le développement technique constitue une menace pour la liberté s'il se fait sans intervention collective ou politique de la part des citoyens, et si l'homme se met lui-même au service de la technique.

Ce qu'il ne faut pas faire

Traiter et illustrer seulement l'aspect négatif du progrès technique.

Les bons outils

• Hannah Arendt, *Condition de l'homme moderne.*
• Martin Heidegger, *Qu'est-ce que la technique ?*

TEXTE CLÉ

Dans cet extrait, Bergson nous invite à prendre une position nuancée à l'égard des problèmes posés par la technique qui n'est pas nécessairement source d'aliénation pour l'humanité.

Quand on fait le procès du machinisme, on néglige le grief essentiel. On l'accuse d'abord de réduire l'ouvrier à l'état de machine, ensuite d'aboutir à une uniformité de production qui choque le sens artistique. Mais si la machine procure à l'ouvrier un plus grand nombre d'heures de repos, et si l'ouvrier emploie ce supplément de loisir à autre chose qu'aux prétendus amusements qu'un industrialisme mal dirigé a mis à la portée de tous, il donnera à son intelligence le développement qu'il aura choisi, au lieu de s'en tenir à celui que lui imposerait, dans des limites toujours restreintes, le retour (d'ailleurs impossible) à l'outil, après suppression de la machine. Pour ce qui est de l'uniformité de produit, l'inconvénient en serait négligeable si l'économie de temps et de travail, réalisée ainsi par l'ensemble de la nation, permettait de pousser plus loin la culture intellectuelle et de développer les vraies originalités. On a reproché aux Américains d'avoir tous le même chapeau. Mais la tête doit passer avant le chapeau. Faites que je puisse meubler ma tête selon mon goût propre, et j'accepterai pour elle le chapeau de tout le monde. Là n'est pas notre grief contre le machinisme. Sans contester les services qu'il a rendu aux hommes en développant largement les moyens de satisfaire des besoins réels, nous lui reprocherons d'en avoir trop encouragé d'artificiels, d'avoir poussé au luxe, d'avoir favorisé les villes au détriment des campagnes, enfin d'avoir élargie la distance et transformé les rapports entre le patron et l'ouvrier, entre le capital et le travail. Tous ces effets pourraient d'ailleurs se corriger ; la machine ne serait plus alors que la grande bienfaitrice. Il faudrait que l'humanité entreprît de simplifier son existence avec autant de frénésie qu'elle en mit à la compliquer.

Henri Bergson, *Les Deux Sources de la morale et de la religion*

La machine, l'espion et le mouchard

De nouveaux intrus se sont immiscés dans nos vies. Tout doucement, sans faire de bruit, mais avec une intention diabolique : anticiper nos désirs, orienter nos décisions personnelles, guider nos choix et nos achats... Nous surveiller un peu, sans doute aussi, au prétexte de vouloir nous aider. Une sorte de grand manipulateur déguisé sous les traits d'un ami intime, comme dans le dernier ouvrage de Delphine de Vigan (*D'après une histoire vraie*, JCLattès). Cet intrus nous connaît déjà comme personne : les « algorithmes » ont débarqué. On les croyait cantonnés aux domaines des laboratoires scientifiques et gardés par des grosses têtes. Las, ils ont profité de la révolution numérique pour s'installer dans nos smartphones, dans nos ordinateurs, et déjà dans les dizaines d'objets connectés qui ont commencé à envahir notre domicile.

A très grande vitesse, ces algorithmes opèrent un ensemble de calculs à partir de gigantesques masses de données (les big data). La puissance de ces machines n'a (presque) plus de limites. « *Nous fabriquons ces calculateurs, mais en retour ils nous construisent* », constate Dominique Cardon. La culture, le savoir, l'information, mais aussi la santé, la ville, les transports, la finance et même l'amour et le sexe sont désormais outillés par les algorithmes. Tel est le point de départ, un brin angoissé, du dernier ouvrage d'un des tout meilleurs chercheurs de l'univers d'Internet. Depuis des années, ce sociologue au Laboratoire des usages d'Orange Labs et professeur associé à l'université de Marne-la-Vallée, s'acharne à comprendre ce que la mutation technologique du numérique impulse de transformations humaines, sociales, politiques ou éthiques.

Logiques et modes d'emploi

Ni technophile aveugle ni technophobe « béta », Cardon conseille de garder les yeux bien ouverts sur cette intrusion du « calcul » dans notre existence. Mieux : il entend démonter « la boîte noire » des algorithmes pour nous donner à comprendre leurs logiques et leurs modes d'emploi. « *Des premiers outils préhistoriques à l'invention de l'*écriture, de la mécanisation de l'*imprimerie à la numérisation de l'information, il sera naïf de croire que la longue histoire des technologies intellectuelles n'a pas transformé en profondeur ce que nous sommes* », observe Cardon. Autant pour mettre en perspective la filiation de la mutation à l'œuvre que pour tenter de conjurer notre inquiétude. Il n'y a (encore) que dans la science-fiction que la machine ait pris le contrôle d'un être humain...

Dans une métaphore géométrique très efficace, le sociologue décrit d'abord les quatre « angles » sous lesquels ces machines nous « calculent », quatre « familles » en fonction de la place qu'elles occupent dans la géographie numérique : « à côté », « au-dessus », « dedans », et « en dessous ». La première famille des calculateurs se place donc « à côté » du Web, c'est la plus ancienne : elle mesure l'audience des sites, elle compte « les clics » pour ordonner la popularité, selon des méthodes un peu rustres. La deuxième famille des calculateurs, plus raffinée, voudrait se situer « au-dessus » du Web, afin de hiérarchiser « la qualité de l'information » et donc « l'autorité » des sites : elle mesure les échanges entre internautes, sans les influencer, d'informations sous la forme de « liens hypertextes » : dans son principe, le *PageRank*, l'algorithme qui a fait la fortune de Google, considère que ces liens hypertextes enferment la reconnaissance d'une référence. Plus une information est échangée, plus elle acquiert ainsi « une autorité ». Problème : plus le réseau se développe, plus il y a de tricheurs qui trompent les machines...

La troisième famille des calculateurs se glisse « dans » le Web, pour que les internautes se mesurent eux-mêmes. Le symbole de ces nouvelles mesures est le « like » de Facebook, pointe avancée d'un ensemble plus vaste et disparate d'indicateurs évaluant la « réputation » de l'internaute : son nombre d'amis, le partage de ses contenus, le nombre de fois où son nom est prononcé dans la conversation des autres. Une sorte de « gloriomètre » !

Après le calcul des clics, des liens et des likes, voici venue la traque... des « traces » : la quatrième famille des calculateurs est la plus vicieuse. Installée « en dessous du Web », elle vise à enregistrer le plus discrètement possible les traces de nos activités sur la Toile. A partir de ces données, son ambition est d'anticiper : l'algorithme colle à nos faits et gestes, et il est capable de prédire nos activités, nos achats, l'état de notre santé même, en comparant des millions, voire des milliards de profils. Un espion doublé d'un mouchard... Et il a une belle carrière devant lui.

Dans une discrétion délibérée, une foule d'acteurs économiques et publicitaires assoiffés s'active autour de ces machines. Mais c'est maintenant que le citoyen doit se bouger, car, pour un temps encore, ces calculateurs ne régentent pas encore nos vies, l'internaute ne se plie pas à ses ordres. « *Il est encore temps,* conclut Cardon, *de dire aux algorithmes que nous ne sommes pas la somme imprécise et incomplète de nos comportements.* »

Vincent Giret, *Le Monde Eco et entreprise* daté du 09.10.2015

POURQUOI CET ARTICLE ?

Face à l'intrusion de plus en plus massive des algorithmes dans nos vies, faut-il craindre pour notre liberté ? Selon Dominique Cardon, les développements du Web justifient une telle inquiétude, puisque **ses puissants calculateurs sondent nos moindres gestes et anticipent nos comportements** pour les utiliser à des fins qui souvent nous échappent. Si l'on perçoit aisément le profit commercial de l'exploitation des traces que nous laissons derrière chacun de nos « clics » sur la toile, la vigilance est de mise : nous laisserons-nous réduire à la simple somme de nos comportements sur la toile ?

La religion

Il s'agit de savoir ici ce que sont les religions en général, et non de parler de telle ou telle religion. Le fait religieux est présent dans toutes les cultures humaines, même les plus primitives : fondamentalement, le fait religieux lie l'homme à des puissances qui sont plus qu'humaines. La question est alors de savoir si raison et religion doivent s'exclure réciproquement.

Auguste Comte.

Peut-on définir la religion ?

Le philosophe latin Cicéron donnait une double étymologie à la religion : elle viendrait à la fois de *relegere*, « rassembler », et de *religare*, « rattacher ». Ainsi, la religion rassemble les hommes en les rattachant ensemble à des puissances surnaturelles qu'ils doivent vénérer : c'est **le sentiment du sacré, mélange de crainte et de respect** pour des forces qui nous dépassent. Vénération du sacré, la religion prend la forme de **rites** qui se distinguent du temps profane comme temps des affaires humaines.

Peut-on distinguer plusieurs sortes de religions ?

Auguste Comte voyait dans le fétichisme la religion la plus primitive. La croyance **fétichiste** confère aux objets des qualités magiques : ainsi, c'est parce qu'une force surnaturelle l'habite que l'arme est mortelle. On parlera alors de **magico-religieux** : le rite vise à se concilier les grâces de puissances supérieures potentiellement menaçantes.

Selon Comte, le stade suivant est celui du **polythéisme** : ce ne sont plus les objets qui sont vénérés, mais des êtres divins représentés de manière anthropomorphique. Au rite religieux est alors associé l'élément du **mythe** comme récit des origines : le mythe n'est pas qu'un récit imaginaire, c'est un modèle qui sert à expliquer le réel et à le comprendre en racontant sa genèse.

Le dernier stade de la religion, nous dit Comte, est le **monothéisme**.

« L'art, la religion et la philosophie ne diffèrent que par la forme ; leur objet est le même. » Hegel

Qu'est-ce qui distingue le monothéisme du polythéisme ?

Les religions monothéistes croient en un dieu unique, contrairement aux religions polythéistes. Et si les mythes des religions polythéistes se perdent dans la nuit des temps, s'ils racontent une origine en-dehors de l'histoire, les religions monothéistes en revanche ne sont pas mythiques : **elles affirment leur caractère historique** en posant l'existence « datable » de leur fondateur (Abraham et Moïse, Jésus-Christ, ou Mahomet).

Surtout, c'est avec le monothéisme que Dieu n'est plus pensé à l'image de l'homme : il est désormais infiniment distant, il est le tout-autre. Il ne s'agit plus alors de faire des sacrifices pour s'attirer ses faveurs, mais de croire en lui : avec le monothéisme, c'est la notion de **foi** qui prend tout son sens.

Quelles sont les nouveautés apportées par le monothéisme ?

Le monothéisme remplace le mythe par la foi, et croit en un dieu qui n'est plus pensé à l'image de l'homme. On ne peut l'honorer par des sacrifices, mais par la prière et par des actions qui obéissent à sa volonté : le monothéisme introduit une dimension morale dans la religion ; on peut alors parler d'**éthico-religieux**.

Selon Feuerbach, le monothéisme le plus radicalement neuf est le **christianisme** : c'est lui qui a montré que les religions polythéistes

MOTS CLÉS

ATHÉISME
Désigne étymologiquement l'absence (*a* privatif) de Dieu : l'athéisme est le fait de ne pas admettre ni par la foi, ni par la raison, l'existence d'un Dieu transcendant (d'un *theos*).

CONVICTION
Croyance réfléchie et volontaire qui n'est pas seulement subjectivement fondée, mais qui est aussi objectivement et rationnellement fondée. Elle se distingue de l'opinion et de la certitude.

CRÉATION CONTINUÉE
Manière dont Descartes conçoit la création du monde par Dieu : parce que la nature n'est pour lui rien d'autre qu'une grande machine, un pur mécanisme, elle est dépourvue de tout dynamisme interne et ne saurait exister par elle-même. Elle est donc à chaque instant suspendue à une création divine continuée, autrement dit toujours renouvelée.

CROYANCE
Adhésion à une idée ou une théorie sans véritable fondement rationnel. En ce sens, la croyance est une opinion et s'oppose au savoir.

DÉISTE
Est déiste celui qui croit en l'existence de Dieu, mais rejette toute autorité sous forme de dogme ou de pratique religieuse.

DIEU
Les attributs de Dieu, comme entité transcendante créatrice du monde sont traditionnellement, sur le plan métaphysique, l'éternité, l'immutabilité, l'omnipotence et l'omniscience, et sur le plan moral, l'amour, la souveraine bonté, et la suprême justice.

adoraient des dieux imaginés à la ressemblance des hommes. La religion grecque, en fait, adorait l'homme lui-même : le christianisme dépasse les autres religions parce qu'il montre qu'elles ont toutes été anthropomorphiques.

Quel est le sens de la critique de Feuerbach ?

Selon Feuerbach, le christianisme s'est approché de la vérité de la religion sans toutefois l'atteindre : en affirmant que dans le Christ, Dieu s'est fait homme, le christianisme amorce un mouvement que la philosophie doit achever en inversant la proposition. En fait, la religion n'est pas le mystère du Dieu qui s'est fait homme, mais **le mystère de l'homme qui s'est fait Dieu**.

Même si l'homme l'ignore, Dieu n'est autre que l'homme lui-même : pensant Dieu comme étant tout autre que lui, l'homme **s'aliène** puisqu'il se dépossède de ses caractéristiques les plus dignes pour les donner à Dieu. « L'homme pauvre a un dieu riche » : cela signifie que le dieu chrétien n'est que la projection des espérances humaines ; cela signifie aussi que l'homme a dû se dépouiller de toutes ses qualités pour en enrichir Dieu. Nous devons alors réapprendre à être des hommes en nous libérant de l'aliénation religieuse.

« Le cœur a ses raisons que la raison ne connaît point. » (Blaise Pascal)

Religion et raison s'excluent-elles mutuellement ?

La philosophie doit, selon Feuerbach, entreprendre la « critique de la déraison pure », c'est-à-dire du christianisme ; en cela, il s'oppose à Kant, qui envisage **la possibilité d'une religion rationnelle**. Si la *Critique de la raison pure* a bien montré qu'aucune preuve de l'existence de Dieu n'était recevable, Kant y explique également que **l'existence de Dieu est un postulat** nécessaire de la raison pratique.

Le devoir en effet semble aller à l'encontre de notre bonheur personnel : dans ce monde, il n'est pas possible de penser le juste rapport entre bonheur et vertu.

Pour que le devoir lui-même ne sombre pas dans l'absurde, il faut alors nécessairement postuler l'existence d'un Dieu juste et bon qui garantira ailleurs et plus tard la correspondance du bonheur et de la moralité. Cette « religion dans les simples limites de la raison » n'est pas la religion des prêtres : pas de culte, pas de clergé, ni même de prières, c'est une pure exigence de la raison pratique qui pose que Dieu existe, même si la raison théorique ne pourra jamais le démontrer.

Une religion rationnelle est-elle possible ?

La religion de Kant est-elle encore religieuse ? Pascal aurait répondu par la négative : contre Descartes, et contre tous ceux qui veulent réduire la religion à ce qu'il est raisonnable de croire, Pascal en appelle au **cœur** qui seul « sent Dieu ».

C'est justement la marque de l'orgueil humain que de vouloir tout saisir par la raison et par « l'esprit » ; mais ce n'est pas par la raison que nous atteindrons Dieu, mais par **le sentiment poignant de notre propre misère** : la foi qui nous ouvre à Dieu est d'un autre ordre que la raison, et la raison doit lui être subordonnée. ■

Blaise Pascal

UN ARTICLE DU *MONDE* À CONSULTER

• **Questions sur la laïcité** p. 47
(Arnaud Leparmentier, *Le Monde* daté du 15.01.2015)

MOTS CLÉS

FÉTICHISME
Stade archaïque du fait religieux, qui consiste à considérer les objets animés et inanimés comme habités par des esprits et porteurs de puissances magiques.

MYTHE
Du grec *muthos*, « récit, légende ». Récit fictif relatant en particulier l'origine du monde, et permettant ainsi d'organiser, au sein d'une société, la compréhension du réel et de justifier l'ordre naturel et social du monde.

POLYTHÉISME
Du grec *polus*, « nombreux », et *theos*, « dieu ». Religion qui pose l'existence de plusieurs dieux.

RAISON
Si ses déterminations exactes varient d'un philosophe à l'autre, tous reconnaissent la raison comme le propre de l'homme, et comme la faculté qui commande le langage, la pensée, la connaissance et la moralité. Descartes l'assimile au « bon sens », c'est-à-dire à la faculté de juger. Kant distingue le versant théorique de la raison, qui a trait à la volonté de connaître, et le versant pratique, par lequel l'homme se soucie de son action et entend en lui l'appel du devoir moral.

RELIGION RATIONNELLE
Chez Kant, désigne le fait que, quand bien même l'existence de Dieu est indémontrable, il est nécessaire de l'admettre, afin de donner pleinement sens à la moralité.

RITE
Ensemble des règles établies au sein d'une communauté pour la célébration d'un culte, qui consiste en une suite codifiée de gestes et de paroles.

TRANSCENDANCE
Du latin *transcendere*, « passer au-delà, surpasser ». Par opposition à l'immanence, est transcendant ce qui existe au-delà du monde sensible de l'expérience, de manière radicalement séparée. On parlera ainsi de la transcendance divine.

Dissertation :
Toutes les croyances se valent-elles ?

L'analyse du sujet

I. Les termes du sujet

• *Toutes les croyances* :
– référence aux croyances religieuses.
– référence à toute forme de croyance sociale et individuelle.

• *Se valent-elles* :
– idée d'équivalence, d'égalité.
– idée de comparaison et de hiérarchie.

II. Les points du programme

• La société, les échanges.
• La religion.
• Le bonheur.
• La morale.

L'accroche

L'église de scientologie a un statut de secte en France, de religion aux États-Unis.

La problématique

Au nom de quelle valeur objective peut-on établir une hiérarchie entre les formes ou les types de croyances ? Comment pourrait-on définir de façon légitime un critère préférentiel entre les préjugés, les idéologies, les religions ?

Le plan détaillé du développement

I. Les croyances s'expliquent de la même façon.

a) Par essence, toute croyance se définit par l'assentiment à une « vérité » considérée comme telle, mais sans savoir avéré. Préjugés, superstitions, convictions, croyances religieuses, etc., sont équivalents selon ce critère essentiel.

b) Du point de vue de leur fonction, les croyances reposent sur des mécanismes psychologiques permettant de combler le besoin d'être rassuré (*cf.* analyse de la superstition et du préjugé par Spinoza, de la croyance religieuse par Freud).

c) Du point de vue du droit, les croyances religieuses doivent toutes être reconnues par l'État (*cf.* analyse de Locke) dans la mesure où elles impliquent la foi et la conviction de chaque individu, son choix d'existence, sa définition du bonheur, etc.

« S'il était une religion sur la terre hors de laquelle il n'y eût que peine éternelle, et qu'en quelque lieu du monde un seul mortel de bonne foi n'eût pas été frappé de son évidence, le Dieu de cette religion serait le plus inique et le plus cruel des tyrans. » (Jean-Jacques Rousseau)

Transition : N'y a-t-il pas une différence entre les religions et les sectes du point de vue légal ou civil ?

II. Toutes les croyances n'ont pas les mêmes effets ni les mêmes finalités.

a) Psychologiquement, toutes les croyances ne se ressemblent pas. Elles se distinguent en fonction du degré de conviction qui les accompagnent, et cette distinction rejaillit sur les actes qu'elles peuvent engendrer ou non (*cf.* distinction opérée par Kant entre la foi et l'opinion).

b) Moralement, des croyances de type sectaire tendent à exclure l'interprétation critique et l'appartenance de l'individu à une société ouverte. Des croyances, religieuses ou idéologiques, mettent également en cause des valeurs morales comme l'égalité entre les hommes (selon les races, selon les sexes, etc.) et aboutissent à des traitements physiques ou moraux inégaux.

c) Politiquement, certains types de croyance doivent être « combattus », car ils empêchent l'exercice critique du jugement et le développement rationnel de l'individu (préjugés, fanatisme, etc.).

Conclusion

Toutes les croyances ne se valent pas dans la mesure où certaines ne veulent pas se reconnaître comme telles et empêchent délibérément les conditions de l'exercice du jugement chez l'homme.

Ce qu'il ne faut pas faire

Énumérer les défauts des croyances sans chercher au nom de quoi ils peuvent être qualifiés de « défauts ».

Les bons outils

• L'analyse de la religion comme une névrose collective dans *L'Avenir d'une illusion* de Freud.
• La distinction entre la religion et la magie dans *Les Formes élémentaires de la vie religieuse* de Durkheim.

TEXTE CLÉ

Dans cet extrait, Durkheim propose une définition générale de la religion à partir de son caractère originairement social.

Les croyances proprement religieuses sont toujours communes à une collectivité déterminée qui fait profession d'y adhérer et de pratiquer les rites qui en sont solidaires. Elles ne sont pas seulement admises, à titre individuel, par tous les membres de cette collectivité ; mais elles sont la chose du groupe et elles en font l'unité. Les individus qui la composent se sentent liés les uns aux autres, par cela seul qu'ils ont une foi commune. Une société dont les membres sont unis parce qu'ils se représentent de la même manière le monde sacré et ses rapports avec le monde profane, et parce qu'ils traduisent cette représentation commune dans des pratiques identiques, c'est ce qu'on appelle une Église. Or, nous ne rencontrons pas, dans l'histoire, de religion sans Église. Tantôt l'Église est étroitement nationale, tantôt elle s'étend par-delà les frontières ; tantôt elle comprend un peuple tout entier (Rome, Athènes, le peuple hébreu), tantôt elle n'en comprend qu'une fraction (les sociétés chrétiennes depuis l'avènement du protestantisme) ; tantôt elle est dirigée par un corps de prêtres, tantôt elle est à peu près complètement dénuée de tout organe directeur attitré. Mais partout où nous observons une vie religieuse, elle a pour substrat un groupe défini. [...] Nous arrivons donc à la définition suivante : *Une religion est un système solidaire de croyances et de pratiques relatives à des choses sacrées, c'est-à-dire séparées, interdites, croyances et pratiques qui unissent en une même communauté morale, appelée Eglise, tous ceux qui y adhèrent.* Le second élément qui prend ainsi place dans notre définition n'est pas moins essentiel que le premier ; car, en montrant que l'idée de religion est inséparable de l'idée d'Église, il fait pressentir que la religion est une chose éminemment collective.

Émile Durkheim, *Les Formes élémentaires de la vie religieuse*

Questions sur la laïcité

C'était après les attentats du 11 septembre 2001. L'Europe tentait de se doter d'une Constitution. L'eurodéputé Alain Lamassoure nous avait surpris en proposant que la Convention, présidée par Valéry Giscard d'Estaing, commence ses travaux par une *« déclaration de paix au monde »*. Curieuse idée pour cette Europe fondée sur la paix, la liberté et les valeurs humanistes, qui venait fièrement d'adopter sa charte des droits fondamentaux. Le chrétien-démocrate Lamassoure avait raison : l'Europe n'était pas uniquement aux yeux du monde une Vénus éprise de paix. Elle était aussi responsable de l'esclavage, de la colonisation, de deux guerres mondiales et de la Shoah.

Ce dimanche 11 janvier 2015, Paris était la capitale mondiale de la liberté, contre la barbarie. La Marseillaise chantée mardi à l'Assemblée : poignante. Nos valeurs de tolérance et de laïcité ont vocation universelle, mais n'empêchent pas une petite introspection.

Tri religieux

Laissons d'abord l'islam de côté. Les Européens ont peiné à accepter l'altérité religieuse. La carte des religions était encore, au milieu du XXe siècle, extraordinairement homogène, avec des catholiques au sud, des protestants au nord, des orthodoxes à l'est.

Deux grandes exceptions : la mixité en Allemagne et dans les Balkans. La cohabitation entre catholiques et protestants en terre germanique à partir de la Réforme luthérienne n'a pu s'engager timidement que sous le principe du tri religieux acté par la paix d'Augsbourg (1555), le *Cujus regio, ejus religio* (« Tel prince, telle religion »). Et il a fallu la guerre de Trente Ans (1618-1648), qui fit perdre à l'Allemagne la moitié de sa population, pour que l'on cesse enfin de s'entre-tuer pour la religion. Cohabitation interchrétienne ne signifie point mixité : seul l'afflux de réfugiés fuyant Staline a définitivement conduit catholiques et protestants allemands à vivre ensemble à partir de 1945.

Rien de tel en France, Louis XIV ayant décidé de révoquer en 1685 l'édit de Nantes. Il priva de leur liberté de culte les protestants, qui émigrèrent. La France resta essentiellement catholique. En 1830 encore, la Belgique fut fondée par une union entre catholiques et libéraux, qui se sépara des Pays-Bas néerlandophones et essentiellement protestants.

Sans cesse, les juifs furent persécutés. Expulsés d'Espagne en 1492 ou ghettoïsés aux marges de l'Empire russe. Ailleurs, leur lente sécularisation ne permit pas leur acceptation. Ce n'est qu'après l'affaire Dreyfus en France, après la Shoah dans toute l'Europe, qu'ils furent enfin considérés.

Ainsi, l'Europe occidentale ne vit en paix religieuse intérieure que depuis les horreurs de la seconde guerre mondiale. Et encore, c'est oublier les guerres consécutives à l'éclatement de la Yougoslavie.

Aujourd'hui, l'altérité religieuse est incarnée par les musulmans. Cette chronique n'a pas pour objet d'analyser les causes d'un djihadisme qui salit le Prophète, mais d'explorer le rapport de l'Europe à l'islam. Sa mémoire collective est guerrière, depuis Charles Martel jusqu'au siège de Vienne en 1783, en passant par les croisades et la Reconquista. Tout n'est que « choc des civilisations ». Or voilà que nos civilisations se mélangent depuis un demi-siècle. On s'en est aperçu tardivement, les musulmans ayant été longtemps considérés comme des immigrés issus des colonies pour la France, ou des travailleurs temporaires, tels les *Gastarbeiter* turcs en Allemagne.

Leur installation durable, leur accession à la nationalité et leur souhait d'exercer leur religion perturbent profondément les sociétés. Depuis 1905, le modèle français de laïcité organise le partage de la sphère publique et religieuse. Mais il est surtout fait pour le citoyen français et le croyant catholique, qui souvent se confondent. Ce modèle s'est déréglé avec l'irruption de l'islam.

L'Europe du XXIe siècle se retrouve ainsi traversée par un courant islamophobe multiforme, sur fond de difficultés sociales. La réaction la plus tragiquement délirante fut celle d'Anders Breivik, loup solitaire d'extrême droite, qui assassina, en 2011, soixante-dix-sept Norvégiens, au nom de la défense de la chrétienté.

Assimilation

Les Pays-Bas sont le pays le plus massivement perturbé par l'islamophobie, phénomène amplifié par l'assassinat de deux de ses porte-voix, le leader populiste Pim Fortuyn, en 2002, et le cinéaste Theo Van Gogh, en 2004.

Et voilà que le mouvement atteint l'Allemagne, avec Pegida, rassemblement des « patriotes européens contre l'islamisation de l'Occident ». Ils défilent à Dresde, dans l'est de l'Allemagne, chaque lundi plus nombreux. Le sociologue allemand Andreas Zick voit dans ce mouvement *« la vieille idée d'une communauté de valeurs homogènes, dans laquelle l'islam n'a pas le droit de jouer un rôle. Ou seulement un rôle secondaire dans le cas où les musulmans prouvent qu'ils se sont adaptés »*. On retrouve là le concept de l'assimilation, qui réclame du nouvel arrivant qu'il cantonne ses racines à la sphère privée et se fonde dans sa communauté d'accueil. Oui aux nouveaux venus, à condition qu'ils ne perturbent pas l'ordre établi. Ainsi, pour avoir rebaptisé à l'intention des enfants non chrétiens le défilé de la Saint-Martin en « fête des Lumières », un prêtre de Rhénanie a reçu des menaces de mort et 3 000 lettres de protestation.

Pourtant, les Français vont devoir accepter que l'islam soit devenu la deuxième religion de France, confiait récemment un ministre socialiste. Les Européens aussi. Faisons un premier geste : six grandes fêtes religieuses catholiques sont fériées. Ajoutons-y les deux grandes fêtes juive et musulmane, Yom Kippour et l'Aïd-el-Kebir, ainsi que le 9 mai, jour de la déclaration Schuman qui lança l'Europe, troqués contre une semaine de RTT. Il ne s'agit pas d'un renoncement. Ce serait la renforcer..

Arnaud Leparmentier, *Le Monde* daté du 15.01.2015

POURQUOI CET ARTICLE ?

Cet article souligne, à partir de références historiques, les problèmes sociaux et politiques pouvant provenir de la diversité et de la coexistence des religions. Ces conflits, qui semblaient s'être apaisés, réapparaissent sous d'autres formes, principalement avec l'essor de la mondialisation et l'augmentation des populations de confession musulmane dans les sociétés européennes de tradition chrétienne. Pour résoudre ces difficultés, beaucoup d'États ont choisi le modèle communautariste, qui conçoit la société comme la coexistence de communautés relativement refermées sur elles-mêmes. La France a préféré **la laïcité, qui sépare nettement le politique du religieux et qui considère que la foi relève uniquement de convictions individuelles ne devant pas interférer avec la cohésion sociale.**

L'histoire(*)

L'histoire est toujours histoire d'une communauté humaine : il n'y a pas plus d'histoire de l'individu pris isolément qu'il n'y a d'histoire des animaux. Il faut distinguer l'histoire comme récit fait par l'historien des événements passés et l'histoire comme aventure en train de se faire.

L'histoire est-elle une science ?

Hegel.

L'historien répond à une **exigence de vérité**, le problème étant qu'il raconte un passé auquel il n'a pas été présent. Toutefois, cette exigence de vérité ne suffit pas à faire de l'histoire une science. Toute science a pour but de dégager des constantes ou lois universelles et prédictives. Or, l'histoire est une discipline purement empirique : il n'y a **pas de lois universelles** de l'histoire comme il y a des lois en physique.

L'histoire peut seulement nous enseigner comment les choses se sont passées, et non comment elles se passeront. Si donc nous définissons une science par son objet, alors l'histoire n'est pas une discipline scientifique ; en revanche, elle l'est peut-être par sa **méthode** : l'historien a pour but de dire ce qui s'est réellement passé à partir de traces qu'il authentifie et qu'il interprète.

En quoi consiste le travail de l'historien ?

Le travail de l'historien est un **travail d'interprétation** : il ne s'agit pas simplement pour lui de faire une chronologie, mais d'établir le sens et l'importance des **événements** ainsi que leurs relations. Selon Dilthey, nous expliquons la nature, c'est-à-dire que nous dégageons peu à peu les lois qui la régissent ; mais nous comprenons la vie de l'esprit. De même, l'historien ne doit pas expliquer les chaînes causales et établir des lois, mais **comprendre un sens** ; aussi l'objectivité historique n'a-t-elle rien à voir avec l'objectivité scientifique : étant une interprétation, l'histoire peut et doit toujours être réécrite. En ce sens, l'histoire est surtout la façon dont l'homme s'approprie un passé qui n'est pas seulement le sien.

> « Toute la suite des hommes doit être considérée comme un seul homme qui subsiste toujours et existera continuellement. » (Pascal)

Pourquoi faisons-nous de l'histoire ?

Certainement pas pour en tirer un quelconque enseignement ! **« L'histoire ne repasse pas les plats »** (Marx) : on ne peut tirer un enseignement que de ce qui se répète, et l'histoire ne se répète jamais. Comme le remarque Hegel, s'il suffisait de connaître les anciennes erreurs pour ne plus les commettre, la paix régnerait sur Terre depuis bien longtemps...

Nous faisons de l'histoire non pour prévoir notre avenir, mais pour garder trace de notre passé, parce que nous nous posons la question de notre propre identité : c'est parce que l'homme est en quête de lui-même, parce qu'il est un être inachevé qui ne sait rien de son avenir, qu'il s'intéresse à son passé. **Par l'histoire, l'homme construit et maintient son identité dans le temps.**

UN ARTICLE DU *MONDE* À CONSULTER

- **La fin de « la fin de l'Histoire »** p. 51
(Arnaud Leparmentier, *Le Monde* daté du 16.10.2014)

MOTS CLÉS

HISTOIRE
Du grec *historia*, « enquête ». Ce mot recouvre principalement deux significations, que la langue allemande distingue : le devenir historique lui-même, comme ensemble d'événements (Geschichte), et la connaissance du passé que l'historien essaie de constituer (Historie). La première signification pose le problème du sens et de la finalité de l'histoire ; la seconde, celui de la scientificité de la discipline de l'historien.

HISTORICISME
Doctrine qui consiste à penser que tout doit être compris à partir d'un point de vue historique. L'historicisme est donc une forme de relativisme théorique qui soutient que toute chose (factuelle ou théorique) vaut en fonction de la place qu'elle occupe dans l'histoire.

INSTITUTION
Par opposition à ce qui relève de la nature, peut être considéré comme une institution tout ce qui a été établi par les hommes (langage, traditions, mœurs, règles, etc.). Il n'y a pas de société sans institutions, c'est-à-dire sans organisation des activités humaines dans des structures réglées. L'institution est donc cœxtensive à l'humanité.

INTERPRÉTATION
Interpréter, c'est donner une signification à un phénomène. L'interprétation est un des moments fondamentaux de la compréhension.

TÉLÉOLOGIE
Étymologiquement parlant, la téléologie désigne l'étude, la science (*logos*) des fins (*telos*). Est dit téléologique tout processus temporel qui vise la réalisation d'une fin. Par exemple, le processus naturel qui consiste pour un chiot à devenir chien (sa fin) est un processus téléologique. La question se pose de savoir si les processus historiques eux-mêmes sont de nature téléologique.

(*) Hors programme en Terminale S.

Les bons outils

- La conception de l'histoire comme déploiement de la providence divine, chez saint Augustin, *La Cité de Dieu*.
- La théorie de « la ruse de la raison » de Hegel (*La Raison dans l'histoire*).
- L'analyse des conditions dans lesquelles l'histoire se déroule pour l'homme ; l'histoire comme histoire de la lutte des classes (Marx, *L'Idéologie allemande*).
- Foucault et le concept de continuité ou discontinuité de l'histoire, *Cahiers pour l'analyse*.

Antoine-Jean Gros, *Napoléon à la bataille d'Eylau en 1807*.

L'histoire a-t-elle un sens ?

Ici, il ne s'agit plus de l'histoire comme discipline de l'historien, mais de l'histoire « en train de se faire ». La question est alors de savoir si la totalité des actes humains a son **unité** et se dirige vers un but (une fin), ou s'éparpille dans un **simple agrégat** d'actes individuels sans rapport entre eux.

Hegel montre que l'histoire est en fait le **processus par lequel un peuple devient conscient de lui-même**, c'est-à-dire conscient d'exister en tant que peuple ; c'est la raison pour laquelle nous retenons principalement de l'histoire les moments où notre peuple a été menacé dans son existence, autrement dit les guerres.

Comment un peuple devient-il conscient de lui-même ?

Selon Hegel, parvenir à la conscience de soi implique deux mouvements : poser un objet extérieur à soi et le reconnaître comme étant soi-même. C'est ce qui arrive lorsque je contemple mon image dans un miroir et que je la reconnais (et c'est justement ce dont tous les animaux sont incapables).

Alors, quel est l'objet extérieur à lui qu'un peuple pose, et comment le reconnaît-il comme étant lui ? Pour Hegel, l'objet posé, ce sont les **institutions** : c'est en créant des institutions chargées de régir la vie en communauté qu'un peuple parvient à l'existence. Les institutions sont l'image qu'un peuple se donne de lui-même, **elles matérialisent le peuple** comme peuple.

Comment un peuple se reconnaît-il dans ses institutions ?

La question est de savoir comment un peuple peut s'identifier à ses institutions. Hegel se souvient de la célèbre phrase de Louis XIV : « L'État, c'est moi » ; celui qui permet au peuple de se reconnaître dans ses institutions, c'est **le chef politique**.

Sans le « grand homme », cette image de lui-même que sont les institutions lui serait comme étrangère : le second moment de la prise de conscience de soi est effectué par le chef éclairé (par exemple Napoléon) qui s'identifie aux institutions d'un peuple et qui, animé par la passion du pouvoir, les réforme et les impose autour de lui.

MOTS CLÉS

TEMPS DE L'HISTOIRE ET TEMPS DE LA NATURE

Le temps de la nature est circulaire, il suit des cycles (jours, saisons, génération et corruption). On ne peut concevoir l'histoire de manière cyclique, car cela impliquerait un éternel retour, sans progrès possible.

Le temps de l'histoire est linéaire : nous pouvons nous représenter l'histoire sous forme d'une chronologie ou d'un déroulement successif d'événements. Ce déroulement dans le temps donne un sens à l'histoire : il y a un passé distinct de l'avenir, et un déroulement irréversible.

AUTEURS CLÉS

DILTHEY (WILHELM)

Philosophe allemand (1833-1911) qui influença le mouvement phénoménologique par la distinction qu'il établit entre les sciences de la nature, qui s'attachent à expliquer par les causes, et « les sciences de l'esprit », où il s'agit de comprendre du sens.

HEGEL

Philosophe allemand (1770-1831). Il s'est attaché à réconcilier le réel et la pensée au sein d'une philosophie conçue comme un système dominé par la dialectique, ou processus de dépassement des contradictions.

C'est en effet une philosophie du processus réconciliateur, et en ce sens une philosophie de l'histoire, qui montre comment l'esprit parvient à se conquérir lui-même en s'extériorisant dans le monde par ses créations, en particulier juridiques et artistiques. Hegel souligne que ce mouvement de sortie hors de soi et de retour à soi à partir de l'extériorité, n'est rien d'autre que le mouvement même de la conscience.

Dissertation :
Les hommes savent-ils l'histoire qu'ils font ?

L'analyse du sujet

I. Les termes du sujet

• *Savoir ce que l'on fait :*
– conscience et savoir de l'acte effectué.
– responsabilité et volonté de l'acte effectué.

• *L'histoire :*
– ensemble des événements passés, à l'échelle de la société, de la nation, de l'humanité.
– discipline qui étudie et explique ces événements.

• *Les hommes :*
– tout ou chaque individu, en tant qu'il participe à la vie collective.
– les historiens, les grands personnages historiques.

Jules César.

II. Les points du programme

• L'histoire.
• La conscience.
• La vérité.
• La liberté.

L'accroche

Le protocole de Kyoto atteste que les hommes ont conscience qu'ils bâtissent leur avenir.

La problématique

Les actes et les motivations des grands personnages politiques, tout comme ceux, à moindre échelle, de tout un chacun, ne sont-ils pas conscients et lucides ? Mais n'est-ce pas toujours après coup que l'histoire et les historiens peuvent juger de ce qui s'est réellement produit ?

Le plan détaillé du développement

I. Les actes et les motifs humains sont conscients.

a) L'Histoire résulte de décisions humaines : guerres, changements de régime...

b) Tous les actes de l'homme s'accompagnent de conscience, psychologique et morale, à la différence des animaux.

> « Rien de grand ne s'est jamais accompli dans le monde sans passion. » (Hegel)

c) Les hommes connaissent le passé grâce à l'étude critique des documents.

Transition : N'existe-t-il pas justement des divergences d'interprétation sur un même événement ?

II. L'histoire est trop complexe.

a) Toutes les répercussions d'une décision sont impossibles à prévoir, tant les facteurs sont nombreux.

b) Les acteurs de l'histoire n'ont pas le recul critique des historiens qui étudieront la période.

c) On peut même se demander s'il n'existe pas un processus de lois supérieures qui se développent à l'insu des acteurs de l'histoire (ex. : la ruse de la Raison analysée par Hegel ; la lutte des classes analysée par Marx).

Transition : Dans ce cas, n'y a-t-il pas une bonne connaissance des lois de l'histoire ?

III. L'histoire peut être dangereuse.

a) La causalité historique n'est ni totalement aléatoire ni totalement nécessaire ou prévisible.

b) Affirmer connaître avec une certitude ce que l'histoire va réaliser est le propre des régimes totalitaires.

Conclusion

Les hommes ne savent pas l'histoire qu'ils font et ne s'entendent pas tous sur l'histoire qu'ils veulent. Mais les leçons de l'histoire permettent de donner un certain cadre à nos actions.

Ce qu'il ne faut pas faire

Parler uniquement de l'histoire au passé : il s'agit ici de l'histoire faite, vue et jugée au présent.

Les bons outils

• La théorie de « la ruse de la raison » de Hegel (*La Raison dans l'histoire*).
• L'analyse des conditions dans lesquelles l'histoire se déroule pour l'homme, chez Marx (*L'Idéologie allemande*).

TEXTE CLÉ

Dans cet extrait, Schopenhauer entend montrer que l'histoire ne peut prétendre au titre de science, du fait qu'elle n'a pas pour objet l'universel.

Seule l'histoire ne peut vraiment pas prendre rang au milieu des autres sciences, car elle ne peut pas se prévaloir du même avantage que les autres : ce qui lui manque en effet, c'est le caractère fondamental de la science, la subordination des faits connus dont elle ne peut nous offrir que la simple coordination. Il n'y a donc pas de système en histoire, comme dans toute autre science. L'histoire est une connaissance, sans être une science, car nulle part elle ne connaît le particulier par le moyen de l'universel, mais elle doit saisir immédiatement le fait individuel, et, pour ainsi dire, elle est condamnée à ramper sur le terrain de l'expérience. Les sciences réelles au contraire planent plus haut, grâce aux vastes notions qu'elles ont acquises, et qui leur permettent de dominer le particulier, d'apercevoir, du moins dans de certaines limites, la possibilité des choses comprises dans leur domaine, de se rassurer enfin aussi contre les surprises de l'avenir. Les sciences, systèmes de concepts, ne parlent jamais que des genres : l'histoire ne traite que des individus. Elle serait donc une science des individus, ce qui implique contradiction. Il s'ensuit encore que les sciences parlent toutes de ce qui est toujours, tandis que l'histoire rapporte ce qui a été une seule fois et n'existe plus jamais ensuite. De plus, si l'histoire s'occupe exclusivement du particulier et de l'individuel, qui, de sa nature, est inépuisable, elle ne parviendra qu'à une demi-connaissance toujours imparfaite. Elle doit encore se résigner à ce que chaque jour nouveau, dans sa vulgaire monotonie, lui apprenne ce qu'elle ignorait entièrement.

Arthur Schopenhauer,
Le Monde comme volonté et comme représentation

La fin de « la fin de l'Histoire »

Tout ne s'est pas passé comme prévu. C'était il y a un quart de siècle. Le mur de Berlin tombait, l'URSS implosait. Marx et le communisme étaient morts, enfin ! L'universitaire américain Francis Fukuyama pouvait prédire, dès juin 1989, *« la fin de l'Histoire »*. La planète était invitée à tendre vers un modèle unique, celui des démocraties libérales et de l'économie de marché. Nous étions tous invités à devenir des Danois. Sortis de l'Histoire depuis *Hamlet*. Prêts à nous perdre dans les haines de familles dignes du film *Festen*.

Las, cette mondialisation faussement heureuse n'a pas eu lieu : Poutine mène une nouvelle guerre froide ; les islamo-fascistes prennent en otage l'Afrique et le Proche-Orient ; le président chinois, Xi Jinping, se prend pour Mao et redécouvre les charmes de la dictature. La bonne vieille géopolitique est de retour. Et Francis Fukuyama reprend la plume pour revenir sur sa prophétie, dans un article du *Wall Street Journal* publié en juin et dans un nouveau pavé de 658 pages.

Le nouveau livre de Fukuyama s'appelle *Political Order and Political Decay : from the Industrial Revolution to the Globalization of Democracy* (« Ordre et décadence politiques : de la révolution industrielle à la globalisation démocratique », Farrar, Straus and Giroux, non traduit). Certes, tout ne va pas si mal, explique l'universitaire américain. Entre les années 1970 et la grande crise financière de 2008, la richesse mondiale a quadruplé. En 1974, 30 Etats étaient démocratiques, soit moins d'un sur quatre. Ils sont aujourd'hui 120, soit près de deux sur trois. L'année 1989 marqua une accélération de la démocratisation avec la chute du communisme, après l'Amérique latine débarrassée de ses généraux et avant les progrès sensibles enregistrés en Afrique. Il n'empêche, pour reprendre l'expression de l'universitaire de Stanford, l'expert en démocratie Larry Diamond, nous vivons depuis une dizaine d'années une *« récession démocratique »*.

Que s'est-il passé ? Il peut sembler aisé d'évacuer le cas des pays autoritaires, qu'il s'agisse de la Russie de Poutine, du Venezuela de feu Chavez ou des pétrodictatures du golfe Arabo-Persique : ces régimes prospèrent sur la rente des matières premières et peuvent se maintenir sans s'appuyer sur une classe bourgeoise et éduquée. Passons sur le « printemps arabe », qui s'est vite traduit par des votes bien peu libéraux, comme en Egypte : Fukuyama s'en sort en expliquant qu'il a fallu un siècle après le « printemps des peuples » de 1848 pour que l'Europe devienne durablement démocratique.

Troisième cas, la Chine. Elle a abjuré le marxisme, mais rejette le modèle démocratique et l'Etat de droit occidental. Elle croit pouvoir se développer, comme elle le fit pendant des siècles, grâce à un appareil d'Etat autoritaire. Pourtant, le système est dans l'impasse : se libéraliser, c'est prendre le risque de laisser filer le Tibet et le Xinjiang musulman et de diviser le pays entre les riches régions côtières et les campagnes pauvres du centre. L'alternative, c'est la tension autoritaire et nationaliste de Xi Jinping, au risque de provoquer des révolutions. Fukuyama contourne la question : d'ici cinquante ans, qui des Chinois ou des Occidentaux pourront offrir un modèle d'avenir ? Certainement pas la Chine, tranche Fukuyama. Et encore moins les islamistes.

« Décadence politique »

Pourtant, le modèle démocratique n'attire guère. C'est un pis-aller. Et devenir danois n'est pas si facile. Les élections ne suffisent pas. Les régimes politiques doivent satisfaire les aspirations des citoyens. Et, pour cela, il faut une classe politique responsable, un Etat de droit et un Etat tout court.

L'Inde, communément désignée comme *« la plus grande démocratie du monde »*, ne répond pas à ces critères : le tiers de ses élus font l'objet de procédures judiciaires ; les tribunaux sont si lents qu'on ne peut pas parler d'Etat de droit ; dans certaines régions, la moitié des enseignants sèchent leurs cours. Même le Brésil, qui a réussi à sortir de la grande pauvreté, peine à adapter son Etat et son système politique à l'émergence majeure d'une classe moyenne, comme l'ont montré les émeutes de 2012 et l'essoufflement du parti de Lula.

En résumé, constate Fukuyama, *« le problème d'aujourd'hui n'est pas seulement que les pouvoirs autoritaires soient à la manœuvre, mais que beaucoup de démocraties ne se portent pas bien »*. Et de citer le problème qu'il *« n'avai*[t] *pas traité il y a vingt-cinq ans, la décadence politique »*.

L'universitaire s'attaque au modèle américain : toujours attractif sur le plan économique, il ne l'est plus sur le plan politique. Fait de contre-pouvoirs pour se préserver de la tyrannie, le système s'est transformé en *« vétocratie »*, modèle politique où le blocage devient un mode de non-gouvernement. Cette *« vétocratie »* est inégalitaire – Fukuyama cite notre héros national, l'économiste Thomas Piketty, qui a ouvert les yeux des Américains sur le sujet – et confisquée par une ploutocratie. L'ennui, c'est que cette décadence n'est pas l'apanage des seuls Américains, selon Fukuyama : *« La croissance de l'Union européenne et le déplacement de la décision politique du niveau national vers Bruxelles »* font que *« le système européen dans son ensemble ressemble de plus en plus à celui des Etats-Unis »*.

Fukuyama compare le monde à un Escalator pour atteindre le Graal, le glorieux modèle danois. Les pays du Nord, eux, en sont réduits à éviter de redescendre. Visiblement, l'Histoire n'est pas finie.

Arnaud Leparmentier, *Le Monde* daté du 16.10.2014

POURQUOI CET ARTICLE ?

L'idée de progrès issue des Lumières a engendré au XIXe siècle des philosophies (celles d'Hegel et de Marx, par exemple) **qui voyaient dans l'histoire un processus orienté vers une fin, un état de l'humanité dans lequel toutes les contradictions seraient résolues.** En 1992, après la fin de la séparation du monde en deux blocs, le philosophe Francis Fukuyama a publié *La Fin de l'Histoire et le dernier homme*. Cette fin, selon lui, était proche. La démocratie allait s'établir dans tous les États au cours du siècle à venir. Ce commentaire d'un de ses livres plus récent souligne qu'il a dû réviser ses positions à la lumière de l'histoire réelle. L'histoire est-elle rationnelle ? Ou n'est-elle, comme l'écrit Shakespeare dans *Macbeth*, qu'« un récit plein de bruit et de fureur raconté par un idiot, et qui ne signifie rien » ?

LA RAISON ET LE RÉEL

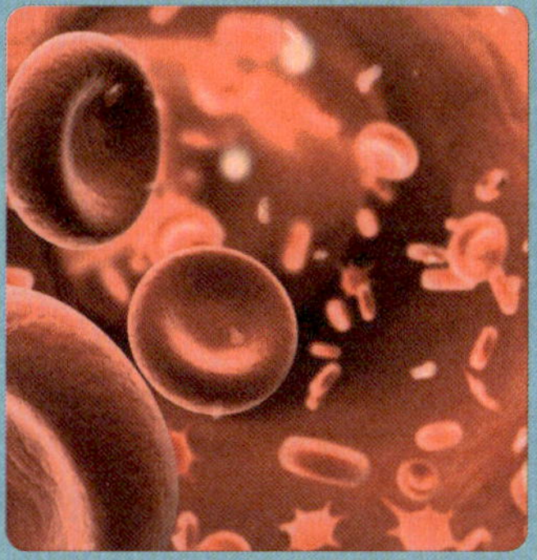
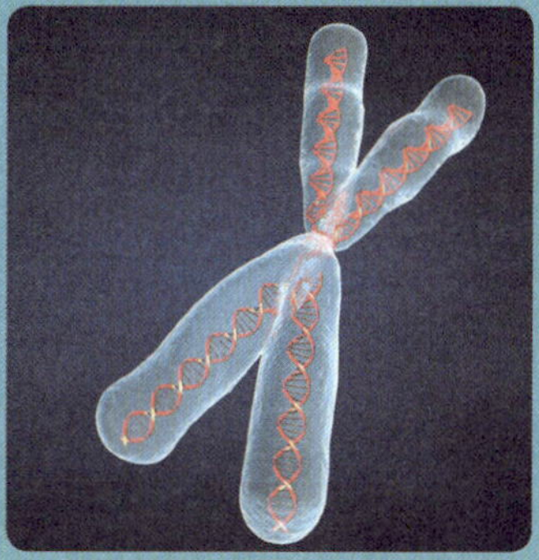

Théorie et expérience(*)

On oppose souvent un savoir théorique et « abstrait » à l'expérience supposée « concrète ». Mais « expérience » peut s'entendre en un triple sens : l'expérience de l'homme d'expérience n'est pas l'expérience sensible dont parle Kant, ni non plus l'expérience scientifique (ou expérimentation). Il ne faut pas alors opposer à chaque fois théorie et expérience : l'expérience est au contraire un moment nécessaire de la connaissance.

En quel sens peut-on opposer théorie et expérience ?

Le temps n'est pas qu'une puissance d'usure et d'amoindrissement, car je peux toujours tirer quelque chose des jours qui passent : au sens courant, l'expérience est alors cette **sédimentation en moi d'un passé me permettant de faire mieux et plus vite ce que j'accomplissais auparavant péniblement**. « C'est en forgeant qu'on devient forgeron », disait Aristote : l'expérience me livre un savoir qui n'est pas théorique et qui ne s'enseigne pas. Ainsi, je ne peux pas transmettre à d'autres ce que l'expérience m'a appris : c'est ce qui oppose le savoir-faire de l'expérience et le savoir théorique qui, lui, peut s'enseigner, parce qu'il repose sur **des règles connues et transmissibles**.

Quel rôle l'expérience sensible joue t-elle dans la connaissance ?

L'expérience est toujours singulière, et ne se partage pas. C'est en cela que Kant a pu parler d'expérience sensible en lui donnant le sens de **« perception »**. La perception en effet est toujours perception d'une chose **singulière**, alors que la connaissance se veut universelle. Comment passer du triangle singulier que je vois devant moi aux propriétés universelles valant pour tous les triangles ? C'est là pour Kant le travail de l'**entendement** : l'expérience sensible est la matière de la connaissance, mais elle n'est pas d'elle-même connaissance. Pour connaître, il faut que l'entendement donne à cette matière la forme universelle d'un concept à l'aide des **catégories *a priori*.**

« Je réponds en un mot de l'expérience : c'est là le fondement de toutes nos connaissances ; et c'est de là qu'elles tirent leur première origine. » (Locke)

Michael Faraday dans son laboratoire.

MOTS CLÉS

ABSTRACTION
Du latin *abstrahere*, « tirer, enlever ». Constitutive de la pensée et du langage, l'action d'abstraire est l'opération de l'esprit qui isole, pour le traiter séparément, un élément d'une représentation ; la blancheur, la liberté, sont des abstractions.

A PRIORI
Formule latine signifiant « à partir de ce qui vient avant ». Désigne ce qui est indépendant de toute expérience et conditionne notre connaissance du monde. S'oppose à *a posteriori*.

COMPRENDRE, EXPLIQUER
Distinction posée par Dilthey pour rendre compte de la différence entre les sciences de la nature et « les sciences de l'esprit » : alors que les phénomènes naturels nécessitent une approche *explicative*, en ce qu'ils obéissent à des causes déterminables par des lois, l'homme, comme sujet libre, et toutes les activités humaines, doivent être compris, car ils sont porteurs de sens, d'intentions, de projets, qu'aucune causalité stricte ne peut expliquer.

CONCEPT
Du latin *conceptus* « reçu, saisi ». Produit de la faculté d'abstraction, un concept est une catégorie générale qui désigne un caractère commun à un ensemble d'individus. Les concepts, auxquels renvoient les signes du langage, permettent d'organiser et de classer notre saisie du réel.

CONCRET
Est concret l'image qui est toujours l'image d'un objet en particulier.

CONNAISSANCE
Du latin *cognitio*, « action d'apprendre ». Activité de l'esprit par laquelle l'homme cherche à expliquer et à comprendre des données sensibles.

(*) Hors programme en Terminale ES et en Terminale S.

Qu'est-ce qu'une expérimentation scientifique ?

Tout d'abord, remarquons qu'il n'y a pas d'expérimentations dans les sciences pures comme les mathématiques. L'expérimentation scientifique, qui a pour but de **soumettre une théorie à l'épreuve des faits**, n'est pas simplement une expérience brute, parce qu'elle utilise des processus visant à restreindre et à contrôler les paramètres entrant en jeu dans le résultat final.

Ainsi, l'expérimentation scientifique se fait en laboratoire, et non en pleine nature, parce qu'il s'agit de simplifier les mécanismes naturels en restreignant les causes d'un phénomène pour ne retenir que celles qui seront testées dans le protocole ; on compare ensuite les résultats obtenus lorsqu'on fait varier un paramètre donné.

Quel rôle l'expérimentation joue-t-elle dans les sciences ?

Alors que l'expérience sensible nous est donnée immédiatement, l'expérimentation, elle, est **construite**. Elle suppose au préalable **un travail théorique de l'entendement** : elle n'a en science qu'une fonction de confirmation ou d'infirmation d'hypothèses théoriques qui ne sont pas, quant à elles, tirées directement de l'expérience. On pourrait alors soutenir, avec Karl Popper, que les sciences expérimentales ne reçoivent qu'**un enseignement négatif de l'expérience** : l'expérimentation est incapable de prouver qu'une théorie est vraie, elle pourra seulement montrer qu'elle n'est pas fausse, c'est-à-dire qu'on ne lui a pas encore trouvé d'exception. En effet, l'expérimentation repose sur **le principe d'induction**, qui dit qu'une théorie confirmée un grand nombre de fois sera considérée comme valide. Mais pour que sa validité soit absolue, il faudrait un nombre infini d'expériences, ce qui est impossible. En d'autres termes, l'expérience a en science un rôle réfutateur de la théorie, qui n'est jamais entièrement vérifiable : c'est **la thèse de la « falsifiabilité » des théories scientifiques**. La vérité n'est donc pas l'objet de la physique, qui recherche bien plutôt un modèle d'explication cohérent et efficace de la nature. Le physicien est devant la nature comme devant « une montre fermée », disait Einstein en citant Descartes : peu lui importe, finalement, de savoir comment la montre fonctionne, le tout étant de proposer une explication efficace pour prédire les mouvements des aiguilles.

« Il n'y a de science que de l'universel. » (Aristote)

UN ARTICLE DU *MONDE* À CONSULTER

• **L'expérience à l'épreuve de la théorie** p. 56-57
(Roger Chartier, *Le Monde* daté du 29.03.1996)

MOTS CLÉS

DÉDUCTION

Descartes oppose la déduction, comme raisonnement démonstratif qui conclut à partir de prémisses, à l'intuition, qui est la saisie immédiate de l'évidence de l'idée vraie. Une déduction est valide quand elle respecte les règles de la logique.

EXPÉRIENCE

On peut distinguer quatre sens principaux de l'expérience :
– l'expérience sensible, c'est-à-dire ce que les sens nous révèlent du monde ;
– l'expérience scientifique, c'est-à-dire l'expérimentation, qui est un dispositif réglé de vérification des théories scientifiques ;
– le savoir-faire technique acquis à force de pratique ;
– la sagesse acquise par l'homme d'expérience au contact des épreuves de la vie.

FAIT

Un fait est une donnée constatable de l'expérience, dont l'objectivité est cependant discutable, dans la mesure où son sens dépend de son interprétation et d'une construction théorique préalable, surtout en science.

INDUCTION

Mode de raisonnement qui consiste à tirer des lois générales de faits particuliers.
Le raisonnement inductif s'oppose au raisonnement hypothético-déductif, qui part d'hypothèses générales pour en inférer des conséquences particulières.

INTUITION

Du latin *intuitus*, « regard ». Chez Descartes, acte de saisie immédiate de la vérité, comme ce qui s'impose à l'esprit avec clarté et distinction. L'intuition s'oppose à la déduction, qui parvient à la vérité par la médiation de la démonstration. Chez Kant, l'intuition désigne la façon dont un objet nous est donné ; tout donné étant nécessairement sensible, il ne pourra y avoir pour l'homme que des intuitions sensibles, et jamais, comme Descartes le soutenait, des intuitions intellectuelles. Kant appelle intuitions pures, ou formes *a priori* de la sensibilité, l'espace et le temps.

L'expérience à l'épreuve de la théorie

Par quels moyens administrer la preuve ? Christian Licoppe démontre comment, du XVIIe à la fin du XVIIIe siècle, s'est formé, de part et d'autre de la Manche, le discours expérimental.

Au XVIIe siècle, la connaissance de la nature emprunte une voie nouvelle : celle de l'expérimentation. Le vieux savoir des *« lieux communs »*, qui ne donnait pas plus d'autorité à la chose vue qu'à la chose lue, s'en trouve battu en brèche. Mais, à leur tour, les expérimentateurs se voient dénoncés par tous ceux qui opposent aux hésitations des expériences empiriques les certitudes des démonstrations logiquement articulées à partir d'un corps de postulats et d'hypothèses irréfutables. La controverse entre Boyle et Hobbes, étudiée par Steven Shapin et Simon Schaffer, donne une formulation exemplaire des polémiques qu'ouvre le recours à l'expérience.

Les observations et les manipulations transforment profondément les conditions d'élaboration, de validation et de transmission du savoir. Elles inscrivent le travail scientifique dans l'espace du laboratoire et requièrent des machines ou des instruments compliqués et coûteux. Et, pour que leurs résultats puissent être connus et tenus pour vrais au-delà du lieu même où ils ont été obtenus, elles ont besoin d'une nouvelle forme de discours de savoir : le récit d'expérience.

C'est à ce genre que Christian Licoppe s'est attaché dans un livre intelligent et sûr. Son titre modifie d'un mot celui d'un grand classique puisqu'il dit *« pratique scientifique »* là où Bachelard, en 1938, disait *« esprit scientifique »*. Il indique ainsi clairement les préférences de la nouvelle histoire des sciences, plus intéressée par les instruments, les gestes, les « faire » que par les théories et les systèmes. Mais, pour l'historien, les pratiques anciennes, objet fondamental de l'enquête, ne sont accessibles qu'à travers les représentations que les textes en donnent. De là, la distinction opérée par Licoppe dans les récits d'expérience qu'il a collectés entre *« ce dont on parle, comment on en parle et à qui on en parle »*. Autrement dit, quelles sont les opérations décrites par les discours ? Quelles sont les techniques rhétoriques et les procédures d'argumentation mobilisées pour administrer une preuve ? Comment le texte désigne-t-il son ou ses destinataires ?

Du récit au discours

Dans les comptes rendus d'expérimentation, les auteurs affrontent nécessairement un difficile problème : comment articuler *« le récit de ce qui fut (une ou plusieurs fois) et le discours sur les choses comme elles sont (toujours) »*. Face aux évidences logiques du raisonnement hypothético-déductif, les tenants de l'expérience se trouvent fort démunis. En effet, les épreuves empiriques, dont la reproduction à l'identique est quasi impossible en l'absence d'instruments strictement semblables, ne donnent pas d'elles-mêmes la connaissance de l'ordre, supposé stable, des phénomènes. Si le raisonnement logique affirme d'emblée l'universalité de ses propositions, l'expérimentation propre aux « sciences baconiennes » (l'optique, la pneumatique, le magnétisme, etc.) ne peut avoir une telle assurance. Il lui faut passer du *« récit »* au *« discours »*, de la singularité de l'expérimentation racontée à la régularité objective des faits naturels. Entre 1630 et 1820, les réponses apportées à ce redoutable défi ne sont pas demeurées les mêmes. Ce sont leurs variations, leur succession ou leur recouvrement, qui constituent l'objet passionnant du livre.

Christian Licoppe distingue trois régimes de la preuve expérimentale. Le premier doit rompre avec l'ancienne distinction, venue de l'aristotélisme, qui affirmait la primauté de l'expérience du sens commun (l'*experientia*), par définition partagée et générale, sur l'épreuve artificielle (l'*experimentum*), toujours particulière, aléatoire, donc moins convaincante. La promotion de l'expérimentation au XVIIe siècle reste marquée par cette infériorité première. Pour s'imposer, la preuve expérimentale doit remplir deux conditions. D'une part, puisqu'il est fort difficile de reproduire les expériences, leurs résultats doivent être accrédités par des témoins dont le rang et l'autorité garantissent la parole. D'autre part, pour convaincre, l'expérimentation doit être spectaculaire, *« curieuse »*. De là, la forme donnée aux récits dont la démonstration se déploie selon l'enchaînement *« X fit et X vit »*.

Avec subtilité, Christian Licoppe note une différence dans la caractérisation de ce *« X »* de part et d'autre de la Manche. En Angleterre, où la publication imprimée des récits d'expérience devient ordinaire au cours du XVIIe siècle, *« X »* est un *« je »* individuel, qui convoque les lecteurs en tant que témoins virtuels de l'épreuve. En France, où les comptes rendus des expérimentations faites à l'Académie des sciences restent manuscrits jusqu'à la fin du siècle, *« X »* est un *« on »* qui renvoie à l'autorité anonyme de l'assemblée savante. Si l'expérimentation s'accorde aisément avec l'autonomie des membres de la Royal Society à l'égard de leur souverain, il n'en va pas de même en France où les exigences publiques de la preuve *« curieuse »* ne sont pas facilement accueillies par l'Académie qui tient sa légitimité collective et exclusive du roi seul. Le monarque absolu trouve, d'ailleurs, plus de contentement dans les disciplines mathématiques (géométrie, astronomie) propres à assurer sa puissance et sa gloire que dans les manipulations expérimentales dont il ne peut être que le plus éminent des spectateurs. La devise du roi, « *Nec pluribus impar* », tolère mal les pratiques où il n'est que « *primus inter pares* ».

A partir des commencements du XVIIIe siècle, ni le témoignage aristocratique, ni la démonstration spectaculaire ne suffisent plus à faire preuve. Celle-ci réside désormais dans la possible réplication des expérimentations. La répétition des mêmes *« effets »* devient le gage de la régularité et de la stabilité des phénomènes. Elle permet de construire des systèmes de causes, et non plus seulement de simples conjectures. Elle autorise également à transposer les expériences de laboratoire en procédés exploitables dans les ateliers et les manufactures ce qui conduit Christian Licoppe à la qualifier de preuve *« utile »*.

L'*« utilité »* définit une modalité nouvelle des échanges entre les savoirs et les métiers. Depuis longtemps, les livres de secrets artisanaux fournissaient à la philosophie naturelle les descriptions de procédures techniques qui lui étaient nécessaires pour constituer un vaste répertoire de *« lieux communs »* naturels. Au XVIIIe siècle, les termes de l'échange s'inversent. Ce sont les expérimentations de laboratoire qui sont proposées aux métiers, soit par la médiation de l'Etat, comme en France, soit par des transactions directes entre les savants et les entrepreneurs comme en Angleterre.

Triple séparation

Dans le dernier tiers du XVIIIe siècle, une triple séparation modifie, une nouvelle fois, le mode de validation des observations. Séparation, d'abord, entre le récit des circonstances de l'expérience et l'administration de la preuve, renvoyée aux rapports constants existant entre des valeurs numérisées. Séparation, ensuite, entre la possible multiplication des réplications et l'énoncé de lois générales dont la formulation ne dépend pas de ces répétitions. Séparation, enfin, entre l'utilité et l'exactitude, entre les instruments de mesure du savant et les machines des métiers.

L'espace expérimental se trouve recomposé par la preuve *« exacte »*. D'une part, le spectacle de la science, s'il garde ses adeptes, n'a plus rien de commun avec la procédure de la preuve, désormais déléguée aux instruments. D'autre part, la continuité et la précision des mesures, qui supposent une extrême discipline de la part de l'observateur, éloignent la pratique expérimentale de l'*ethos* aristocratique et la réservent à des exécutants mieux aptes à en accepter les contraintes. A l'intérieur de ce nouveau régime de preuve, Christian Licoppe repère deux modalités différentes. La modalité française minore les réplications, soumet le récit des mesures au discours de la loi, et ne se préoccupe guère des applications. L'anglaise, à l'inverse, refuse d'extrapoler trop vite à partir des mesures, s'attache à la répétition des expériences et à l'exactitude des instruments, et associe la science et les manufactures. De part et d'autre de la Manche, la mesure exacte fait désormais preuve, mais les manières de la définir ne sont point tout à fait identiques.

Le livre de Christian Licoppe démontre que c'est en analysant les liens noués entre les pratiques scientifiques et les conventions rhétoriques, entre les communautés savantes et les détenteurs des pouvoirs, que peut être véritablement construite une histoire des modalités du « dire vrai » selon l'expression de Foucault et des figures discontinues de la rationalité. Belle manière, je pense, de réconcilier ces frères (faussement) ennemis que sont l'épistémologie philosophique et l'histoire sociale des sciences. ■

Roger Chartier, *Le Monde* daté du 29.03.1996

POURQUOI CET ARTICLE ?

Dans cet article, Roger Chartier évoque la façon dont l'historien Christian Licoppe considère la place de l'expérience scientifique à partir de l'époque moderne : **l'expérience devient expérimentation**, c'est-à-dire moyen d'élaborer et de prouver des théories scientifiques qui rendent raison des phénomènes. Ainsi, la science acquiert un fondement solide qui permet la démonstration et la réfutation de théories sur la base de preuves.

La démonstration

Comme le remarquait Husserl, la volonté de démontrer est apparue en Grèce antique, aussi bien dans le domaine mathématique que dans celui de la logique. Être rationnel, l'homme a en effet la possibilité d'articuler des jugements prédicatifs dans des raisonnements en trois temps nommés syllogismes, et qui sont la forme même de la démonstration.

Pythagore.

Qu'est-ce que la logique formelle ?

Il existe différents genres de **jugements prédicatifs** qui vont permettre différents types de combinaisons. Il faut en effet distinguer quatre quantités dans nos jugements (universelle, particulière, indéfinie, singulière) et deux qualités (affirmative et négative). Par exemple, « tout S est P » est une proposition universelle affirmative, et « quelque S n'est pas P », une proposition particulière négative. Produire une démonstration, alors, c'est **combiner ces différents types de propositions en syllogismes**, en sorte que la conclusion s'impose nécessairement. Or, ce que remarque Aristote, c'est que certaines combinaisons sont possibles, mais que d'autres ne sont pas concluantes, quel que soit le contenu des propositions – on dira en de tels cas que le raisonnement est **formellement faux**. La logique formelle a alors pour but de montrer quelles sont les formes possibles d'un raisonnement cohérent, c'est-à-dire d'établir les règles formelles de la pensée, indépendamment du contenu de cette pensée.

Qu'est-ce qu'un syllogisme concluant ?

Un syllogisme est constitué de **deux prémisses** (une majeure et une mineure) et d'une **conclusion**. Par exemple, « tous les hommes sont mortels (prémisse majeure), or tous les philosophes sont des hommes (prémisse mineure) donc tous les philosophes sont mortels (conclusion) » : c'est-à-dire, « Tout A est B, or tout C est A, donc tout C est B ». Ce syllogisme, constitué d'une majeure, d'une mineure et d'une conclusion universelles affirmatives, est effectivement concluant (la conclusion est nécessairement déduite). Mais il existe des combinaisons incorrectes, comme : « Tout A est B, or quelque B est C, donc tout A est C » ; comme le montrera Leibniz, parmi les 512 combinaisons syllogistiques possibles, 88 seulement sont concluantes. Les autres sont des **paralogismes**, c'est-à-dire des syllogismes formellement faux. Quelle que soit la combinaison, il faut en fait, pour que le raisonnement soit concluant, **que la conclusion soit déjà contenue dans les prémisses** : c'est seulement dans ce cas qu'elle est nécessairement déduite, donc que le syllogisme est concluant du point de vue formel.

La logique formelle peut-elle constituer l'instrument de toute connaissance ?

Telle que nous l'avons définie, **la logique est une science formelle**. Comme telle, elle est une condition nécessaire, mais non suffisante, pour **la vérité d'une démonstration** : un syllogisme peut être concluant du point de vue formel, et faux du point de vue matériel, c'est-à-dire eu égard à son contenu. « César est un nombre premier ; or un nombre premier n'est divisible que par un et par lui-même ; donc César n'est divisible que par un et par lui-même » est un syllogisme formellement cohérent, mais absurde matériellement (dans son contenu).

D'ailleurs, un syllogisme pose ses prémisses comme étant vraies sans pour autant le démontrer. En fait, la logique n'a pas pour but de démontrer la vérité des prémisses, mais d'**établir toutes les déductions cohérentes qu'on peut en tirer** : si j'admets que la majeure est vraie, et si j'admets que la mineure est vraie, que puis-je en tirer comme conclusion ? Au début de chaque syllogisme, nous sous-entendons donc : **« s'il est vrai que »**. Les prémisses sont des hypothèses, et la logique en tant que telle ne peut produire que des raisonnements hypothético-déductifs. La logique n'augmente en rien notre connaissance, elle ne fait qu'expliciter une conclusion qui par définition devait déjà être contenue dans les prémisses, en ne tenant en outre aucun compte du contenu même des propositions. Aristote, nous dit Descartes, s'est trompé sur ce point : la logique, art de

MOTS CLÉS

APODICTIQUE

Du grec *apodeiktikos*, « démonstratif ». Un jugement apodictique énonce une vérité nécessaire ; c'est le cas des propositions de la logique et des mathématiques.
Se distingue chez Kant du jugement assertorique, qui énonce un fait contingent, simplement constaté, et du jugement problématique, qui énonce un fait possible.

AXIOME

Principe premier indémontrable d'un raisonnement déductif. Se distingue du théorème, qui est une proposition démontrée.Tend aujourd'hui à se confondre avec le postulat, pour désigner un principe accepté de manière purement hypothétique, sans que sa vérité ou sa fausseté puisse être tranchée.

CATÉGORIE

Chez Aristote, les catégories désignent les différentes modalités que prend le verbe *être* dans les jugements prédicatifs (par exemple le lieu, la quantité, la qualité, etc.). Chez Kant, les catégories sont les concepts *a priori* fondamentaux de l'entendement, qui permettent de lier et de classer les intuitions sensibles, rendant ainsi possible la connaissance. Elles sont regroupées sous quatre rubriques : quantité, qualité, relation et modalité.

CONNAISSANCE

Du latin *cognitio*, « action d'apprendre ». Activité de l'esprit par laquelle l'homme cherche à expliquer et à comprendre des données sensibles.
Le problème de l'origine et du fondement de la connaissance, ainsi que celui de ses limites, oppose en particulier Kant et les empiristes.

ÉPISTÉMOLOGIE

Du grec *épistémé*, « science », et *logos*, « discours ». Partie de la philosophie qui étudie la démarche scientifique et s'interroge sur les fondements de la science et la validité de ses énoncés.

JUGEMENT

Acte de la pensée par lequel on relie un prédicat (P) à un sujet (S) au moyen du verbe *être*. Le jugement prend donc cette forme : *S est P*. Par exemple, *le chien* (S) *est roux* (P) est un jugement d'expérience.

Raphaël, *L'École d'Athènes* (détail). Euclide et Archimède entourés d'élèves.

UN ARTICLE DU *MONDE* À CONSULTER

• **Les trois temps de la découverte scientifique** p. 61 (Nicolas Gompel et Benjamin Prud'homme, *Le Monde Science et médecine* daté du 01.06.2016)

la démonstration formelle, est l'art des démonstrations vides et en un sens, inutiles. Elle ne saurait servir de méthode ou d'instrument (en grec *organon*) à la connaissance en général.

Y a-t-il une autre méthode pour démontrer ?

Selon Pascal dans *L'Esprit de la géométrie*, c'est la mathématique, et plus exactement la **géométrie**, qui fournit à la connaissance le moyen de découvrir la vérité et de la démontrer : il ne faut employer aucun terme sans en avoir d'abord expliqué le sens, et n'affirmer que ce que l'on peut démontrer par des vérités déjà connues.

Pascal nomme « primitifs » des mots comme « espace » ou « temps », etc. : ce sont des termes premiers à l'aide desquels je définis la signification de tous les autres mots. Vouloir définir le temps, c'est donc vouloir définir un terme simple et premier par une suite de termes dérivés et complexes, en sorte que la définition serait elle-même plus compliquée que ce qu'elle est censée définir (autrement dit : ce n'est pas une définition !). Simplement, ce n'est pas parce que nous entendons intuitivement les mots primitifs que nous ne pouvons pas les définir : il faut plutôt dire que cette impossibilité où nous sommes n'est pas un problème, parce que nous avons de ces termes simples une entente intuitive et évidente.

La méthode géométrique ne nous conduit donc pas à vouloir tout définir, mais au contraire **à partir de termes absolument évidents pour définir les autres** et commencer nos déductions. C'est exactement ce que dit Descartes : la méthode de la connaissance, c'est la méthode géométrique, qui consiste à déduire des vérités de plus en plus complexes à partir d'**idées claires et distinctes**.

Ainsi, dans son *Éthique*, Spinoza va appliquer à la philosophie la méthode des géomètres : on pose des définitions et des axiomes dont on déduit tout le reste, y compris l'existence et la nature de Dieu.

La méthode géométrique peut-elle constituer l'organon de la connaissance ?

Leibniz montre qu'on ne peut généraliser la méthode géométrique à toute la connaissance : avec cette méthode, toutes les déductions reposent en effet sur des termes primitifs indéfinissables, mais réputés parfaitement clairs et évidents. Or, pour Leibniz, **l'évidence est un critère purement subjectif** : quand je me trompe, je prends une erreur pour une évidence, en sorte que l'évidence n'est pas à elle seule le signe de la vérité.

Kant, surtout, va démontrer que la méthode géométrique n'a de sens qu'en mathématiques : la définition du triangle me dit ce qu'est un triangle, mais pas s'il existe réellement quelque chose comme un triangle. La méthode géométrique est donc incapable de passer de la définition à l'existence. Cela n'a aucune importance en mathématiques : peu importe au mathématicien que le triangle existe réellement : pour lui, la question est simplement de savoir ce que l'on peut démontrer à partir de la définition du triangle et des axiomes de la géométrie. Mais quand la métaphysique entend démontrer l'existence de Dieu selon une méthode mathématique, elle est dans l'illusion, parce que **les mathématiques sont justement incapables de démontrer l'existence de leurs objets**. Selon Kant, le seul moyen à notre portée pour savoir si un objet correspond réellement au concept que nous en avons, c'est **l'expérience sensible**. Au-delà des limites de cette expérience, nous pouvons penser, débattre, argumenter, mais pas démontrer ni connaître.

MOTS CLÉS

JUGEMENT ANALYTIQUE, JUGEMENT SYNTHÉTIQUE

Distinction kantienne. Un jugement analytique est un jugement dont le prédicat est tiré du sujet, et qui, de ce fait, n'est qu'une explicitation qui ne nous apprend rien de neuf. À l'opposé, un jugement synthétique est un jugement dont le prédicat est ajouté au sujet sans qu'il en ait été tiré. Il n'y a de connaissance nouvelle que si le jugement qui l'énonce est synthétique. Kant montre que tous nos jugements synthétiques ne sont pas empiriques : il existe des jugements synthétiques *a priori*, par exemple dans les propositions des mathématiques et de la physique pure.

PRINCIPE DE NON-CONTRADICTION

Principe fondamental de la logique énoncé par Aristote et qui pose qu'il est impossible d'affirmer d'une chose (un sujet) quelque chose (un prédicat) et son contraire en même temps. Ainsi, si S (le sujet : *un chien* par exemple) est A (son prédicat : *roux* par exemple), il ne peut pas être dans le même temps ne pas être A (*le chien n'est pas roux*). C'est là une impossibilité logique.

SYLLOGISME

Raisonnement logique constitué de deux premières propositions (prémisses), à partir desquelles on peut déduire une troisième proposition qui en découle logiquement. L'exemple le plus célèbre de syllogisme est le suivant : *Tous les hommes sont mortels* (1), Or *les Grecs sont des hommes* (2), Donc *les Grecs sont mortels* (3). Les propositions 1 et 2 étant posées, la 3e s'ensuit nécessairement.

TAUTOLOGIE

Proposition répétitive dans laquelle le prédicat est identique au sujet. Elle prend la forme logique suivante : *A est A*. Par exemple : *un chien est un chien*.

Dissertation :
L'expérience peut-elle démontrer quelque chose ?

L'analyse du sujet

I. Les termes du sujet

• *L'expérience* :
– au sens commun, le vécu, le savoir et le savoir-faire acquis par la pratique.
– au sens philosophique, l'ensemble des perceptions sensibles.
– au sens scientifique, l'expérimentation, dans des conditions définies par un protocole et une méthode.

Aristote.

• *Peut-elle démontrer* :
– idée de possibilité, de capacité.
– idée de vérité totalement certaine et objective.
• *Quelque chose* :
– tout fait concret et réel, qu'il soit naturel, psychologique ou social.
– tout élément identifiable, même abstrait : une hypothèse, un résultat de calcul...

II. Les points du programme

• La démonstration.
• Théorie et expérience.
• La vérité.

La problématique

Si la connaissance acquise par l'expérience, notamment dans le milieu professionnel, est valorisante, offre-t-elle néanmoins un savoir démontré, prouvé ? N'est-elle pas au contraire toujours particulière, voire subjective ? Inversement, n'est-elle pas ce qui permet d'invalider une démonstration ?

Le plan détaillé du développement

I. L'expérience n'est pas un outil adéquat de démonstration.

a) La démonstration est utilisée en logique et en mathématique, où l'on procède par l'enchaînement nécessaire de propositions abstraites, sans lien avec des données de l'expérience.

b) L'expérience ne peut donner que des vérités particulières ou générales, mais jamais universelles ou nécessaires (*cf.* analyse d'Aristote).

« Une théorie peut être vérifiée par l'expérience, mais aucun chemin ne mène de l'expérience à la création d'une théorie. » (Einstein)

c) L'expérience, en tant qu'elle fait intervenir la perception sensible, est même susceptible de créer des illusions : elle nous donne à voir que le soleil tourne, par exemple.

Transition : D'un autre côté, l'expérience du pendule de Foucault démontre bien la rotation de la Terre.

II. L'expérience est requise dans toute démonstration.

a) L'expérience scientifique a une valeur de démonstration, puisque les paramètres sont au préalable définis par la raison, de telle sorte que le résultat soit probant (*cf.* analyse de Bachelard).

b) Inversement, un fait nouveau observé peut infirmer une théorie acceptée jusqu'alors. L'expérience peut alors prendre la valeur d'une preuve contraire (*cf.* analyse de Popper sur la falsifiabilité).

c) L'expérience au sens le plus courant est requise, y compris pour figurer des démonstrations géométriques, ou pour développer les aptitudes purement abstraites de l'esprit humain (*cf.* analyse de Leibniz sur le double rôle de l'inné et de l'acquis dans nos idées).

Conclusion

L'expérience ne démontre jamais à elle seule quelque chose, mais elle entre en ligne de compte, par vérification ou par réfutation, dans le processus de démonstration. ■

Ce qu'il ne faut pas faire

Parler de l'expérience seulement au sens scientifique.

Les bons outils

• Popper, *De la connaissance objective*, où l'auteur fait une analyse des opérations d'induction et de déduction (chapitre 1).
• Bachelard, *La Formation de l'esprit scientifique*.
• Pascal, *L'Esprit de la géométrie* ; *Pensées*.
• Aristote, *Analytiques*.
• Kant, *Critique de la raison pure*.

TEXTE CLÉ

Dans cet extrait, Pascal montre que le raisonnement géométrique est le modèle de tout raisonnement démonstratif, même si toute démonstration ne peut s'établir géométriquement.

Je ne puis faire mieux entendre la conduite qu'on doit garder pour rendre les démonstrations convaincantes, qu'en expliquant celle que la géométrie observe. Mais il faut auparavant que je donne l'idée d'une méthode encore plus éminente et plus accomplie, mais où les hommes ne sauraient jamais arriver : car ce qui passe la géométrie nous surpasse ; et néanmoins il est nécessaire d'en dire quelque chose, quoiqu'il soit impossible de le pratiquer. Cette véritable méthode, qui formerait les démonstrations dans la plus haute excellence, s'il était possible d'y arriver, consisterait en deux choses principales : l'une, de n'employer aucun terme dont on n'eût auparavant expliqué nettement le sens ; l'autre, de n'avancer jamais aucune proposition qu'on ne démontrât par des vérités déjà connues ; c'est-à-dire, en un mot, à définir tous les termes et à prouver toutes les propositions. [...] Certainement cette méthode serait belle, mais elle est absolument impossible : car il est évident que les premiers termes qu'on voudrait définir en supposeraient de précédents pour servir à leur explication, et que de même les premières propositions qu'on voudrait prouver en supposeraient d'autres qui les précédassent ; et ainsi il est clair qu'on n'arriverait jamais aux premières. Aussi, en poussant les recherches de plus en plus, on arrive nécessairement à des mots primitifs qu'on ne peut plus définir, et à des principes si clairs qu'on n'en trouve plus qui le soient davantage pour servir à leur preuve.

Pascal, *Pensées*

Les trois temps de la découverte scientifique

POURQUOI CET ARTICLE ?

Dans cet article, les deux auteurs mettent en évidence le fait que **les découvertes scientifiques ne se sont pas faites en un jour ni en un instant de fulgurance intellectuelle,** mais qu'elles se sont, au contraire, accomplies dans le temps et parfois dans la longue durée. C'est d'ailleurs là l'essence de la découverte scientifique pour les auteurs : il s'agit d'une **découverte mise à l'épreuve du temps et du jugement d'autrui.** Les trois temps que les auteurs distinguent sont celui de l'excitation de la découverte, celui de son partage avec la communauté scientifique et enfin celui de son **intégration aux connaissances générales de la science.**

Non, le triomphal *« eurêka ! »* n'est pas le cri universel du scientifique qui vient de faire une découverte. Au contraire, bien des chercheurs s'accorderont sur le fait que la réaction initiale en pareille circonstance ressemble plus à un *« ah, c'est marrant ! »*. Si de nombreuses expériences scientifiques sont conçues pour répondre à une question précise, et que le chercheur peut anticiper un nombre de réponses défini (par exemple oui ou non), il peut arriver que la réponse prenne une forme inattendue. Le résultat de l'expérience ne correspond en effet parfois à rien de ce qui était prévisible, provoquant alors une réaction spontanée de surprise et d'incrédulité.

Passé ce moment de stupeur, l'excitation prend le dessus et, avec elle, le besoin immédiat et irrépressible de partager la découverte. Ce partage répond à deux motivations bien distinctes. La première fait écho à une phrase de Sénèque, qui notait que *« les plus belles découvertes cesseraient de me plaire si je devais les garder pour moi »*. Si le plaisir de la recherche réside dans le fait de percer les mystères de la nature, la satisfaction que l'on en tire n'est pleine et entière que s'il y a des témoins, collègues chercheurs ou non. L'espoir est évidemment que la surprise et l'excitation seront partagées.

La deuxième motivation à partager un résultat inattendu relève d'un besoin de confirmation, de l'ordre de *« je ne rêve pas, vous voyez bien la même chose que moi, n'est-ce pas ? »*. Cette méfiance du chercheur envers lui-même, cette prise de distance vis-à-vis de ses propres biais d'interprétation, passe donc par les filtres d'autres chercheurs. Et c'est de ce dialogue, ce va-et-vient critique entre doute, interrogation et résistance à accepter la moindre conclusion en l'état, que va naître l'acceptation du résultat comme un fait. Il faudra ensuite lui donner du sens.

Ce troisième temps, celui de la rationalisation, va permettre à un résultat nouveau de trouver sa place au sein des connaissances existantes, quitte à remettre en cause certaines représentations. De nouvelles expériences permettront de consolider et de préciser les observations initiales, et de répondre aux premières questions qu'elles soulevaient (en particulier les critiques les plus brûlantes). Ce troisième temps est aussi celui de l'abstraction, où un résultat et son interprétation renvoient à des concepts généraux qui dépassent l'objet ou le phénomène étudié.

Ces trois temps de la découverte scientifique, de la surprise et l'excitation qu'elle génère au besoin impérieux de la partager, puis son interprétation et son intégration aux connaissances existantes, constituent un processus qui transforme progressivement une observation, initialement anecdotique, amusante ou déconcertante, en fait scientifique.

Les découvertes et leurs interprétations se façonnent et mûrissent au fil du temps, quelques jours, quelques semaines, ou même parfois quelques mois. Bien loin en tout cas de l'instantanéité d'un Archimède criant *« eurêka ! »* ou d'un Newton recevant le savoir comme une pomme sur la tête. Si des illuminations qui font progresser à grands pas peuvent jaillir au cours du processus, elles ne sont que les rares maillons d'une longue chaîne d'événements, jalonnée de petits pas et de consolidations progressives. ■

Nicolas Gompel et Benjamin Prud'homme (généticiens),
Le Monde Science et médecine daté du 01.06.2016

Le vivant(*)

La notion même de « vivant » est au cœur de nombreux débats contemporains : avec le développement de la génétique, l'homme a désormais le pouvoir inouï de travailler la vie comme un matériau, ce qui soulève de graves problèmes éthiques que la science à elle seule ne peut sans doute pas résoudre.

Bergson.

Comment définir ce qu'est le vivant ?

Selon Aristote, il faut distinguer les êtres animés des êtres inanimés, c'est-à-dire ceux qui ont une âme et ceux qui en sont dépourvus. Aristote nomme donc **« âme » le principe vital** de tout être vivant, et en distingue trois sortes. L'**âme végétative** est la seule que possèdent les végétaux : elle assure la nutrition et la reproduction. À celle-ci s'ajoute, chez les animaux, l'**âme sensitive**, principe de la sensation. L'homme est le seul de tous les vivants à posséder en plus une **âme intellective**, principe de la pensée.

On voit ici que l'âme végétative est de toutes la plus fondamentale : pour Aristote, vivre, c'est avant tout « se nourrir, croître et dépérir par soi-même ». Cela signifie que le vivant se différencie de l'inerte par une **dynamique interne**, par une **autonomie de fonctionnement** qui se manifeste dans un ensemble d'activités propres à maintenir la vie de l'individu comme de l'espèce.

Quelles sont les caractéristiques du vivant ?

Le biochimiste Jacques Monod pose trois caractéristiques propres au vivant : un être vivant est un individu indivisible formant un tout cohérent, possédant une dynamique interne de fonctionnement et doué d'une autonomie relative par rapport à un milieu auquel il peut s'adapter. La première caractéristique de tout être vivant, c'est alors la morphogénèse autonome qui se manifeste par exemple dans la cicatrisation : le vivant produit lui-même sa propre forme et est capable de la réparer. Ensuite, tout être vivant possède une invariance reproductive : les systèmes vivants en produisent d'autres qui conservent toutes les caractéristiques de l'espèce. Enfin, tout être vivant est un système où chaque partie existe en vue du tout, et où le tout n'existe que par ses parties : le vivant se caractérise par sa téléonomie, parce que c'est la fonction qui définit l'organe. On nomme organisme cette organisation d'organes interdépendants orientée vers une finalité.

La finalité est-elle nécessaire pour penser le vivant ?

Dans le vivant, la vie semble être à elle-même sa propre finalité : c'est ce que Kant nomme la « finalité interne ». Le vivant veut persévérer dans l'existence, et c'est pourquoi il n'est pas indifférent à son milieu, mais fuit le nocif et recherche le favorable. **La vie veut vivre** : tout dans l'être vivant semble tendre vers cette fin.

Devant l'harmonie des différentes parties d'un organisme, il est alors tentant de justifier l'existence des organes par la nécessité des fonctions à remplir, et non l'inverse, en faisant comme si l'idée du tout à produire guidait effectivement la production des parties. Cela présuppose que l'effet ou la fin sont premiers, ce qui est scientifiquement inadmissible : la **biologie** va opposer à notre compréhension naturelle du vivant par les fins une **explication mécaniste**.

MOTS CLÉS

ÂME

Du latin *anima*, « souffle, principe vital ». Désigne, chez Aristote, la forme immatérielle qui anime tout corps vivant, et qui se manifeste à travers les différentes activités que sont la nutrition, la sensation ou l'intellection. Les stoïciens et les épicuriens en font une réalité matérielle.

Dans la tradition chrétienne et chez Descartes, l'âme est rapportée à la pensée, propre à l'homme ; séparable du corps, elle est considérée comme immortelle.

BESOIN

Exigence ou nécessité naturelle, d'ordre physiologique, dont l'assouvissement est nécessaire au maintien de la vie.

À distinguer des besoins acquis ou artificiels, d'ordre psychologique ou social.

BIOLOGIE

La biologie est l'étude, la science (*logos*) de la vie (*bios*). Ce terme a été forgé au XIXe siècle dans le but de désigner la spécificité propre au phénomène de la vie qui se distingue radicalement des autres phénomènes naturels étudiés par les autres sciences (physique, chimie, biologie, etc.).

FINALITÉ, FIN

But, intention. Parler de finalité naturelle, c'est faire référence au fait que « la nature ne fait rien en vain » (Aristote) : tout dans la nature serait organisé suivant une fonction, un but harmonieux.

Kant remarque cependant que si, surtout dans le vivant, tout semble être finalisé, on ne peut cependant démontrer l'existence d'une telle finalité objective dans la nature.

INNÉ

Est inné ce qui est donné avec un être à sa naissance et appartient de ce fait à sa nature. S'oppose à acquis.

Un des problèmes essentiels est de déterminer, chez l'homme, les parts respectives de l'inné et de l'acquis.

(*) Hors programme en Terminale ES.

Qu'est-ce que l'explication mécaniste du vivant ?

C'est Descartes qui fonde l'entente mécaniste du vivant : il s'agit de comprendre l'organisme non plus à partir de fins imaginées, mais à partir des causes constatables (ne plus dire par exemple que l'œil est fait pour voir, mais décrire les processus par lesquels l'œil transforme un stimulus visuel en influx nerveux). Il faut pour cela réduire le fonctionnement du corps vivant à un **ensemble de mécanismes physiques et chimiques** pour pouvoir en dégager des lois.

Ainsi, la biologie moderne se rapproche de plus en plus de la physique, et la biologie moléculaire semble achever le projet cartésien d'une mécanique du vivant : lorsqu'on l'analyse, la vie se résume finalement à des échanges chimiques et physiques... qui sont aussi valables pour l'inerte !

Peut-on connaître le vivant ?

Remarquons le paradoxe : **pour connaître le vivant, il faut le détruire**. La dissection tue l'animal étudié, et la biochimie énonce des lois qui ne sont plus spécifiques au vivant : une cellule cancéreuse, une cellule saine et même la matière inerte obéissent aux mêmes lois chimiques. La vie est un concept que la biologie n'a cessé de réfuter, parce qu'il n'est pas étudiable scientifiquement : les problèmes éthiques contemporains se posent, parce que pour le biochimiste, il n'y a plus de vie à respecter (il n'y a pas de vie dans une molécule d'ADN), il n'y a qu'une organisation particulière de la matière.

Bergson montre que l'intelligence a pour rôle d'analyser et de décomposer : au fur et à mesure qu'elle s'empare du vivant, elle le décompose en des réactions mécaniques qui nous font perdre le vitalisme de la vie.

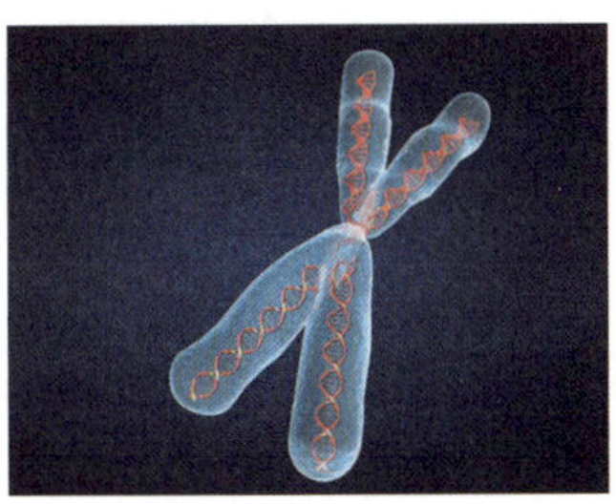

Chromosome.

La biologie est-elle une science impossible ?

La biologie moderne se rapproche de plus en plus de la biochimie ; par là, elle perd son objet : la vie. Le biologiste Jacob von Uexküll envisage une autre possibilité : ne plus considérer le

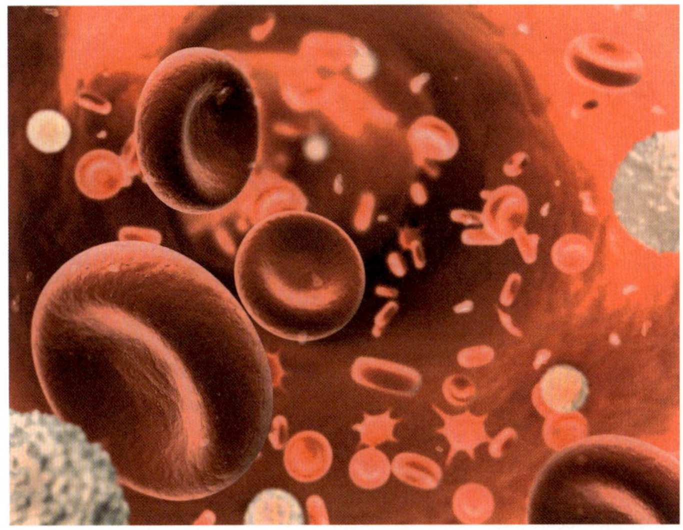

Cellules sanguines.

vivant comme un objet d'études, mais comme un sujet ouvert à un milieu avec lequel il est en constante interaction.

Comprendre le vivant, ce n'est pas le disséquer ou l'analyser, c'est **établir les relations dynamiques qu'il entretient avec son environnement** : chaque espèce vit dans un milieu unique en son genre et n'est sensible qu'à un nombre limité de stimuli qui définissent ses possibilités d'action. La vie se définit alors non comme un **ensemble de normes et de lois** analysables, mais comme une « normativité » (Canguilhem). Ce qui caractérise le vivant, ce n'est pas un ensemble de lois mécaniques, c'est qu'il est capable de s'adapter à son milieu en établissant de nouvelles normes vitales.

UN ARTICLE DU *MONDE* À CONSULTER

- **Les leçons de la nature** p. 65
(Dominique Meyer, *Le Monde* daté du 27.10.2004)

MOTS CLÉS

INSTINCT
Comportement automatique et inconscient des animaux, sous la forme d'actions déterminées, héréditaires et propres à une espèce, ordonnées en vue de la conservation de la vie. L'instinct est susceptible d'adaptation chez les animaux supérieurs. Seul l'homme semble en être dépourvu, d'où la nécessité de l'éducation.

LOI
En physique une loi est une relation constante à valeur universelle et nécessaire qui régit les phénomènes naturels.

MACHINE
Du grec, *mèchanê*, « ruse ». Traditionnellement, la machine est considérée comme une ruse contre la nature. Elle sert de modèle à la science et notamment à la physique. La nature entière peut ainsi être considérée comme une machine dont il s'agit de percer les rouages.

NATURE
Désigne au sens large ce qui existe indépendamment de l'action humaine, ce qui n'a pas été transformé. Naturel s'oppose alors à artificiel, ou culturel. Aristote définit la nature comme ce qui possède en soi-même le principe de son propre mouvement, autrement dit comme ce qui possède une spontanéité autonome de développement.

ORGANISME
Être composé d'organes différenciés caractérisés par leur interdépendance et leurs fonctions spécifiques. Seul le vivant est ainsi organisé.
Par analogie, on parlera d'organisme à propos du corps social.

TÉLÉOLOGIE
Du grec *telos*, « fin », et *logos*, « discours ». Étude de la finalité, en particulier dans la nature vivante.

VITALISME
Doctrine issue d'Aristote qui pose un principe vital dynamique pour rendre compte des activités du vivant. Contre le matérialisme et le mécanisme, le vitalisme pose l'irréductibilité des phénomènes de la vie à leurs conditions physico-chimiques.

Dissertation : Le vivant peut-il être considéré comme un objet technique ?

L'analyse du sujet

I. Les termes du sujet

• *Le vivant* :

– sens scientifique, tout élément possédant des propriétés biologiques.

• *Peut-il être considéré comme* :

– sens théorique et descriptif, « compris », « expliqué » selon le modèle de l'objet technique.

– sens pratique et moral, « utilisé », « construit » de façon semblable à l'objet technique.

• *Un objet technique* :

– objet artificiel et non naturel.

– objet destiné à produire un résultat, à assurer une fonction.

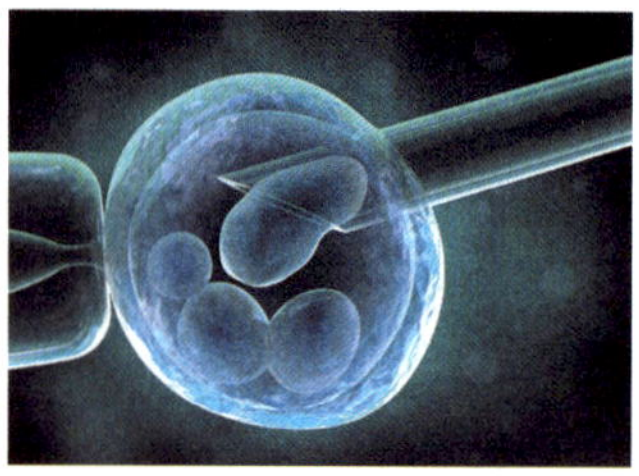

Insémination artificielle.

II. Les points du programme

– Le vivant.

– La technique.

– La morale.

L'accroche

Dans le film *L'Ascenseur* (1984, Dick Maas), un objet technique devient un organisme vivant. Or, sans qu'il s'agisse de science-fiction, peut-on considérer le vivant comme un objet technique ?

La problématique

Un organisme vivant a-t-il des propriétés et un mode de fonctionnement qui l'apparentent à une machine ? Est-il légitime de l'utiliser et de le traiter comme un objet, en vue d'un résultat à produire ?

Le plan détaillé du développement

I. Le vivant a des propriétés et une valeur qui dépassent l'objet technique.

a) Le vivant possède la faculté autonome de se reproduire, de se développer, grâce à ses échanges avec la réalité extérieure ; la machine, non (*cf.* distinction établie par Kant).

b) Le vivant est un ensemble indéfectible, dont on ne peut simplement assembler et remplacer les parties de l'extérieur : une greffe est ainsi spontanément rejetée par l'organisme.

c) L'objet technique est inventé, imaginé par l'esprit humain, et peut être produit en série.

> « Chaque corps organique vivant est une espèce de machine divine. » (Leibniz)

Le vivant répond à des lois qui échappent encore à la connaissance humaine, et rien n'est exactement identique entre deux organismes semblables.

Transition : Pourtant, le clonage est désormais réalisable sur des animaux.

II. Le vivant possède des propriétés mécaniques, naturelles ou artificielles.

a) La notion de finalité et de fonction justifie l'analogie entre la technique et le vivant : chaque élément a sa place dans l'organisation d'ensemble (*cf.* analyse de Descartes).

b) Inversement, des organismes vivants sont utilisés, voire inventés aujourd'hui, pour leur fonction et leur efficacité technique (OGM résistants aux pesticides, cellules souches, etc.).

Transition : Pourquoi continuer à faire une différence et quelle différence faire ?

III. Vivant et machine se distinguent par leur valeur.

a) L'objet technique n'a d'autre réalité que sa fonction. Il est construit pour cela.

b) Le vivant est capable de s'adapter, et comprend un degré d'adaptation plus grand selon la complexité de son organisation (*cf.* analyse de Bergson montrant le lien entre la conscience et la vie).

c) Parmi les êtres vivants, les hommes en particulier ne peuvent être réduits à une pure fonction, leur enlevant le statut de personnes.

Conclusion

Le vivant ne peut être considéré comme un simple objet technique, non parce que l'analogie est absurde théoriquement, mais parce que la confusion est dangereuse pratiquement et moralement.

Les bons outils

• Bergson, *Matière et mémoire*, *La conscience de la Vie.*

• Descartes, *Lettre au marquis de Newcastle* (théorie des animaux machines, car étant dépourvus de pensées).

• Darwin, *De l'origine des espèces.*

Ce qu'il ne faut pas faire

Restreindre le devoir à des exemples de science-fiction, ou à des idées de « progrès » futurs.

TEXTE CLÉ

Dans cet extrait, Cuvier montre à quel point la vie se définit comme totalité organique de parties indissociables.

Tout être organisé forme un ensemble, un système unique et clos, dont les parties se correspondent mutuellement et concourent à la même action définitive, par une réaction réciproque.

Aucune de ces parties ne peut changer sans que les autres changent aussi, et par conséquent chacune d'elles, prise séparément, indique et donne toutes les autres : ainsi, si les intestins d'un animal sont organisés de manière à ne digérer que de la chair récente, il faut aussi que ses mâchoires soient construites pour dévorer une proie ; ses griffes, pour la saisir et la déchirer ; ses dents, pour la couper et la diviser ; le système entier de ses organes du mouvement, pour la poursuivre et pour l'atteindre ; ses organes des sens, pour l'apercevoir de loin ; il faut même que la nature ait placé dans son cerveau l'instinct nécessaire pour savoir se cacher et tendre des pièges à ses victimes. Telles seront les conditions générales du régime carnivore : tout animal destiné à ce régime les réunira infailliblement, car sa race n'aurait pu subsister sans elles, mais sous ces conditions générales, il en existe de particulières, relatives à la grandeur, à l'espèce, au séjour de la proie pour laquelle l'animal est disposé ; et de chacune de ces conditions particulières résultent des modifications de détail dans les formes qui dérivent des conditions générales ; ainsi non seulement la classe, mais l'ordre, mais le genre, et jusqu'à l'espèce, se trouvent exprimés dans la forme de chaque partie.

Georges Cuvier, *Discours sur les révolutions de la surface du globe, et sur les changements qu'elles ont produits dans le règne animal*

Les leçons de la nature

Hostile ou accueillante, la nature cache aux hommes ses mystères, ne leur offrant à admirer que sa beauté. Mais les scientifiques, insatiables et fous du désir d'en violer les secrets, nous dévoilent sans cesse de nouvelles raisons d'être séduits. Autour de nous, il n'y a pas de plus simples, de plus parfaites leçons d'harmonie qu'une rose, le vol d'un oiseau ou le mouvement des vagues, mais c'est en biologiste que j'aimerais vous parler d'autres accords de la nature, aux charmes plus austères.

Chacun de nous, l'éphémère, l'olivier millénaire, naît d'une seule cellule, fruit de tant d'attirance. Un miracle qui représente, aux yeux de François Jacob, *« le phénomène le plus stupéfiant, l'histoire la plus étonnante qu'on puisse raconter sur cette terre »*.

Cette histoire commence avec l'espoir de toute cellule : se diviser. Encore faut-il qu'elle le fasse au bon moment, au bon endroit, de bonne façon, comme l'exige la construction réussie d'un organisme vivant.

Cette aventure risquée suppose un enchaînement parfaitement harmonieux entre – nombre à peine croyable – des centaines de milliers de réactions inscrites dans le programme génétique de chaque cellule, réactions qui se suivent, se chevauchent, se croisent en un ballet d'une formidable complexité.

Un défi pour les biologistes du développement, qui vont pas à pas proposer les clés de cette organisation a priori inextricable. Ils découvrent que des gènes régulateurs, innombrables architectes, induisent et maîtrisent par de multiples combinatoires hiérarchisées la destinée topographique et fonctionnelle des cellules embryonnaires. Cellules ainsi conduites, après migration, à se différencier de façons très variées pour constituer les divers organes, chefs-d'œuvre de conception et de réalisation, de rigueur et de précision.

Les plus fameux de ces gènes régulateurs ont eu le privilège d'enchanter les généticiens. Avec stupéfaction, ils ont découvert que les gènes de la famille Hox, mettant en place le plan d'organisation d'un embryon humain, étaient extrêmement proches de gènes jouant un rôle comparable chez un ensemble d'animaux et de végétaux.

La souris côtoie ici la célèbre mouche drosophile, mais aussi *Caenorhabditis elegans*, petit ver devenu la coqueluche des biologistes, et même une plante à fleurs, *Arabidopsis thaliana*. Ainsi, merveille de l'unité du monde vivant, nous partageons ces gènes rescapés de l'évolution avec nos ancêtres communs d'il y a plus d'un milliard d'années.

Hélas, le chaos menace à tout instant l'harmonie du développement. On le découvre lorsque l'un des exécutants de la fragile partition fait une fausse note : la moindre mutation, le plus petit décalage dans l'expression d'un gène peuvent alors être redoutables. [...]

Claude Bernard a écrit : *« La vie c'est la création »*, tout en ajoutant : *« La vie c'est la mort »*, montrant ainsi combien construction et destruction sont complémentaires dans la nature. Développant cette idée, il y a quelques mois, Nicole Le Douarin soulignait [...] à quel point la destruction cellulaire programmée, dénommée « apoptose », compense la prodigalité de la nature et fait partie de l'embryogénèse. Cette apoptose, en assurant la survie des cellules les plus utiles, représente donc pour l'organisme une forme d'harmonie mais, osons la contradiction, une funeste harmonie, fondée sur l'existence, dans chaque cellule, d'un programme génétique létal.

L'hécatombe est particulièrement lourde pour les cellules nerveuses embryonnaires. Les infortunés neurones qui ont développé peu de connexions ou les ont mal conduites sont éliminés au profit d'une sorte de darwinisme neural, autrement dit d'une sélection bénéfique.

De même, certains d'entre nous ignorent peut-être qu'en souvenir de quelque ancêtre aquatique leurs mains et leurs pieds étaient palmés à un stade de leur développement, et qu'ils doivent la liberté de leurs doigts à une destruction cellulaire opportune.

Plus tard dans la vie, l'apoptose va connaître des égarements : défaillante, elle épargnera d'indésirables cellules cancéreuses ; excessive, elle détruira de précieux neurones.

Enfin, surprise, mais confirmation de l'unité du monde vivant, ce phénomène concerne aussi les plantes et leur permet de se protéger de leurs ennemis en créant dans leurs feuilles ces trous qui nous intriguent, vraie stratégie de la terre brûlée.

Chez un très grand nombre d'êtres vivants, le développement conduit à un organisme qui frappe par sa symétrie. Le sentiment d'harmonie inspiré par les symétries de la nature a vraisemblablement accompagné l'homme dès ses origines, probablement aussi contribué à son sens esthétique. L'importance de la notion de symétrie dans les sciences ne se limite pas aux êtres vivants. Pierre Curie fit une étude de la symétrie des états physiques et postula que, pour un phénomène, *« les éléments de symétrie des causes doivent se retrouver dans les effets produits »*.

Très récemment, Edouard Brézin a pu écrire : *« La symétrie détermine le monde. »* Mais la nature aime aussi nous jouer des tours et cacher derrière une apparence symétrique de remarquables asymétries. Non seulement notre cœur n'est pas au milieu de la poitrine, mais, à la suite de Pasteur, les biologistes ont découvert que les molécules constitutives du monde vivant étaient, comme la main, non identiques à leur image dans un miroir, et cette chiralité s'est révélée universelle ; ainsi, les hélices d'ADN tournent vers la gauche chez tous les êtres vivants. Cette différence avec la matière inerte reste l'une des énigmes concernant l'origine de la vie.

Construits avec tant de rigueur, tant de raffinement, mais tant d'aléas, les êtres vivants émerveillent par la richesse de leurs fonctions, fonctions éparses que Claude Bernard aura le génie de rapprocher : *« Tous les phénomènes du corps vivant sont dans une harmonie réciproque telle qu'il paraît impossible de séparer une partie de l'organisme sans amener immédiatement un trouble dans tout l'ensemble. »* Pour asseoir sa thèse, il invente le concept de *« milieu intérieur »*, entité groupant sang et liquides organiques, sorte de mer intérieure protectrice qui baigne les cellules et s'efforce de les mettre à l'abri des tempêtes de l'environnement ; c'est ce qu'on appellera plus tard l'homéostasie.

Dès lors, les physiologistes vont penser autrement. Ils comprennent que chaque organisme vivant doit être considéré comme un tout fonctionnel, véritable société formée de cellules très diversement spécialisées, mais unies dans l'harmonie d'une aventure commune. Processus aussi vrai pour le petit ver aux 959 cellules que pour l'homme, qui en compte plus de 100 000 milliards. [...]

L'immunologie réserve parfois des surprises, et plus elle a progressé, plus a été stupéfiante l'absence, chez les humains et les autres vivipares, de réaction immunologique de la mère vis-à-vis du fœtus, bien que celui-ci soit étranger par l'apport génétique paternel. Cette tolérance mystérieuse autorise la plus belle des harmonies.

C'est dans une tout autre forme d'interdépendance que vivent beaucoup d'animaux et de végétaux. En voici trois exemples très courts :

– harmonie trop parfaite : les colonies de fourmis répètent inlassablement et sans fantaisie ce que leur dicte leur programme génétique, avec, pour seul objet, la reproduction de l'espèce ;

– harmonie trahie : les mitochondries de nos cellules et les chloroplastes des végétaux, structures précieuses, étaient, dans un très lointain passé, des bactéries vivant en symbiose, qui ont ultérieurement été annexées au détriment de leur individualité ;

– harmonie pittoresque : « La Vanille et la Mélipone » pourrait être le titre d'une fable de La Fontaine. Elle raconterait comment des plants de vanille mexicains, introduits à la Réunion, n'avaient pu s'y reproduire. Que leur manquait-il ? Tout simplement leur compagne américaine pollinisante, l'hyménoptère mélipone, qu'aucun insecte réunionnais ne pouvait remplacer. [...]

Privilégiés de l'évolution, nous ne sommes pourtant que l'un des éléments de l'immense chaîne de solidarité des mondes animal et végétal, tributaires, nous aussi, des cycles de l'azote, du carbone et de l'oxygène, donc de la providentielle photosynthèse placée sous la tutelle du Soleil.

Dans *Les Nouvelles Nourritures*, Gide dit à Nathanaël : *« Tu n'admires pas comme il le faudrait ce miracle étourdissant qu'est ta vie. »* Ecoutons-le et goûtons ces harmonies : ce sont nos vies, nos actions, nos plaisirs.

Dominique Meyer, *Le Monde* daté du 27.10.2004

POURQUOI CET ARTICLE ?

Dans cet article, la biologiste Dominique Meyer évoque le spectacle de la nature, étonnant et fascinant pour l'homme. Celui-ci y découvre une forme d'harmonie et de perfection, mais aussi de jeu et de fantaisie qui l'amènent à la contemplation de la faune et de la flore. L'auteur illustre ici à travers de nombreux exemples précis, empruntés à la biologie, **le mystère et la perfection de la nature** qui furent une source de questionnement philosophique depuis l'origine grecque de la philosophie.

La matière et l'esprit

La matière est ce qui est le plus élémentaire, au sens où c'est ce qui existe indépendamment de l'homme, comme ce qui est susceptible de recevoir sa marque, la marque de l'esprit. La définition est ici nominale : est matière ce qui n'est pas esprit, et inversement. Pourtant, matière et esprit sont-ils deux réalités que tout oppose ?

L'atomiste Démocrite.

Qu'est-ce que la matière ?

Couramment, la matière désigne **l'inerte**, par opposition au vivant : c'est la pierre, le bois, la terre, bref, ce qui est inanimé, c'est-à-dire qui ne possède pas d'**âme** au sens qu'Aristote donne à ce terme (le principe vital interne à tout être vivant). Pourtant, l'être vivant est lui aussi composé d'une matière : la distinction de départ est donc insuffisante.

En fait, ce qui caractérise la matière, c'est d'abord un défaut de détermination. La matière est **sans forme** : ce n'est qu'une fois mise en forme qu'elle est délimitée et déterminée, par exemple, une fois que l'argile a reçu la forme d'une cruche. C'est ainsi qu'Aristote considère toute chose concrète comme un composé de forme et de matière, ou **composé hylémorphique** (de *hylé*, « matière », et *morphè*, « forme », en grec). La matière n'est alors ici que le support sans forme propre de déterminations formelles.

« Tout ce qui est réel est rationnel, tout ce qui est rationnel est réel. » (Hegel)

Qu'est-ce qui oppose la matière à l'esprit ?

Si la matière est ce qui manque de détermination, l'homme est par excellence l'être qui va **lui donner forme par son travail**. Or, ce travail de transformation n'est possible que parce que l'homme, comme le dit Hegel, « est esprit ». Parce qu'il a une **conscience**, l'homme peut sortir de lui-même et aller vers le monde, pour le ramener à lui et se l'approprier, ne serait-ce que dans la perception.

Parce qu'il est esprit ou « être pour soi », l'homme est capable de ce double mouvement de sortie hors de soi et de retour à soi, ce qui l'oppose précisément à la matière, ou « être en soi », qui est incapable de sortir hors de ses propres limites.

La matière est-elle ce qui n'a pas de conscience ?

Pour Hegel, la distinction entre la matière et l'esprit rejoint la distinction entre **être conscient de soi et être non conscient de soi** : en ce sens, l'esprit désigne tout ce qui porte la marque de l'homme (un produit du travail humain ou une œuvre d'art) et la matière, tout ce qui est étranger à l'homme et n'est qu'un support possible pour ses activités : les choses de la nature, dans la mesure où elles existent indépendamment de toute intervention humaine et n'ont pas encore été transformées, sont matière. La matière est donc ce qui n'a pas de conscience et ce dont l'esprit a conscience.

Matière et esprit s'excluent-ils nécessairement ?

Telle est la position de Descartes, qui pose d'emblée l'existence de deux substances distinctes : **« la substance pensante » et « la substance étendue »**, la première caractérisant l'homme en tant qu'il pense et se pense, et la seconde caractérisant la matière corporelle, pure étendue géométrique. Pourtant, cette distinction pose problème : comment penser en effet l'union étroite de « la substance pensante » et de « la substance étendue » que tout oppose, c'est-à-dire **l'union de l'âme et du corps** dans l'être humain ?

Si cette union va de soi dans la vie courante (je veux mouvoir ma main, et je la meus) comment l'expliquer sur le plan métaphysique ? Descartes pose l'existence « d'esprits animaux », sortes d'influx nerveux assurant la communication entre l'esprit et le corps ; Spinoza, mais aussi Leibniz et Bergson, montreront que cette solution n'est pas satisfaisante.

MOTS CLÉS

COMPOSÉ HYLÉMORPHIQUE

De *hulé*, « la matière », et *morphé*, « la forme ». Désigne chez Aristote toute chose individuelle concrète : un lit, par exemple, est composé de matière (le bois) et de forme (la forme du lit, qui le définit).

ESPRIT

Du latin *spiritus*, « souffle ». Désigne, au sens large, par opposition au corps matériel, le principe immatériel de la pensée.
Chez Pascal, l'esprit, qui permet la connaissance rationnelle, s'oppose au cœur, par lequel l'homme s'ouvre à la charité et à la foi.
Chez Hegel, l'esprit est le mouvement de se reprendre soi-même dans l'altérité. Il désigne ainsi le mouvement même de la conscience.

ÉTENDUE

L'étendue d'un corps, c'est la portion d'espace que celui-ci occupe dans le réel. C'est parce que les corps sont dans l'espace qu'ils sont étendus. Chaque corps occupe l'espace de manière spécifique.

IDÉALISME/ MATÉRIALISME

L'idéalisme est une doctrine qui accorde un rôle prééminent aux idées. On pourra parler ainsi de l'idéalisme de Platon, qui accorde plus de réalité et de dignité aux idées qu'aux réalités sensibles. La notion d'idéalisme allemand renvoie aux philosophies de Kant, Hegel, Fichte et Schelling. L'idéalisme s'oppose au matérialisme, doctrine qui considère la matière comme la seule réalité existante, qui explique tout, y compris la vie spirituelle, à partir de la matière. L'atomisme antique de Démocrite et d'Épicure est un matérialisme.

Comment penser une participation de la matière à l'esprit et de l'esprit à la matière ?

Dans son ouvrage *Matière et mémoire*, Bergson entend réconcilier ce que Descartes avait opposé et montrer que l'insertion de l'esprit dans la matière est possible, parce que l'esprit et la matière ont au fond le même mode d'être : **ils sont deux formes de la durée**.

La matière en elle-même n'est pas, comme le croyait Descartes, l'espace géométrique que nous présente la science, mais un ensemble de vibrations continues, dont les moments se pénètrent sans rupture comme les notes d'une mélodie. Nous n'envisageons la matière comme divisible en objets extérieurs les uns aux autres que pour les besoins de l'action et sous l'influence du langage qui en nommant, crée des distinctions. De même pour l'esprit : il n'est pas en lui-même composé d'états de conscience discontinus et homogènes. Chaque moment de la vie de l'esprit contient tous les autres et n'est que leur développement continu.

Ce que Bergson nomme « durée » permet donc de penser sous un même concept l'esprit et la matière.

L'esprit se réduit-il à de la matière ?

La question est encore aujourd'hui vivement débattue. Selon **la thèse moniste** (du grec *monos*, un), l'esprit n'est qu'une configuration particulière de la matière. Cette thèse est celle de Gilbert Ryle : nous croyons qu'une entité séparée et réelle correspond au mot « esprit », et nous en faisons un « fantôme dans la machine » qu'est le corps. En réalité, **« corps » et « esprit » désignent non pas deux ordres, mais deux faces d'une même réalité** ; la question est simplement de savoir si l'activité spirituelle se réduit finalement à l'activité physico-chimique du cerveau (thèse réductionniste), ou si le cerveau peut être conçu sur le modèle d'un ordinateur, c'est-à-dire comme un système computationnel de traitement d'informations (thèse fonctionnaliste). On peut cependant objecter que la seule chose qui s'atteste dans les neurosciences, c'est une solidarité entre l'activité cérébrale et la conscience ; cela ne signifie pas que la conscience soit réductible à des états cérébraux (Bergson). La question est surtout morale : faire de l'esprit un processus physico-chimique ou un emboîtement de fonctions, cela ne revient-il pas à mécaniser l'homme, c'est-à-dire à nier la liberté et la dignité humaine ?

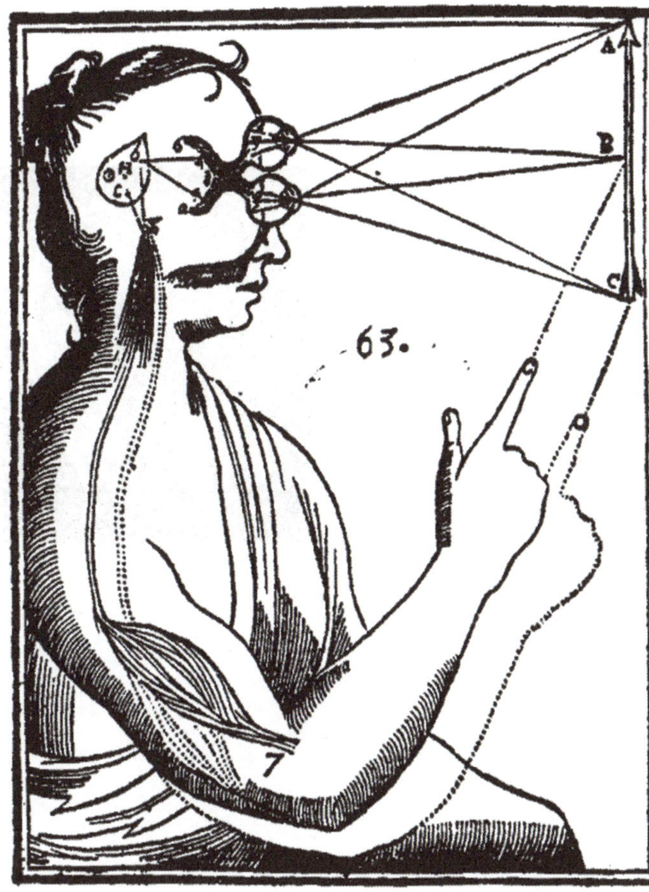

Dispositif optique extrait du *Traité de l'homme* de Descartes.

« Je crois la pensée si peu incompatible avec la matière organisée qu'elle semble en être une propriété » (La Mettrie)

UN ARTICLE DU *MONDE* À CONSULTER

• **« Le vrai danger : ne pas se servir de l'intelligence artificielle »** p. 69
(Propos recueillis par Chloé Hecketsweiler, *Le Monde Éco et entreprise* du 08.09.2015)

MOTS CLÉS

IDÉE

Du grec *idein*, « voir ». L'idée est ce par quoi la pensée unifie le réel. La question de l'origine et de la nature des idées divise les philosophes. Descartes soutient que nous avons en nous des idées innées, alors que Hume leur attribue une origine empirique.

Il faut distinguer, chez Kant, l'idée du concept : l'idée, produite par la raison, est un principe d'unification du réel supérieur au concept, produit par l'entendement.

MATIÈRE, FORME

Opposition aristotélicienne. La matière est le substrat indéterminé que la forme vient déterminer. La forme d'une chose est ainsi non seulement son contour, mais surtout son essence, ce qui la définit. Un composé de matière et de forme est un composé hylémorphique.

MONISME

Du grec *monos*, « un seul ». Terme crée par Christian Wolff pour désigner un système philosophique dans lequel la totalité du réel est considérée comme une substance unique.

SENSIBLE/ INTELLIGIBLE

Est dit sensible tout ce qui concerne les objets accessibles au moyen des cinq sens. Est dit intelligible tout ce qui concerne l'intellect et ses objets (idées, nombres).

SUBSTANCE

Du latin *substare*, « se tenir en-dessous ». Au sens strict, chez Descartes, la substance est ce qui n'a besoin de rien d'autre pour exister : seul Dieu est tel.

Mais en un autre sens, la substance est le support permanent des attributs ou qualités : ainsi la « substance pensante » a pour attribut principal la pensée.

Dissertation :
La matière est-elle plus facile à connaître que l'esprit ?

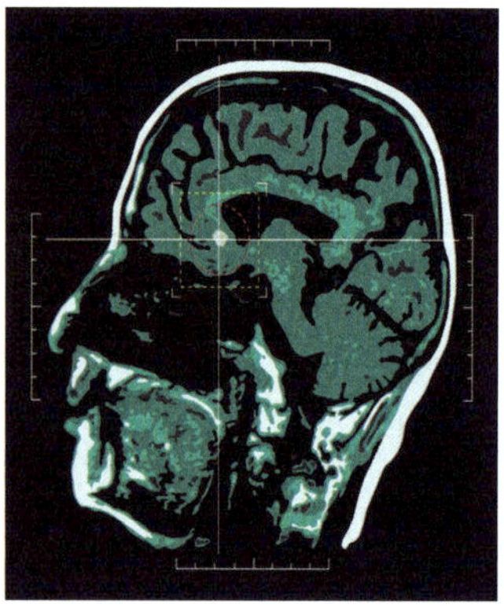

L'analyse du sujet

I. Les termes du sujet

• *La matière* :
– substance fondamentale des choses.
– tous les éléments, tous les niveaux d'organisation de cette substance : atomes, molécules, corps, objets...

• *L'esprit* :
– faculté de penser sous toutes ses formes : conscience, idées, réflexion...
– « réalité » immatérielle ; substance supposée être distincte du corps.

• *Plus facile à connaître* :
– exigence de savoir, de vérité.
– baisse des efforts, des difficultés, des obstacles.

II. Les points du programme

• La matière et l'esprit.
• La conscience.
• La vérité.
• L'interprétation.

L'accroche

Le cerveau est peu à peu décrypté et cartographié par la science.

La problématique

La structure de la matière n'est-elle pas plus accessible à l'analyse et à l'observation que l'esprit ? L'esprit sous toutes ses formes peut-il être vraiment appréhendé de façon objective ? Cependant, la science n'a-t-elle pas également des difficultés à définir précisément ce qu'est la matière ?

Le plan détaillé du développement

I. La matière se prête davantage aux exigences de la connaissance.

a) La méthode d'observation s'applique aux phénomènes matériels susceptibles d'être perçus.

b) Inversement, aucune preuve matérielle ne peut être apportée sur la réalité tangible de l'esprit d'un homme, ni de l'Esprit divin, simple objet de croyance.

c) Les éléments de l'esprit ne se laissent pas connaître de la même façon : un individu qui se sait observé peut délibérément cacher, mentir... Il faut donc interpréter, ce qui laisse la part plus grande à la subjectivité.

Transition : Connaître et interpréter, n'est-ce pas une activité de l'esprit ?

II. L'esprit peut avoir une bonne connaissance de ses lois

a) La conscience nous donne une plus grande certitude de sa propre activité spirituelle que des objets extérieurs. Il s'agit de l'analyse de Descartes qui aboutit à : « Je pense donc je suis. »

b) La matière définie comme substance est un concept très abstrait. On connaît davantage les éléments (particules élémentaires) ou les lois (force gravitationnelle) de la matière.

c) L'esprit, entendu comme substance, est lui aussi un terme abstrait. On le connaît par ses manifestations extérieures ou par des schémas théoriques de corrélation entre ses éléments : le conscient et l'inconscient par exemple.

Conclusion

La matière et l'esprit sont étudiés selon des schémas de lois. Mais cela veut-il dire que tout phénomène a des causes matérielles ?

Ce qu'il ne faut pas faire

Parler uniquement de la matière dans une partie du devoir, et de l'esprit dans une autre.

Les bons outils

• Platon, *Phédon* (plusieurs arguments en faveur de l'existence séparée et autonome de l'âme).
• Bergson, *L'Âme et le Corps* (l'auteur intègre à son argumentation des éléments de découverte scientifique sur le cerveau).
• Spinoza, *Éthique*.
• Aristote, *De l'âme*.
• Descartes, *Méditations métaphysiques*.
• Berkeley, *Des principes de la connaissance humaine*.

TEXTE CLÉ

Dans cet extrait, Descartes nous invite à distinguer ce qui est de l'ordre de l'esprit et ce qui est de l'ordre de la matière corporelle.

Nous devons croire que toute la chaleur et tous les mouvements qui sont en nous, en tant qu'ils ne déclenchent point de la pensée, n'appartiennent qu'au corps. Au moyen de quoi nous éviterons une erreur très considérable en laquelle plusieurs sont tombés, en sorte que j'estime qu'elle est la première cause qui a empêché qu'on n'ait pu bien expliquer jusques ici les passions et les autres choses qui appartiennent à l'âme. Elle consiste en ce que, voyant que tous les corps morts sont privés de chaleur et ensuite de mouvement, on s'est imaginé que c'était l'absence de l'âme qui faisait cesser ces mouvements et cette chaleur. Et ainsi on a cru sans raison que notre chaleur naturelle et tous les mouvements de nos corps dépendent de l'âme, au lieu qu'on devait penser au contraire que l'âme ne s'absente, lorsqu'on meurt, qu'à cause que cette chaleur cesse, et que les organes qui servent à mouvoir le corps se corrompent. Afin donc que nous évitions cette erreur, considérons que la mort n'arrive jamais par la faute de l'âme, mais seulement parce que quelqu'une des principales parties du corps se corrompt ; et jugeons que le corps d'un homme vivant diffère autant de celui d'un homme mort que fait une montre, ou autre automate (c'est-à-dire autre machine qui se meut de soi-même), lorsqu'elle est montée et qu'elle a en soi le principe corporel des mouvements pour lesquels elle est instituée, avec tout ce qui est requis pour son action, et la même montre, ou autre machine, lorsqu'elle est rompue et que le principe de son mouvement cesse d'agir.

René Descartes,
Traité des passions

« Le vrai danger : ne pas se servir de l'intelligence artificielle »

Eric Horvitz dirige le centre de Microsoft Research à Redmond, qui développe des algorithmes permettant d'identifier les patients à risque ou de prévenir les erreurs médicales... Entretien.

Star de l'intelligence artificielle aux Etats-Unis, Eric Horvitz dirige le principal centre de Microsoft Research à Redmond, près de Seattle. La santé est l'un des premiers champs d'application des modèles développés par ses équipes.

Comment une intelligence artificielle peut-elle aider les médecins dans leur métier au quotidien ?

La prévention des infections contractées à l'hôpital, qui affectent 5 % des patients, est un bon exemple. *Clostridium difficile* est une bactérie particulièrement fréquente, qui cause des infections dans les hôpitaux du monde entier.

Pour identifier les patients les plus susceptibles de contracter cette infection, nous avons analysé les données de presque 35 000 admissions dans un grand hôpital américain, avec plus de 10 000 paramètres correspondant aux données collectées à l'admission du patient et durant son séjour, en tenant aussi compte d'éléments contextuels comme l'emplacement de la chambre ou le trajet pour aller à l'hôpital.

Le croisement de toutes ces informations nous a permis d'établir des schémas récurrents et d'assigner à chaque patient un facteur risque. Ce « score » est une information précieuse pour le médecin, qui peut décider d'appliquer un protocole spécifique aux patients les plus menacés.

Aux Etats-Unis, plus de 100 000 décès par an sont causés par des erreurs évitables commises dans les hôpitaux. Beaucoup de ces erreurs pourraient être identifiées par les systèmes d'intelligence artificielle avant qu'elles ne soient fatales aux patients. Nous entendons parler de l'inquiétude croissante concernant les risques qu'entraînent les intelligences artificielles : la possibilité qu'un jour elles pourraient dépasser l'intelligence humaine. Mais le vrai danger, aujourd'hui, c'est de ne pas s'en servir.

L'explosion des dépenses pour la santé inquiète les Etats-Unis et l'Europe. La médecine 3.0 sera-t-elle plus économique ?

L'adoption de mesures préventives ciblées, fondées sur des critères objectifs, pourrait permettre une diminution du nombre de décès et l'économie de milliards de dollars.

Les allers-retours de certains patients aux urgences constituent un bon exemple. Une étude, publiée en 2009, a révélé qu'environ 20 % des patients ayant souscrit à Medicare, le régime d'assurance-maladie américain, retournent à l'hôpital dans les trente jours après leur première admission. Et ce nombre atteint 35 % dans les trois mois suivants. Coût pour le contribuable américain : 17 milliards de dollars *[15 milliards d'euros]* !

Afin de mieux comprendre ce phénomène et le prévenir, nous avons analysé les données de milliers de patients, en regardant plus de 30 000 variables différentes : diagnostics, médicaments prescrits, résultats d'analyses, rapports des médecins, temps passé aux urgences, etc. Cela nous a permis d'identifier celles qui sont corrélées avec les réadmissions et de créer un modèle qui alerte les médecins sur les patients à risque.

Dans le cas de patients souffrant d'insuffisance cardiaque, nous avons montré que des mesures de prévention ciblées réduisaient les réadmissions de presque 30 % et les coûts totaux de presque 15 %.

Internet est souvent utilisé par les patients, qui sont à la recherche d'informations sur des symptômes et des traitements. Comment peut-on se servir de ces millions de requêtes ?

Les plaintes que les patients partagent avec les moteurs de recherche sont une source d'information très intéressante. Dans une étude faite en coordination avec la FDA, l'agence américaine du médicament, nous avons montré qu'il était possible de générer des alertes de pharmacovigilance en croisant les demandes sur les symptômes avec celles sur les médicaments.

Nous avons pris le cas de deux médicaments courants, la paroxétine, un antidépresseur, et la pravastatine, un médicament contre le cholestérol. Pris en même temps, ils peuvent provoquer une augmentation du taux de sucre dans le sang.

Cette interaction négative n'était pas connue en 2010, mais l'analyse des requêtes faites cette année par des Américains sur ces médicaments et les symptômes révèle clairement un lien.

Dans le futur, de tels modèles pourraient compléter les analyses de la FDA afin d'anticiper plus rapidement les effets secondaires et faire des recommandations appropriées.

L'analyse des requêtes faites aux moteurs de recherche nous renseigne aussi sur le mode de vie des internautes, avec une incidence évidente sur la santé publique. Une étude des recettes de cuisine téléchargées par les Américains nous a permis d'établir une corrélation entre la quantité de sel consommée et le nombre de patients souffrant d'insuffisance cardiaque hospitalisés en urgence. Les deux courbes évoluent ensemble, avec des pics lors des fêtes de fin d'année.

Comment Microsoft génère-t-il de l'activité grâce à ces recherches ?

Certains modèles, comme celui qui estime le risque de réadmission, sont intégrés dans notre logiciel et fonctionnent dans des hôpitaux du monde entier. Mais surtout, il alimente la réflexion stratégique tandis que nous entrons dans le domaine de la santé et d'autres secteurs, où les modèles prédictifs seront utilisés.

Propos recueillis par Chloé Hecketsweiler (à Seattle),
Le Monde Eco et entreprise du 08.09.2015

POURQUOI CET ARTICLE ?

Souvent perçue comme une menace pour la liberté de l'homme et pour sa nature, l'intelligence artificielle effraie. Pourtant, ne faut-il pas craindre davantage que l'on renonce à s'en servir ? Si l'on s'avise des possibilités offertes par les systèmes d'intelligence artificielle en matière médicale, il est difficile en effet de ne pas en reconnaître l'utilité et même, à certains égards, l'urgence. Une nouvelle ère technologique semble ainsi s'ouvrir, à laquelle il serait déraisonnable d'opposer un refus de principe. **Le véritable danger n'est pas l'intelligence artificielle, mais la maladie et la souffrance qu'elle permet précisément de combattre.**

La vérité

La vérité fait partie de ces termes que la philosophie scolastique nommait des « transcendantaux », parce qu'ils sont toujours « au-delà » (*trans*) de tout ce qui est (*ens*), et que, comme tels, ils ne sont pas définissables : il ne s'agirait pas alors de les comprendre, mais de les saisir directement par une intuition immédiate.

Quel sens donnons-nous habituellement à la vérité ?

Descartes remarque que l'on définit couramment **le vrai comme ce qui n'est pas faux**, et le faux comme ce qui n'est pas vrai... Ici, les contraires se définissent les uns les autres, et la définition, circulaire, est purement « nominale », c'est-à-dire qu'en fait elle ne définit rien. Il faut donc chercher une autre définition. Pour cela, il faut d'abord définir ce qui est susceptible d'être vrai ou faux.

Qu'est-ce qui est susceptible d'être vrai ou faux ?

Seuls **nos énoncés** sur les choses, et **non les choses** elles-mêmes, sont susceptibles d'être vrais ou faux ; et encore : la prière, le souhait, l'ordre, etc., sont des énoncés qui n'ont pas de valeur de vérité.
En fait, seuls les énoncés qui attribuent un prédicat à un sujet, c'est-à-dire les **jugements prédicatifs**, peuvent être vrais ou faux. La vérité serait alors d'attribuer à un sujet le prédicat qui exprime bien comment le sujet est réellement (par exemple, l'énoncé « la table est grise » est vrai si la table réelle est effectivement grise). Une proposition serait donc vraie quand elle décrit **adéquatement** la chose telle qu'elle est.

La définition de la vérité comme adéquation est-elle satisfaisante ?

Saint Thomas d'Aquin a le premier défini la vérité comme l'**adéquation de l'esprit et de la chose**. Mais pour que cette définition soit valide, il faudrait que je puisse comparer mes idées aux choses ; le problème, c'est que je n'ai jamais affaire aux choses en elles-mêmes, mais seulement à **ma représentation des choses**.
Or, rien ne m'assure que le monde est bien conforme à ce que j'en perçois ; il se pourrait, comme l'a montré Descartes, que toute ma

Saint Thomas d'Aquin :
« La vérité est l'adéquation de la chose et de l'intellect. »

MOTS CLÉS

ADÉQUATION
Désigne en particulier la correspondance entre la chose et l'idée que j'en ai et définit ainsi traditionnellement la vérité.

APODICTIQUE
Du grec *apodeiktikos*, « démonstratif ». Un jugement apodictique énonce une vérité nécessaire ; c'est le cas des propositions de la logique et des mathématiques.
Se distingue chez Kant du jugement assertorique, qui énonce un fait contingent, simplement constaté, et du jugement problématique, qui énonce un fait possible.

CERTITUDE
Attitude d'ordre intellectuel mais aussi moral qui consiste à être assuré de la vérité d'une chose, même si cette vérité n'est pas démontrée. Une certitude peut ainsi se révéler être vraie ou fausse : je peux par exemple être certain d'avoir éteint la lampe et ne pas l'avoir fait en réalité, comme je peux être certain d'avoir réussi un examen, et l'avoir en vérité réellement réussi.

COGITO
Mot latin signifiant « je pense ». L'intuition « *cogito ergo sum* », « je pense donc je suis », constitue pour Descartes la certitude première résistant au doute méthodique et, comme telle, le modèle de toute vérité.

CROYANCE
Adhésion à une idée ou une théorie sans véritable fondement rationnel. En ce sens, la croyance est une opinion et s'oppose au savoir.

DOUTE MÉTHODIQUE
Méthode cartésienne de mise à l'épreuve des opinions afin de parvenir à une vérité indubitable. Ce n'est ni le doute spontané de l'homme en proie à l'incertitude, ni le doute des sceptiques, qui font de la suspension définitive du jugement une sagesse de vie.
Le doute comme méthode est provisoire, systématique, et hyperbolique, car il a une fonction critique : séparer les opinions des savoirs certains, pour permettre d'asseoir sur des bases inébranlables l'édifice des sciences.

« Il y a deux sortes de vérités : celle des raisonnements et celle des faits. Les vérités de raisonnement sont nécessaires et leur opposé est impossible, et celles des faits sont contingentes et leur opposé est possible. »(Leibniz)

vie ne soit qu'un **« songe bien lié »**, que je sois en train de rêver tout ce que je crois percevoir : rien ne m'assure que le monde ou autrui existent tels que je les crois être.

Faut-il alors renoncer à parvenir à la vérité ?

Même si tous mes jugements sont faux, il est cependant une seule chose dont je ne peux pas douter : pour se tromper, il faut être ; donc, je suis. « Je pense, donc je suis » est la seule proposition nécessairement vraie. Cette intuition devient le modèle de la vérité : il ne s'agit plus de comparer mes idées aux choses, ce qui est impossible, mais mes idées à cette intuition certaine, le *cogito*. Toute idée qui est aussi claire et distincte que le *cogito* est nécessairement vraie.
Cependant, à ce stade du doute méthodique, je ne suis assuré que d'être en tant que chose qui pense : pour m'assurer qu'autrui et le monde existent, et me sortir du solipsisme, Descartes devra par la suite poser l'existence d'un dieu vérace et bon qui ne cherche pas à me tromper.

Quelle est la solution proposée par Descartes ?

« Je pense, donc je suis » : il est impossible de douter de cette proposition. La certitude du *cogito* ne me dit cependant rien d'autre : hormis cela, je peux encore me prendre à douter de tout. Mais, parmi toutes les idées dont je peux douter, il y a **l'idée de Dieu**. L'idée d'un être parfait est elle-même nécessairement parfaite ; or, je suis un être imparfait : de mes propres forces, je ne peux donc pas avoir une telle idée.
Si j'ai l'idée de Dieu, il faut donc que ce soit Dieu lui-même qui l'ait mise en mon esprit ; par conséquent, je suis certain que Dieu existe avant d'être sûr que le monde est comme je le perçois. Mais si Dieu existe, et s'il est parfait, il doit être vérace et bon : il ne peut avoir la volonté de me tromper, et le monde doit bien être tel que je me le représente. Descartes est ainsi contraint de poser l'**existence de Dieu au fondement de la vérité**.

La bouche de la vérité (Rome).

La solution cartésienne résout-elle le problème ?

En fait, lorsque Descartes affirme que le modèle de la vérité, c'est l'intuition immédiatement certaine du *cogito*, il présuppose que sa définition de la vérité est la vraie définition.
Comme l'a montré le logicien Frege, **la vérité se présuppose toujours elle-même**, quelle que soit la définition que j'en donne : que je définisse la vérité comme adéquation, comme cohérence logique de la proposition ou comme intuition certaine, je présuppose déjà le « sens » de la vérité. Cette **circularité** ne rend pas la vérité nulle et non avenue, mais invite plutôt à remarquer le paradoxe : **la vérité se précède toujours elle-même.**

« Je vois, par exemple, que 2 fois 2 font 4, et qu'il faut préférer son ami à son chien, et je suis certain qu'il n'y a point d'homme au monde qui ne le puisse voir aussi bien que moi. » (Malebranche)

UN ARTICLE DU *MONDE* À CONSULTER

- **La « philo » contre la philosophie ?** p. 73
(Nicolas Truong, *Le Monde* daté du 28.07.2014)

MOTS CLÉS

ERREUR
Du latin *errare*, « errer ». Affirmation fausse, c'est-à-dire en contradiction, soit avec les règles de la logique, soit avec les données de l'expérience. À distinguer de la faute, qui possède une connotation morale et ne concerne pas tant le jugement que l'action.

ÉVIDENCE
Du latin *videre* (« voir »), l'évidence est ce qui s'impose comme réel de façon immédiate et qui peut ainsi être tenu pour vrai sans réflexion. Cependant, toute évidence n'est pas nécessairement vraie, même si des vérités peuvent êtres évidentes. Ainsi, par exemple, il est évident que le Soleil tourne autour de la Terre comme l'observation à l'œil nu l'indique, même si l'astronomie nous a appris que cela était faux : c'est la Terre, et non le Soleil, qui tourne.

ILLUSION
Du latin *illudere*, « tromper, se jouer de ». Il faut distinguer l'erreur de l'illusion : alors que l'erreur m'est toujours imputable, en ce qu'elle résulte de mon jugement, que je peux toujours corriger, l'illusion (par exemple une illusion des sens) est un effet de la rencontre entre la conformation de mes organes et du réel, qui peut être expliquée, mais non dissipée.

IMMÉDIAT
Au sens strict, *immédiat* signifie « sans médiation, sans intermédiaire », et s'oppose à *médiat*.
Au sens cartésien, par exemple, l'intuition est un mode de connaissance immédiat, alors que la démonstration est un mode de connaissance médiat.

Dissertation :
La vérité est-elle la valeur suprême ?

L'analyse du sujet

I. Les termes du sujet

• *La vérité* :
– aspect philosophique et scientifique : idéal de connaissance objective.
– aspect psychologique et moral : idéal de sincérité.

• *Valeur suprême* :
– idée de supériorité, de plus haut rang dans la hiérarchie.
– idée de sélection, de préférence à l'égard de toutes les autres valeurs.

Saint Thomas d'Aquin.

II. Les points du programme

• La vérité.
• La morale, le bonheur.

L'accroche

« Une faute avouée est à moitié pardonnée », dit-on souvent... mais la vérité ne rétablit alors que la moitié de la valeur.

La problématique

N'y a-t-il rien de supérieur à la vérité, au point qu'elle doive être recherchée et trouvée à tout prix ? Ou doit-on au contraire la subordonner à d'autres exigences ? Mais comment l'ignorance ou la tromperie pourraient-elles êtres valables ?

Le plan détaillé du développement

I. La vérité est une valeur supérieure.

a) L'homme est doté d'esprit, de volonté : la vérité constitue l'idéal ultime auquel se consacrer, surtout face aux préjugés de son époque (exemple de Descartes).

b) Les hommes sont même plus ou moins estimés selon le niveau et le degré de vérité auquel ils parviennent (*cf.* analyse d'Aristote sur le statut suprême du sage).

c) L'homme est doté de morale, le fait de mentir à autrui est considéré comme une faute suprême (exemple de Kant).

Transition : Mais n'y a-t-il pas des cas où le dévoilement de la vérité peut faire mal ?

II. La relativité de la vérité.

a) L'exigence de vérité absolue dépend de comportements spécifiques qui n'ont pas plus de « valeur » que les autres (*cf.* analyse de Nietzsche sur l'idéal moral et néfaste de la Vérité).

b) La vérité absolue et objective est un idéal auquel ne correspond jamais de savoir effectif, ce qui crée un trouble constant. L'exigence de bonheur doit alors primer, ce qui entraîne la suspension du jugement comme règle de sagesse (*cf.* analyse de Sextus Empiricus).

Transition : Dans ce cas, doit-on abandonner la vérité comme valeur ?

III. La valeur de la vérité est primordiale dans les relations humaines.

a) Le statut même de valeur suppose une prise en compte de ce qui fait et rend l'humanité supérieure aux autres animaux : liberté, justice, bonheur, etc.

b) La vérité a une valeur en tant qu'elle contribue à la réalisation de toutes les valeurs essentielles. Par exemple : comment peut-il y avoir véritable bonheur dans l'illusion (*cf.* analyse de Descartes) ?

c) Inversement, les autres valeurs favorisent la réflexion critique et l'intégrité pour chaque esprit humain, c'est-à-dire les conditions de la vérité.

Conclusion

La vérité est une des valeurs suprêmes de la vie humaine, surtout par le refus de la tromperie et l'appel à la réflexion critique qu'il suppose.

Les bons outils

• Aristote, *Métaphysique* (livre A).
• Sextus Empiricus, *Contre les moralistes*. L'auteur montre l'impossibilité d'une preuve définitivement objective sur ce qui est bien ou mal par nature.
• Kant, *Théorie pratique*. Sur un prétendu droit de mentir par humanité. L'auteur soutient que le mensonge est toujours nécessairement une infraction à la loi morale.
• Frege, *Recherches logiques*.
• Nietzsche, *Par delà bien et mal* ; *Le Gai Savoir*.

Ce qu'il ne faut pas faire

Traiter de la vérité sans faire de comparaison avec d'autres valeurs : le bonheur, la justice, la liberté...

TEXTE CLÉ

Dans cet extrait, Alain met en lumière le lien indissociable qui unit la vérité et l'erreur dans l'exercice de la pensée humaine.

Quiconque pense commence toujours par se tromper. L'esprit juste se trompe d'abord tout autant qu'un autre ; son travail propre est de revenir, de ne point s'obstiner, de corriger selon l'objet la première esquisse. Mais il faut une première esquisse ; il faut un contour fermé. L'abstrait est défini par là. Toutes nos erreurs sont des jugements téméraires, et toutes nos vérités, sans exception, sont des erreurs redressées. On comprend que le liseur ne regarde pas à une lettre, et que, par un fort préjugé il croit toujours l'avoir lue, même quand il n'a pas pu la lire, et si elle manque, il n'a pas pu la lire. Descartes disait bien que c'est notre amour de la vérité qui nous trompe principalement, par cette précipitation, par cet élan, par ce mépris des détails, qui est la grandeur même. Cette vue est elle-même généreuse ; elle va à pardonner l'erreur ; et il est vrai qu'à considérer les choses humainement, toute erreur est belle. Selon mon opinion, un sot n'est point tant un homme qui se trompe qu'un homme qui répète des vérités, sans s'être trompé d'abord comme ont fait ceux qui les ont trouvées.

Alain, *Vigiles de l'esprit*

« Quiconque pense commence toujours par se tromper »

« Toutes nos erreurs sont des jugements téméraires, et toutes nos vérités, sans exception, sont des erreurs redressées. »

La « philo » contre la philosophie ?

Aux Controverses du « Monde » en Avignon, Michaël Foessel et Frédéric Worms interrogent le succès d'une discipline qui oscille entre pédagogie et démagogie.

La philosophie ou, plutôt, la « philo » est désormais partout. Dans les hebdos, les bistrots, les radios. En bande dessinée, en croisière, sur CD ou DVD. Elle vulgarise les classiques et attire de nombreux lecteurs, amateurs et passionnés. La philo est un filon, avec ses vedettes et ses gourous, ses pédagogues cathodiques et ses rhéteurs polémiques. S'agit-il d'une heureuse démocratisation des concepts ou d'une contestable marchandisation de la sagesse ? Assiste-t-on au triomphe de la pédagogie ou bien à l'avènement d'une nouvelle idéologie ?

C'est à cette question que les philosophes Michaël Foessel et Frédéric Worms ont répondu aux Controverses du *Monde* en Avignon, le 20 juillet. L'essor d'un business philosophique plaiderait tout d'abord en faveur du leurre idéologique. Vous êtes victime d'un licenciement abusif ? Plongez-vous dans le *Manuel* d'Épictète, célèbre stoïcien qui enjoignait ses contemporains de *« vouloir ce qui arrive »*, nous répondent les gazettes et autres livres à recettes. Une séparation douloureuse ? Relisez Rousseau, pour qui *« l'amour n'est qu'une illusion »*. Vous vivez avec 300 euros par mois ? Méditez Épicure, selon qui *« celui qui ne sait pas se contenter de peu ne sera jamais content de rien »*, recommandent des philosophes de service généreusement rétribués. Les autres sont pour vous que de simples objets de désir ? Ne vous moralisez pas, puisque Schopenhauer nous enseigne que *« tout état amoureux, si éthéré qu'il se présente, a son unique racine dans l'instinct sexuel »*.

Lutter contre la maladie avec Nietzsche (car *« ce qui ne te tue pas te rend plus fort »*), bronzer avec Camus au soleil de la Méditerranée (avec *« cette lumière, si éclatante, qu'elle en devient noire et blanche »*), s'affirmer avec Descartes, lâcher prise avec Heidegger, se soucier de soi avec Foucault...

Les usages démagogiques de la philosophie ne manquent pas. Il y avait autrefois la psychanalyse de comptoir. Il y a désormais la philo de bistrot, de Kant à Kanterbräu. On propose aussi aux lecteurs des expériences sensorielles et hautement métaphysiques à réaliser dans sa salle de bains, des croisières intelligentes en compagnie de stars de la pensée sur les mers aristotéliciennes ou dans des fjords kierkegaardiens.

Il y a trente ans, la philosophie était aux abonnés absents. Elle plaidait coupable pour ses impensés et crimes supposés. Totalisante et totalitaire, elle devait s'éclipser. Et se dissoudre dans l'art, la science ou la politique. Le postmodernisme avait annoncé son état de coma dépassé. Or aujourd'hui, « *la "philosophie" est partout,* note Alain Badiou. *Elle sert de raison sociale à différents paladins médiatiques. Elle anime des cafés et des officines de remise en forme. Elle a ses magazines et ses gourous. Elle est unanimement convoquée, des banques aux grandes commissions d'État, pour dire l'éthique, le droit et le devoir* » (*Second manifeste pour la philosophie*, 2009).

Ainsi *« prostituée par une surexistence vide »*, poursuit-il, la « philosophie » serait en train de devenir une idéologie. Une vision du monde à la fois soft et dominante qui permet de mieux l'accepter. Un discours d'accompagnement du monde tel qu'il va. Non pas une résistance à l'air du temps. Mais un acquiescement au conformisme du présent. Précisons. La philo, davantage que la philosophie, serait menacée d'un tel usage. Car il est nécessaire de faire le distinguo. La philosophie, c'est cet amour de sagesse entendue par les Grecs comme une « médecine de l'âme » mais aussi cette discipline de l'esprit qui invente des concepts, comme le *cogito* cartésien ou le *conatus* spinoziste. La philo, ce serait son versant populaire, sa vulgarisation déformante, sa version commerçante. Le monde des croisières et des séminaires (pour les classes huppées) et celui du « Grand Journal » de *Canal+* et des bandes dessinées (pour les classes moins favorisées). L'univers de la consolation et de la consultation. Mais alors, *« y a-t-il besoin de philosophie si celui-ci ne nous dit rien d'autre que le souci de soi au quotidien ? »*, se demande Jacques Rancière (*Chroniques des temps consensuels*, 2005).

Tout cela est vrai. Mais gare toutefois à ne pas rejouer l'ancienne division entre les savants et les ignorants, les élites et les ilotes, les professionnels de la pensée et les Bouvard et Pécuchet. Car la philosophie a toujours marché sur ces deux jambes.

En France, la philosophie a un pôle universitaire où se conçoivent la plupart des œuvres philosophiques. Et un pôle populaire, où triomphent quelques maîtres penseurs et de nombreux pédagogues conteurs. Il y a du talent et de l'esbroufe de tous les côtés. Des artistes de la théorie et des populistes de la pensée, de véritables statures et de réelles impostures. Si le débat s'est notamment porté sur le style de Michel Onfray, critiqué par Michaël Foessel et défendu par Frédéric Worms, il ne faudrait pas croire que la version « rebelle » de la philo soit hégémonique. En la matière, c'est plutôt la « moraline », comme dit Nietzsche, la mièvrerie et les intellectuels d'accompagnement qui dominent. La circulation entre l'universitaire et le populaire en France est donc risquée, mais précieuse et singulière.

Car, dans un monde saisi par la montée des extrêmes et la bêtise planétaire, *« il n'y jamais trop de philosophie »*, assure Frédéric Worms. Face à la *« demande de sens »*, les philosophes ne doivent pas renoncer aux grands récits et relever le défi, explique Michaël Foessel. La philo contre la philosophie ? Oui, mais tout contre.

Nicolas Truong, *Le Monde* daté du 28.07.2014

POURQUOI CET ARTICLE ?

Cet article nous permet de nous interroger sur le rôle de la philosophie aujourd'hui. À l'heure d'Internet et des réseaux sociaux, dans une société où les médias de toute nature occupent une place prépondérante, dans un monde où l'instantanéité de l'information et des échanges est devenue la norme commune, chacun se sent libre, plus que jamais, de « philosopher » sur n'importe quel sujet – non sans quelques dérapages, la quête de sens et de vérité qui traverse les grandes questions philosophiques se trouvant régulièrement dévoyée ou « récupérée » à des fins partisanes, pour cautionner tel ou tel point de vue dans des débats d'opinion sans grande portée. On peut certes se réjouir de voir les références philosophiques foisonner ainsi un peu partout au sein de l'espace public ; on peut aussi s'inquiéter d'un certain nivellement des idées, où chacun finirait par s'emmurer dans sa propre « vérité » – d'où le besoin, plus vif que jamais, d'**une philosophie qui soit à la fois accessible, et exigeante.**

LA POLITIQUE, LA MORALE

La société et les échanges

Un État, c'est un ensemble d'institutions politiques régissant la vie des citoyens. Mais qu'est-ce que la société ? Si la société n'est pas l'État, il serait tentant de la réduire à une simple communauté d'individus échangeant des services et des biens. La société aurait par conséquent une fonction avant tout utilitaire : regrouper les forces des individus, diviser et spécialiser le travail, régir les échanges et organiser le commerce. On peut douter cependant que la société se réduise à ces seules fonctions.

Quelle est l'utilité de la vie en société ?

Hume souligne que l'homme est un être dépourvu de qualités naturelles. Il a donc tout à la fois plus de besoins que les autres animaux (il lui faut des vêtements pour se protéger du froid, par exemple), et moins de moyens pour les satisfaire, parce qu'il est faible. C'est donc pour **pallier cette faiblesse naturelle** que l'homme vit en société : la vie en commun permet aux individus de regrouper leurs forces pour se défendre contre les attaques et pour réaliser à plusieurs ce qu'un seul ne saurait entreprendre ; elle permet aussi de diviser et de spécialiser le travail, ce qui en accroît l'efficacité mais engendre également de nouveaux besoins (il faudra à l'agriculteur des outils produits par le forgeron, etc.). Se dessine alors une communauté d'échanges où chacun participe, à son ordre et mesure, à la satisfaction des besoins de tous (Platon, *La République*, II).

Les échanges fondent-ils la société ?

Selon Adam Smith, l'individu est dans l'incapacité de satisfaire tous ses besoins. Je ne peux les satisfaire que si j'obtiens qu'un autre fasse ce que je ne sais pas faire : il sera alors possible d'échanger le produit de mon travail contre le produit du travail d'un autre. Or, pour qu'autrui accepte l'échange, il faut qu'il éprouve, lui aussi, le besoin d'acquérir ce que je produis : il est donc dans mon intérêt propre que le plus de gens possible aient besoin de ce que je produis. Comme chacun fait de son côté le même calcul, il est dans l'intérêt de tous que les besoins aillent en s'augmentant ;

Claude Lévi-Strauss, père de l'anthropologie structurale.

MOTS CLÉS

CIVILISATION

La civilisation, c'est d'abord ce qui s'oppose à la barbarie ou à l'état sauvage, comme un progrès dans les mœurs et les connaissances. Rousseau a contesté cette identification de la civilisation, au sens d'éloignement de l'état de nature, avec le progrès, tant moral qu'intellectuel.
On tend ainsi à parler de plus en plus de civilisations au pluriel, notamment sous l'influence de Lévi-Strauss, comme ensembles cohérents et durables de règles, de savoirs et de mœurs, sans hiérarchie.

CONTRAT SOCIAL

Le contrat social est un pacte qui détermine l'organisation d'une société. Chez de nombreux philosophes du XVIIIe siècle, comme Hobbes ou Rousseau, mais selon des modalités différentes, le contrat social est l'origine et le fondement même de toute communauté politique.

CULTURE

Par opposition à la nature, la culture est l'ensemble cohérent des valeurs, normes, mœurs et connaissances qui caractérisent une société humaine.
C'est ce à quoi nous initie l'éducation, en tant qu'elle a pour but de nous ouvrir au monde humain. À rapprocher de la notion de civilisation.

ÉCHANGE

Relation de réciprocité au fondement de la vie en communauté. Il y a échange de biens à partir du moment où il y a répartition des tâches, chacun ayant besoin de ce que produit l'autre.

et avec eux, c'est l'interdépendance qui s'accroît. **Les échanges deviennent alors le véritable fondement d'une société libérale** : la satisfaction de mes besoins dépend d'autrui, mais la satisfaction des siens dépend de moi ; et chacun dépendant ainsi de tous les autres, aucun n'est plus le maître de personne.

Comment s'organisent les échanges ?

Réunis en société, les individus deviennent **interdépendants** grâce à l'échange continuel de services et de biens : dans la vie en communauté, l'homme travaille pour acheter le travail d'autrui. Chaque bien produit a donc une double valeur : **une valeur d'usage** en tant qu'il satisfait un besoin, et **une valeur d'échange**, en tant qu'il est une marchandise. Mais, ainsi que le note Aristote, comment échanger maison et chaussures ? C'est la **monnaie**, comme commune mesure instituée, qui rend possible l'échange de produits qualitativement et quantitativement différents.

C'est ici que Platon voit le danger d'une société fondée uniquement sur les échanges et le commerce : les individus y auront toujours tendance à profiter des échanges non pour acquérir les biens nécessaires à la vie, mais pour accumuler de l'argent. De moyen, la monnaie devient fin en soi, pervertissant ainsi tout le système de production et d'échange des richesses et corrompant le lien social.

La société sert-elle uniquement à assurer notre survie ?

Selon Aristote, la vie en communauté n'a pas pour seul but de faciliter les échanges afin d'assurer notre survie : ce qui fonde la vie en communauté, c'est cette tendance naturelle qu'ont les hommes à s'associer entre eux, **la *philia* ou amitié**. Il ne s'agit pas simplement de dire que nous sommes tout naturellement enclins à aimer nos semblables, mais bien plutôt que nous avons besoin de vivre en société avec eux pour accomplir pleinement notre humanité. Comme le remarquait Kant, l'homme est à la fois sociable, et asocial : il a besoin des autres, mais il entre en rivalité avec eux. C'est cette **« insociable sociabilité »** qui a poussé les hommes à développer leurs talents respectifs et leurs dispositions naturelles, bref, à devenir des êtres de culture.

« La société n'est pas une simple somme d'individus, mais le système formé par leur association représente une réalité spécifique qui a ses caractères propres. »
(Émile Durkheim)

« L'homme est un animal politique par nature. »
(Aristote)

Les échanges sont-ils réductibles au commerce des services et des biens ?

Comme l'a montré l'ethnologue **Claude Lévi-Strauss**, on ne saurait réduire les échanges aux seules transactions économiques. En fait, il existe deux autres types d'échanges qui ont d'ailleurs la même structure : **l'organisation de la parenté, et la communication linguistique**.

Une société n'est donc pas réductible à une simple communauté économique d'échange : elle se constitue aussi par l'organisation des liens de parenté (le mariage), par l'instauration d'un langage commun à tous ses membres, par un système complexe d'échanges symboliques (promesses, dons et contre-dons) qui établissent les rapports et la hiérarchie sociale, etc. Pour Durkheim (le fondateur de la sociologie), une société n'est alors pas une simple réunion d'individus : c'est un être à part entière exerçant sur l'individu une force contraignante et lui fournissant des « représentations collectives » orientant toute son existence. ■

UN ARTICLE DU *MONDE* À CONSULTER

- **L'ordre « positif » et l'ordre naturel** p. 79
(Francis-Paul Bénoit, *Le Monde* daté du 22.04.1987)

AUTEURS CLÉS

« Le monde a commencé sans l'homme et s'achèvera sans lui. »
(Lévi-Strauss)

CLAUDE LÉVI-STRAUSS

Anthropologue né en 1908 à Bruxelles et mort en 2009. Son approche des sociétés humaines est structuraliste, en ce qu'il s'attache à déchiffrer des structures invariantes du comportement social.
Il tient l'interdit de l'inceste comme l'acte culturel décisif qui fonde la vie sociale, dans la mesure où il témoigne de la règle de l'échange à l'œuvre dans toute société.

MARCEL MAUSS

Neveu et disciple de Durkheim, Marcel Mauss, qui effectue peu d'études de terrain, ouvre néanmoins le champ de la sociologie à l'étude des sociétés non industrielles. C'est la naissance de l'ethnologie. Dans son *Essai sur le don*, il analyse le rituel sacré du « potlatch » au cours duquel un chef indien offre solennellement à un rival des richesses. Ce geste doit être interprété comme une lutte pour le prestige et le pouvoir, la valeur marchande des biens étant secondaire. Ce « don » n'est évidemment pas gratuit ; le chef donateur cherche à humilier son rival et à le contraindre à un contre-don ou à la soumission. À partir de cet exemple, Mauss met en évidence la notion de « fait social total ». L'échange ne se réduit pas à sa dimension économique, il est partie intégrante d'un ensemble global qui se caractérise par la structure du triangle « donner – recevoir – rendre ». Économie, politique, droit, et religion sont interdépendants.

Dissertation : Les échanges favorisent-ils la paix entre les hommes ?

L'analyse du sujet

I. Les termes du sujet

• *Les échanges* :

– sur le plan économique, échanges de biens et de services, au sein d'une société et entre États.

– sur le plan culturel et linguistique, échanges d'idées, de sentiments.

• *Favorisent-ils* :

– idée de contribution, d'aide, mais pas de causalité directe ou totale.

– idée de valeur positive.

• *La paix entre les hommes* :

– dans le domaine politique, relations d'entente ou d'indifférence entre les États.

– dans le domaine moral et psychologique, absence de tension ou d'agression entre individus.

II. Les points du programme

La société et les échanges, la culture et le langage, la justice et le droit.

L'accroche

« Si tu veux la paix, prépare la guerre », dit l'adage ancien.

La problématique

Les échanges commerciaux favorisent-ils la paix ? Le dialogue n'est-il pas en effet l'opposé de la guerre ? N'existe-il pas pourtant de plus en plus de « guerres commerciales » recourant à des pratiques de moins en moins respectueuses des hommes et des droits ?

Le plan détaillé du développement

I. L'échange est un facteur de paix.

a) Les vertus du commerce sont de servir les intérêts de chacun, sur la base de l'entente (*cf.* analyse de Montesquieu sur le commerce). Le commerce est alors le contraire de la guerre.

b) Les vertus de la vie sociale consistent à développer des aptitudes morales (*cf.* analyse de Hume).

c) C'est toujours par le dialogue et la négociation diplomatique que l'on évite les guerres.

Transition : Mais les guerres n'ont-elles pas toujours lieu entre des États, des sociétés déjà constituées ?

II. Les échanges peuvent avoir des vices cachés.

a) L'intérêt personnel est le but et le moteur de l'échange (*cf.* analyse de Smith), ce qui ne favorise donc pas la bienveillance à l'égard d'autrui.

b) Certains « échanges » peuvent même être qualifiés de vols déguisés (*cf.* analyse de Marx sur le salaire). La société n'est pas l'échange, mais le conflit entre des intérêts opposés.

Transition : Faut-il alors regretter la « civilisation », au profit de la « barbarie » ?

III. Les échanges sont ce que nous en faisons.

a) Les échanges en eux-mêmes sont moins déterminants que les conditions et les objets des échanges : on peut échanger des armes ou des sourires. Considérer toute chose comme échangeable, au moyen de l'argent notamment, pose aussi problème.

b) Les échanges favorisent aussi bien l'égoïsme que la moralité (*cf.* analyse de Kant sur l'insociable sociabilité).

c) Des conditions parfaites d'échanges supposent déjà une moralité fondée (*cf.* Rousseau, le *Contrat social*).

Conclusion

Les échanges favorisent la paix, du moment que les conditions de l'échange sont pleinement respectées. C'est en effet l'esprit de conciliation qui favorise les échanges et ne les pervertit pas. ■

Les bons outils

• Platon, *La République* (livre II).

• Montesquieu, *L'Esprit des lois* (livre XX), l'auteur analyse les bienfaits et les dangers du commerce.

• Lévi-Strauss, *Race et Histoire*.

• Rousseau, *Discours sur les fondements et l'origine de l'inégalité parmi les hommes ; Discours sur les sciences et les arts.*

Ce qu'il ne faut pas faire

Énoncer des lieux communs sur les méfaits de l'indifférence ou de la guerre.

TEXTE CLÉ

Dans cet extrait, Bergson met en évidence le caractère vivant des sociétés humaines, lieux d'une tension entre les parties (les individus) et le tout (la société) qui prend une forme contradictoire du fait de leur opposition mais aussi de leur complémentarité essentielle.

La société, qui est la mise en commun des énergies individuelles, bénéficie des efforts de tous et rend à tous leur effort plus facile. Elle ne peut subsister que si elle se subordonne l'individu, elle ne peut progresser que si elle le laisse faire : exigences opposées, qu'il faudrait réconcilier. Chez l'insecte, la première condition est seule remplie. Les sociétés de fourmis et d'abeilles sont admirablement disciplinées et unies, mais figées dans une immuable routine. Si l'individu s'y oublie lui-même, la société oublie aussi sa destination ; l'un et l'autre, en état de somnambulisme, font et refont indéfiniment le tour du même cercle, au lieu de marcher, droit en avant, à une efficacité sociale plus grande et à une liberté individuelle plus complète. Seules, les sociétés humaines tiennent fixés devant leurs yeux les deux buts à atteindre. En lutte avec elles-mêmes et en guerre les unes avec les autres, elles cherchent visiblement par le frottement et par le choc, à arrondir des angles, user des antagonismes, à éliminer des contradictions, à faire que les volontés individuelles s'insèrent sans se déformer dans la volonté sociale et que les diverses sociétés entrent à leur tour, sans perdre leur originalité ni leur indépendance, dans une société plus vaste : spectacle inquiétant et rassurant, qu'on ne peut contempler sans se dire qu'ici encore, à travers des obstacles sans nombre, la vie travaille à individuer et à intégrer pour obtenir la quantité la plus grande, la variété la plus riche, les qualités les plus hautes d'invention et d'effort.

Henri Bergson, *L'Énergie spirituelle*

L'ordre « positif » et l'ordre naturel

L'école française du libéralisme admet un rôle actif de l'État.

Voici le libéralisme confronté aux réalités de la vie française. Pour beaucoup, il y a interrogation, inquiétude, voire déception. Le moment semble venu de s'entendre sur le contenu réel de la doctrine libérale.

S'il est vrai que, depuis 1981, le mot *libéralisme* est devenu à la mode, chacun lui a donné la signification de son choix. On s'est tourné vers l'étranger : reaganisme, thatchérisme, libertarianisme de l'école de Chicago... De là est née la doctrine du « moins d'État ». A été ainsi inventé un libéralisme excessif qui, face aux réalités de l'après mars 1986, n'a aucune chance de succès.

Cet ultralibéralisme imaginaire a fait écran à la réalité : l'existence d'une doctrine française du libéralisme, clairement formulée depuis deux siècles, et qui seule correspond aux données sociales, économiques et politiques de notre pays.

Il n'y a pas, en effet, une conception unique du libéralisme économique, mais deux : une française, l'autre anglaise. Si l'accord existe sur l'essentiel, la liberté économique, des différences profondes les opposent sur les moyens d'atteindre cette liberté.

Besoins actuels

Pour l'école anglaise, il faut, selon Adam Smith, laisser aller le *« cours naturel des choses »*, dont résulte nécessairement le progrès de la société. L'État doit borner son rôle à assurer l'ordre matériel. Pour l'école française, celle de Turgot et de Quesnay, il en va tout autrement. Le bon ordre de la société et la liberté résultent du respect de lois naturelles, telles que celles du marché concurrentiel. Dès lors, l'État a le devoir d'intervenir activement pour que tous respectent ces lois.

Cette doctrine de l'école française répond à nos besoins actuels. Au dix-huitième siècle, la France se trouvait en effet confrontée au même problème que celui qu'elle connait actuellement : sortir du « trop d'État » colbertiste pour rendre la liberté à l'économie, en redéfinissant ce que devait être le rôle de l'État.

La liberté de l'économie ainsi réclamée était celle de la production, du travail et des échanges. Au cœur de la revendication : la liberté des prix. Pour Turgot comme pour Quesnay, le prix valable, car conforme aux données profondes du système de la satisfaction des besoins des hommes, et dès lors le prix juste, est celui qui se forme par la libre discussion entre vendeur et acheteur. Toute intervention de l'État est ici mauvaise, en raison de *« motifs redoutables »* : à savoir, l'action *« des intérêts particuliers toujours cachés et toujours sollicitant sous le voile du bien général »*.

Le garant de l'économie

Cette liberté économique, Turgot et Quesnay la veulent toutefois non pas comme un avantage donné aux entrepreneurs et aux commerçants, mais comme une règle posée au profit de tous, et notamment des consommateurs. Ce qu'il faut favoriser, dit Quesnay, *« ce ne sont pas des corps particuliers de commerçants, c'est le commerce lui-même »*. Turgot demande que l'on défende *« la liberté publique des invasions de l'esprit monopoleur et de l'intérêt particulier »*.

Fille des contraintes que lui impose le libéralisme, la liberté économique a ainsi une finalité sociale. Turgot insiste sur l'idée que cette liberté donne à l'acheteur un rôle déterminant. Pour Quesnay, la liberté économique permet une *« consommation générale »*, l'abondance pour tous.

Dans ce système de liberté économique, l'État n'est nullement le spectateur passif du jeu des forces sociales. Pour l'école libérale française, il ne s'agissait pas de remplacer le colbertisme par une abstention de l'État. Tout au contraire, l'État se voit assigner un rôle essentiel en matière économique. Fondamentalement, l'État est le garant du bien général ; il représente, dit Quesnay, l' *« intérêt général de la nation »*. À ce titre, l'État n'est pas un gendarme se bornant à assurer la sécurité des intérêts licites de tous ; il est une autorité, *« supérieure à tous les individus »*, qui a pour mission de veiller à la prospérité de l'ensemble de la nation.

C'est tout d'abord comme législateur que l'État doit intervenir. Sur le plan économique, il lui appartient de préciser le détail des lois naturelles qui régissent le marché, notamment ce qui touche la concurrence et la sécurité des consommateurs. Personne ne doit pouvoir fausser à son profit égoïste le jeu des lois naturelles. L'État doit donc créer par la loi un « ordre positif », qui précise et conforte l'ordre naturel.

L'État doit en second lieu veiller au respect réciproque de leur liberté naturelle par tous les acteurs économiques. Il est, nous dit Turgot, le *« protecteur des particuliers »* ; il doit s'assurer que *« personne ne puisse faire à un autre un tort considérable, et dont celui-ci ne puisse se garantir »*.

L'État doit encore veiller au bon fonctionnement général de l'économie. Le rôle de l'État en ce qui concerne le maintien et le développement de l'appareil de production est sans cesse évoqué par Quesnay : *« Il faut que le gouvernement soit très attentif à conserver, à toutes les professions productrices, les richesses qui leur sont nécessaires pour la production et l'accroissement des richesses de la nation. »*

Liberté et gouvernement

L'État doit enfin veiller à l'emploi. Turgot le dit : protecteur des particuliers, l'État *« doit faciliter les moyens de se procurer par le travail une subsistance aisée »*. Quesnay insiste : *« L'état de la population et de l'emploi des hommes sont les principaux objets du gouvernement économique des États. »*

Les Français sont ainsi faits qu'ils veulent à la fois la liberté économique et un rôle actif de l'État. Le libéralisme économique en France ne peut donc se réaliser avec succès au cri de « moins d'État », ni même de « l'État autrement ». Sa devise ne peut être que : liberté et gouvernement. La réalité des faits, de notre pays et de notre temps, nous ramène inéluctablement à la réalité de la conception française du libéralisme économique. ■

Francis-Paul Bénoit, *Le Monde* daté du 22.04.1987

POURQUOI CET ARTICLE ?

Dans cet article, Francis-Paul Bénoit propose une analyse du libéralisme tel qu'il a été conçu par l'école française (plus particulièrement par les économistes Turgot et Quesnay) et montre que la conception française du libéralisme, à la différence de la conception de l'école anglaise, accorde une place essentielle à l'État. Les échanges économiques propres à la société marchande ne doivent donc pas être laissés à eux-mêmes, mais contrôlés par l'État qui devient le garant de leur bon fonctionnement. **Dans cette conception du libéralisme proprement française, on constate que l'État et la société ne s'excluent pas mais se complètent** : le pouvoir politique intervient dans la sphère économique.

La justice et le droit

Que l'injustice nous indigne montre que la justice est d'abord une exigence, et même une exigence d'égalité : c'est d'abord quand un partage, un traitement ou une reconnaissance sont inégalitaires, que nous crions à l'injustice. La justice devrait donc se définir par l'égalité, symbolisée par l'équilibre de la balance. Mais qu'est-ce qu'une égalité juste ? Suffit-il d'attribuer des parts égales à chacun ?

La justice se confond-elle avec la stricte égalité ?

Aristote distingue la **justice distributive** et la **justice corrective**. La justice corrective concerne les transactions privées volontaires (vente, achat, etc.) et involontaires (crimes et délits). Elle obéit à une **égalité arithmétique stricte** : que l'homme lésé soit puissant ou misérable, le rôle de la justice est de rétablir l'égalité en versant des intérêts de même valeur que le dommage, comme s'il s'agissait de biens échangés dans un acte de vente.

La justice distributive concerne la **répartition des biens et des honneurs** entre les membres de la cité. Ici, la justice n'est pas de donner à chacun la même chose, car il faut tenir compte du mérite : l'égalité n'est alors pas arithmétique (le même pour tous), mais géométrique, car elle implique des rapports de proportion (à chacun selon son mérite).

Quelle égalité peut exiger la justice ?

Personne ne peut soutenir que les hommes sont égaux **en fait** : aux **inégalités naturelles** (de force ou d'aptitudes) s'ajoutent en effet les **inégalités sociales** (de richesse ou de culture). Pourtant, la justice exige que les hommes soient égaux **en droit**, c'est-à-dire que, malgré les inégalités de fait, ils aient droit à **une égale reconnaissance de leur dignité humaine**.

C'est ce que montre Rousseau dans le *Contrat social* : un État n'est juste et légitime que s'il garantit à ses citoyens le respect de ce qui fonde la dignité humaine, à savoir la liberté. Seule en effet elle est « inaliénable » : la vendre ou la donner au tyran, c'est se nier soi-même. Cette égalité en *droit* doit pouvoir ainsi se traduire par une égalité en *droits* : nul ne doit posséder de privilèges eu égard à la loi de l'État.

Statue de Platon à Athènes.

« La justice sans force est contredite, parce qu'il y a toujours des méchants. La force sans la justice est accusée. Il faut donc mettre ensemble la justice et la force, et pour cela faire que ce qui est juste soit fort ou que ce qui est fort soit juste. » (Pascal)

Quels sont les rapports du droit et de la justice ?

Le droit est d'abord l'ensemble des règles qui régissent un **État** : c'est le **droit positif**. Comme ces règles varient d'un État à l'autre, n'y a-t-il nulle justice qui soit la même pour tous les hommes ? C'est bien la position de Pascal : les lois n'ont pas à être justes, elles

MOTS CLÉS

DROIT NATUREL/ DROIT POSITIF

Le droit naturel est le droit tel que le définit la nature même de l'homme. Chez les anciens, le droit naturel renvoie plus généralement à la nature dans sa totalité cosmique, comprise comme une unité hiérarchisée dans laquelle l'homme a une place définie. Chez les modernes, le droit naturel désigne plus spécifiquement ce que l'on appelle communément les « droits de l'homme », c'est-à-dire les droits immuables de la nature humaine. Le droit positif est quant à lui le droit qui existe au sein des communautés humaines organisées (le droit français, le droit américain, etc.). À la différence du droit naturel, le droit positif est donc particulier à une communauté, variable et historique.

JUSTICE

La justice est l'institution du bien sur terre. Elle peut être un idéal à atteindre, mais aussi une réalité politique établie par les hommes qui la souhaitent et qui l'instaurent. Chez Platon et Aristote, la justice est la vertu essentielle qui permet l'harmonie de l'homme avec lui-même et avec ses concitoyens. Chez les modernes, la vertu se définit comme ce qui instaure l'égalité et la liberté parmi les hommes.

MORALE

La morale est l'ensemble des devoirs qui s'imposent à l'être humain, en tant qu'être raisonnable et lui commandent le respect de l'humanité en lui comme en autrui.

doivent surtout garantir la **paix sociale**, car « Il vaut mieux une injustice qu'un désordre » (Gœthe).
Mais ce n'est pas la position de Rousseau, ni de la pensée des « droits de l'homme » : les lois peuvent être injustes, et cautionner des inégalités de droits. **Un droit positif juste sera alors un droit conforme au droit naturel**, c'est-à-dire à ce que la raison reconnaît comme moralement fondé, eu égard à la dignité de la personne humaine.

La justice est-elle une vertu ou une illusion ?

Platon soutient que la justice, si elle est l'idéal de la communauté politique, doit aussi être **une vertu morale en chaque individu**. Contre ceux qui soutiennent que « nul n'est juste volontairement » et que la justice comme vertu n'existe pas, Platon montre que c'est le rôle de **l'éducation** d'élever chacun à cette vertu suprême, qui implique à la fois **sagesse**, **courage et tempérance**.
Certes, l'homme a tendance à vouloir s'attribuer plus que les autres au mépris de tout mérite : si comme Gygès, nous trouvions un anneau nous rendant invisibles, nous commettrions les pires injustices. Mais Gygès était un berger privé d'éducation, et qui vivait hors de la cité : l'enjeu de la **politique**, c'est précisément de rendre les citoyens meilleurs, en leur faisant acquérir cette vertu qu'est la justice, contre leurs penchants égoïstes.

« Ce n'est pas la vérité, mais l'autorité qui fait le droit. » (Hobbes)

L'égalité des droits suffit-elle à fonder une société juste ?

La démocratie a commencé par poser qu'il y avait des droits inaliénables et universels : les droits de l'homme. Mais la sphère des droits s'est progressivement étendue : par exemple, la richesse globale étant le fruit du travail de tous, il est normal que chacun ait droit à une part raisonnable.
Cette extension du « droit de » au « droit à » s'est achevée par **l'exigence de droits « en tant que »** (femme, minorité, etc.). En démocratie, certaines minorités sont systématiquement ignorées, puisque c'est la majorité qui décide de la loi : donner des droits égaux à tous, c'est donc finalement reconduire des inégalités de fait. Selon John Rawls il faut, au nom de la justice, tolérer des inégalités de droits, à condition que ces inégalités soient au profit des moins favorisés. Cela cependant amène à nier que tous les droits sont universels, parce que certains auront des droits que d'autres n'ont pas. ■

« La justice sans la force est impuissante ; la force sans la justice est tyrannique. »(Pascal)

UN ARTICLE DU *MONDE* À CONSULTER

- **« Le droit d'exception risque de devenir la règle »** p. 83 (Jean-Baptiste Jacquin, *Le Monde* daté du 18.11.2015)

ZOOM SUR…

La pensée politique de Platon
Dans le cadre d'une réflexion centrée sur la recherche de l'essence de la justice, la *République* pose les fondements de la cité juste, idéale en ce sens qu'aucune des cités réelles ne l'incarne aux yeux de Platon. Pour être juste, elle devra être divisée en trois classes de citoyens : les artisans et les laboureurs en assureront la subsistance ; les gardiens guerriers la défendront contre les ennemis ; et enfin, les meilleurs gardiens, ceux qui auront parcouru toute l'ascension du sensible à l'intelligible, gouverneront la cité. Les différences de fonctions doivent épouser les différences d'aptitudes naturelles. Telle est d'ailleurs la définition de la justice qui se dégage peu à peu du dialogue : que chacun exerce l'activité qui convient à sa nature et occupe ainsi la place qui lui revient par nature. Or, ce qui vaut de la cité vaut également de l'individu, selon une analogie célèbre : à la tripartition de la cité répond dans l'individu la tripartition de l'âme en une instance dirigeante (la raison), une instance dont la tâche est de la seconder (le cœur, instance de la colère), et enfin une partie désirante, qui doit obéir. La justice règne quand ces hiérarchies naturelles (entre les parties de l'âme dans l'individu et les classes de citoyens dans la cité) sont respectées. Jusqu'à la fin de sa vie (sa dernière œuvre s'intitule les *Lois*), Platon cherchera à penser les fondements d'une cité ordonnée selon des lois justes, susceptibles de rendre les citoyens vertueux.

Dissertation :
Le juste et l'injuste ne sont-ils que des conventions ?

L'analyse du sujet

I. Les termes du sujet
• Le juste et l'injuste :
– sens moral : référence aux valeurs, aux concepts, aux figures du juste et de son contraire.
– sens politique : référence à ce qui est juste par rapport aux lois.
• Conventions :
– accords ou pactes passés entre individus.
– règles et pratiques appliquées et reconnues par un groupe social.
• Ne sont-ils que :
– idée de réduction, de limitation.
– idée de définition.

II. Les points du programme
• La justice et le droit.
• L'État.

L'accroche
Le mariage et l'adoption pour les couples homosexuels ne sont pas autorisés par la loi en Italie, mais ils le sont en France.

La problématique
Doit-on penser qu'il n'existe aucune autre justice que celle décidée par les hommes ? Sa définition peut-elle alors évoluer selon les époques, selon les lois en vigueur ? Une valeur suprême comme la justice n'a-t-elle pas une essence plus objective, plus atemporelle ?

Le plan détaillé du développement
I. Ce qui est juste est affaire de convention entre les hommes.
a) Les lois, les règlements, les pratiques donnent la norme de ce qui est reconnu comme juste.
b) La reconnaissance de l'institution de la justice dans un État est elle-même affaire d'accord entre les hommes (*cf.* analyse de Hobbes).
c) Sans convention, sans pouvoir reconnu, aucune norme ne s'impose à personne.

Transition : Pourtant, le pouvoir, même démocratique, peut être qualifié d'injuste, notamment quand il y a abus d'autorité.

II. La justice s'impose aux hommes.
a) Le pouvoir politique crée un déséquilibre et une supériorité, dont on peut abuser (*cf.* analyse de Montesquieu).
b) L'égalité est une caractéristique objective de justice, ou, inversement, le fait de prendre plus que sa part (de biens et de maux) est injuste (*cf.* analyse d'Aristote).
c) La figure du juste, du héros peut correspondre à une justice objective, naturelle : vouloir le bien de l'autre, rétablir les équilibres entre les hommes.

Transition : Pourtant les hommes n'ont pas tous les mêmes héros.

III. La convention correspond au juste.
a) La convention, au sens politique ou juridique, est elle-même expérience de justice : il y a accord, égalité et création d'une norme supérieure.
b) La volonté générale correspond à l'essence même de la convention : accord, institution et coercition (cf. analyse de Rousseau), ce pourquoi elle est juste.

Conclusion
Le juste et l'injuste ne sont que des conventions, mais ils sont toute la convention, et non une convention tronquée, au sens où la norme et l'accord de quelques-uns s'imposeraient à tous. ■

Les bons outils
• Aristote, *Éthique à Nicomaque*.
• Rousseau, *Du contrat social*.
• Hobbes, *Léviathan*.
• Montesquieu, *De l'Esprit des Lois*.
• Rawls, *Théorie de la Justice*.

Ce qu'il ne faut pas faire
Oublier de citer d'autres exemples de conventions : langage, règlement, code, etc.

TEXTE CLÉ

Dans cet extrait, à travers le dialogue de Socrate et de Thrasymaque, Platon montre que la justice est le fondement ultime des actions humaines et de la paix individuelle et sociale. Socrate dialogue avec Thrasymaque :

Mais fais-moi la grâce de répondre encore à ceci : crois-tu qu'une cité, une armée, une bande de brigands ou de voleurs, ou toute autre société qui poursuit en commun un but injuste, pourrait mener à bien quelque entreprise si ses membres violaient entre eux les règles de la justice ?
Certes non, avoua-t-il.
Mais s'ils les observaient ? Cela n'irait-il pas mieux ?
Certainement.
En effet, Thrasymaque, l'injustice fait naître entre les hommes des dissensions, des haines et des luttes, tandis que la justice entretient la concorde et l'amitié. N'est-ce pas ?
Que cela soit ! dit-il, afin que je n'aie point de différend avec toi.
Tu te conduis fort bien, excellent homme. Mais réponds à cette question : si c'est le propre de l'injustice d'engendrer la haine partout où elle se trouve, apparaissant chez des hommes libres ou des esclaves, ne fera-t-elle pas qu'ils se haïssent, se querellent entre eux, et soient impuissants à rien entreprendre en commun ?
Sans doute.
Mais si elle apparaît en deux hommes ? Ne seront-ils pas divisés, haineux, ennemis l'un de l'autre et des justes ?
Ils le seront, dit-il.
Et si, merveilleux ami, l'injustice apparaît chez un seul homme, perdra-t-elle son pouvoir ou le gardera-t-elle intact ?
Qu'elle le garde intact ! concéda-t-il.
Donc, ne semble-t-elle pas posséder le pouvoir, en quelque sujet qu'elle apparaisse, cité, tribu, armée ou société quelconque, de rendre d'abord ce sujet incapable d'agir en accord avec lui-même, à cause des dissensions et des différends qu'elle excite, ensuite de le faire l'ennemi de lui-même, de son contraire et du juste ?
Sans doute.

Platon, *République*, Livre I

« Le droit d'exception risque de devenir la règle »

Pour la juriste Mireille Delmas-Marty, la course à la répression pourrait être mortelle pour la démocratie.

Agrégée de droit privé et de sciences criminelles, ancienne professeure des universités Lille-II, Paris-XI, Paris-I-Panthéon-Sorbonne, ex-membre de l'Institut universitaire de France, puis au Collège de France de 2003 à 2011, Mireille Delmas-Marty a été professeure invitée dans la plupart des grandes universités européennes, ainsi qu'aux Etats-Unis, en Amérique latine, en Chine, au Japon et au Canada.

Peut-on être en guerre contre le terrorisme ?

Il est très difficile de qualifier juridiquement ce terrorisme global. Les attentats du 11 septembre 2001 auraient pu être qualifiés de crimes contre l'humanité au sens du statut de la Cour pénale internationale : une attaque *« généralisée ou systématique lancée contre une population civile et en connaissance de cette attaque »* par un Etat ou par *« une organisation ayant pour but une telle attaque »*.

Les Etats-Unis ont préféré la qualification d'acte de guerre, ce qui permettait à la fois de transférer les pleins pouvoirs au président et d'invoquer l'agression, au sens du droit international, pour justifier la légitime défense dans une conception dite préventive qui va très loin puisqu'elle a conduit à l'intervention en Irak, avec la suite que l'on sait. Le terrorisme est incriminé par le code pénal français, où l'on trouve aussi le crime contre l'humanité. On peut parler de guerre, pour marquer la dimension tragique, mais l'Etat islamique n'est pas un Etat au regard du droit international, même s'il devient de plus en plus un Etat de fait.

On raisonne avec des outils, antérieurs à la mondialisation, qui postulent des Etats souverains et un droit international de type interétatique.

Quel cadre international serait adapté pour lutter contre ces nouvelles menaces ?

La mondialisation a renforcé les interdépendances entre Etats. Une communauté mondiale est en train de se constituer, mais sans les concepts juridiques qui répondraient à cette situation nouvelle dite « postmoderne », où se confondent, comme dans les sociétés pré-étatiques, guerres et crimes. On aurait besoin d'une déclaration d'interdépendance à l'échelle mondiale accompagnée d'un principe de solidarité planétaire et de coresponsabilité. De ce point de vue, le terrorisme pose la même question que le réchauffement climatique : qui est le gardien de la Terre face aux dérèglements climatiques ? Qui est le gardien d'une paix durable face au terrorisme global ? Comment adapter la gouvernance mondiale afin de garantir l'intérêt mondial d'une terre habitable ?

Un nouveau cadre juridique international est nécessaire pour assurer la protection de ces biens communs mondiaux. Au XVIIIe siècle, la communauté internationale luttait contre ceux que l'on appelait à l'époque les ennemis du genre humain, c'est-à-dire les pirates. Les terroristes sont peut-être les pirates du XXIe siècle.

L'état d'urgence est-il une mesure adaptée et une décision légitime ?

Il valait mieux utiliser la loi de 1955 qui permet l'état d'urgence que l'article 16 de la Constitution qui confère les pleins pouvoirs au président de la République. Le chef de l'Etat n'avait pas d'autre choix s'il voulait riposter de façon extrêmement rapide et visible contre les agresseurs. En revanche, dans la durée, cette situation appelle sans doute une mise à jour de nos institutions. Mais cela ne peut se faire, comme le président l'a rappelé, que dans le cadre de l'Etat de droit et des engagements internationaux de la France. Au premier rang de ceux-ci figure la Convention européenne des droits de l'homme, qui admet des dérogations en cas *« de guerre ou d'autre danger public menaçant la vie de la nation »*, mais dans *« la stricte mesure où la situation l'exige »*.

En ce cas, un Etat peut déroger à un certain nombre de droits fondamentaux en prévoyant des mesures limitant, par exemple, le respect de la liberté, de la vie privée ou de la liberté d'expression. Tout ceci à la condition qu'on ne touche pas à ce qui est qualifié de droit indérogeable, c'est-à-dire essentiellement le droit au respect de la dignité qui interdit la torture et autres actes inhumains, même contre des « barbares ». Les perquisitions extrajudiciaires, qui restreignent le respect de la vie privée, tout comme l'assignation à résidence dans des conditions dérogeant au respect de la liberté d'aller et venir, seraient sans doute admises dès lors que le Conseil de l'Europe serait informé des mesures prises et des motifs indiqués. La situation est très différente aux Etats-Unis, où l'état d'exception ne peut être invoqué qu'à travers l'état de guerre, et sans contrôle international.

Proroger d'emblée de trois mois l'état d'urgence n'est-il pas risqué ?

Si nous sommes effectivement engagés dans une « guerre » contre le terrorisme global, elle va durer longtemps. Le risque est, au motif de défendre les valeurs humanistes, de les mettre en danger, comme l'ont fait les Américains en autorisant la torture et en ouvrant Guantanamo. Le risque est aussi que le droit dit d'exception devienne la règle car la difficulté sera de mettre un terme à ces mesures. Dans une guerre, les processus habituels de pacification sont des traités de paix. Là, on imagine mal avec qui conclure un traité de paix. Dans une telle situation dont on ne voit pas la fin, il serait nécessaire d'adapter le cadre juridique international. En attendant, on est contraint de faire du « bricolage » et d'utiliser le cadre ancien pour faire face à une situation nouvelle.

La multiplication des lois sur la sécurité ces vingt dernières années ne réduit-elle pas l'intérêt relatif de l'état d'urgence ?

Il est vrai que, en droit interne, les textes permettent déjà beaucoup de choses et sans doute, y a-t-il aussi un effet d'affichage dans le recours à la loi sur l'état d'urgence. L'inquiétant est que chaque attentat terroriste est suivi d'un renforcement de l'arsenal législatif, sans résultat satisfaisant. Il y a là une sorte de course qui, à terme, pourrait être mortelle pour la démocratie.

Comment nos voisins traitent-ils ces sujets ?

La loi fondamentale allemande a prévu un *« état de nécessité »,* intérieur et extérieur, mais se limite à un transfert de pouvoirs au chancelier, sans suspension des droits fondamentaux. Le droit constitutionnel allemand est dominé par la volonté de maintenir, dans la mesure du possible, toutes les garanties de l'Etat de droit, même dans des circonstances exceptionnelles. En Espagne, la Constitution de 1978 définit trois états dits provisoires (état d'alerte, état d'exception et état de siège) et distingue le cas du terrorisme, mais précise les droits qui pourraient être suspendus.

En France, il n'y a dans la Constitution aucune disposition sur le terrorisme. Or, la situation a changé depuis 1958, avec l'ampleur qu'a pris le terrorisme, mais aussi avec l'entrée en vigueur de la Convention européenne des droits de l'homme. Si l'on change le cadre des transferts de pouvoirs, il faudra préciser la durée, les conditions, les garanties et les limites, y compris les droits auxquels il ne peut, même temporairement, être dérogé.

Propos recueillis par Jean-Baptiste Jacquin, *Le Monde* daté du 18.11.2015

POURQUOI CET ARTICLE ?

Si l'on définit le droit comme l'ensemble des règles régissant un État dans le but d'instaurer la justice en faisant en sorte que les rapports entre les citoyens ne soient pas de purs rapports de force, la question se pose de savoir quelle est sa puissance face à la violence. La montée du terrorisme a conduit de nombreux États, dont la France, à décréter un état d'exception – en France, l'état d'urgence – autorisant la puissance publique à déroger à certaines dispositions juridiques pour lutter contre la violence terroriste. Cet article pose la question de savoir jusqu'où l'on peut aller en ce domaine sans mettre en péril les valeurs inhérentes à l'état de droit. **Ne risque-t-on pas de fragiliser ce dernier sous prétexte de le défendre, de réduire nos libertés au nom de la sécurité ?**

L'État

Si « l'homme est le vivant politique » (Aristote), alors ce n'est qu'au sein d'une cité (*polis* en grec) qu'il peut réaliser son humanité. Or l'organisation d'une coexistence harmonieuse entre les hommes ne va pas de soi : comment concilier les désirs et intérêts divergents de chacun avec le bien de tous ?

Peut-on concevoir une société sans État ?

Aristote définit trois ensembles nécessaires : **la famille, le village et la cité**. La famille organise la parenté et assure la filiation ; le village quant à lui pourrait correspondre à ce que nous nommons la société civile : il assure la prospérité économique et pourvoit aux besoins des familles par l'organisation du travail et des échanges.

Enfin, il y a la cité, parce que les seules communautés familiales et économiques ne satisfont pas tous les besoins de l'homme : il lui faut vivre sous une communauté politique, qui a pour fonction d'**établir les lois**. Selon Aristote, la cité, c'est-à-dire l'organisation politique, est pour l'homme **« une seconde nature »** : par elle, l'homme quitte la sphère du naturel pour entrer dans un monde proprement humain.

D'où vient la nécessité d'opposer société et État ?

Si dans la cité grecque, de dimension réduite, chacun pouvait se sentir lié à tous par des traditions, une religion et des sentiments communs forts, l'idée d'État moderne distingue la **société civile**, association artificielle de membres aux liens plus économiques que sentimentaux, et l'État, comme **puissance publique posant les lois et contrôlant le corps social**.

L'État moderne a fait disparaître l'idée grecque de la politique comme prolongement de la sociabilité naturelle des hommes.

« Il apparaît qu'aussi longtemps que les hommes vivent sans pouvoir commun qui les tiennent en respect, ils sont dans cette situation que l'on appelle la guerre, et cette guerre est une guerre de tous contre tous. » (Hobbes)

Page de titre du *Léviathan* de Thomas Hobbes.

MOTS CLÉS

CONTRAT SOCIAL
Le contrat social est un pacte qui détermine l'organisation d'une société. Chez de nombreux philosophes du XVIIIe siècle, comme Hobbes ou Rousseau, mais selon des modalités différentes, le contrat social est l'origine et le fondement même de toute communauté politique.

ÉTAT
Ensemble durable des institutions politiques et juridiques qui organisent une société sur un territoire donné et définissent un espace public.
Le problème essentiel est celui de la légitimité des fondements de l'État.

LOI
En politique, la loi est la règle établie par l'autorité souveraine, à laquelle les sujets de l'État qu'elle organise doivent obéir.

POLITIQUE
Du grec *polis*, « la cité ». Désigne l'art de gouverner la cité, de diriger un État. Repose-t-elle sur un savoir théorique ou n'est-elle qu'un ensemble de techniques ? Sur quoi se fonde l'autorité politique ? Tels sont les grands axes de réflexion de la philosophie politique.

SOUVERAIN
Le souverain est la personne individuelle ou collective qui détient le pouvoir suprême.
Plus précisément, chez Rousseau, le souverain est celui qui établit les lois ; la souveraineté doit appartenir au peuple pour que l'État soit légitime.

VOLONTÉ GÉNÉRALE
Concept créé par Rousseau dans *Le Contrat social*. C'est, par opposition à la volonté particulière individuelle, la volonté du citoyen d'un État en tant qu'il veut ce qu'il doit vouloir pour le bien de tous, et non seulement pour son bien propre. L'État légitime, pour Rousseau, doit être dirigé par la volonté générale, qui se matérialise dans les lois.

Qu'est-ce qui caractérise la notion d'État ?

L'idée moderne d'État pose la séparation entre le cadre constitutionnel des lois et ceux qui exercent le pouvoir : ceux-ci ne sont que des ministres, c'est-à-dire des serviteurs, dont le rôle est de faire appliquer la loi, de maintenir l'ordre social et de garantir les droits des citoyens dans un cadre qui les dépasse.

L'État se caractérise en effet par sa **transcendance** (il est au-dessus et d'un autre ordre que la société) et sa **permanence** sous les changements politiques. Expression du cadre commun à la vie de tous les citoyens, on comprend qu'il doive se doter d'un appareil de contrainte apte à en assurer le respect.

« Chacun de nous met en commun sa personne et toute sa puissance sous la suprême direction de la volonté générale. » (Rousseau)

En quoi l'État est-il nécessaire ?

Selon Hobbes, l'homme est guidé par le désir de pouvoir : sous l'état de nature, chacun désire dominer l'autre. C'est **« la guerre de tous contre tous »** qui menace la survie même de l'espèce. Il faut donc instaurer **un pacte** par lequel chacun s'engage à se démettre du droit d'utiliser sa force au profit d'un tiers terme qui ne contracte pas et qui devient seul à pouvoir légitimement exercer la violence : l'État. L'État serait donc nécessaire pour assurer la paix sociale : chaque sujet accepte d'aliéner sa liberté au profit de l'État, si ce dernier peut lui assurer la sécurité.

Rousseau formule deux objections : d'abord, Hobbes suppose une nature humaine alors qu'il n'y a pas d'homme « naturel ». Ensuite, la question est de savoir s'il est légitime de mettre ainsi en balance la liberté et la sécurité.

Toute forme d'État est-elle légitime ?

Un État est légitime quand le peuple y est souverain, c'est-à-dire quand **les lois sont l'expression de la « volonté générale »** (Rousseau). Celle-ci n'est pas la volonté de la majorité mais ce que tout homme doit vouloir en tant que citoyen ayant en vue le bien de tous, et non en tant qu'individu n'ayant en vue que son intérêt propre.

La force en effet ne fait pas le droit : les hommes ne peuvent conserver et exercer leur liberté que dans un État fondé sur des lois dont ils sont les coauteurs. Ce n'est qu'à cette condition qu'ils peuvent **être libres tout en obéissant aux lois**.

Portrait de Montesquieu.

N'y a-t-il pas une fragilité fondamentale de tout État ?

L'État, aussi fort soit-il, ne peut échapper à deux types de menaces fondamentales. Premièrement, ceux qui sont délégués pour exercer le pouvoir peuvent perdre de vue le bien commun et viser le pouvoir pour lui-même. Le gouvernement est animé d'une tendance constitutive à usurper la souveraineté à son profit.

Deuxièmement, les volontés particulières tendent toujours à se faire valoir contre la volonté générale : nous voulons « jouir des droits du citoyen sans vouloir remplir les devoirs du sujet » (Rousseau). Un État est donc le résultat d'un fragile équilibre qui à tout moment peut se rompre. La société comme somme d'intérêts privés tend toujours à jouer contre lui.

UN ARTICLE DU *MONDE* À CONSULTER

- **Machiavel au pays des merveilles** p. 87
(Chistian Salmon, *Le Monde* daté du 04.02.2012)

ZOOM SUR...

La théorie du pacte social de Jean-Jacques Rousseau.

CONTRE LES THÉORIES POLITIQUES DE SES PRÉDÉCESSEURS

Que désormais le vice règne en maître ne signifie pas pour autant que la situation soit irrémédiable. Au contraire, il faut penser les conditions, non pas d'un retour (impossible) à un hypothétique état de nature, mais d'un état civil qui soit vraiment légitime. C'est précisément la tâche que Rousseau se donne dans le *Contrat social*. Ses adversaires sont principalement Hobbes (1588-1679), Grotius (1583-1645) et Pufendorf (1632-1694), qui ne sont à ses yeux que « des fauteurs du despotisme ». Leurs théories politiques ont en effet cela de commun qu'elles s'appliquent à justifier les rapports politiques de maîtrise et de servitude entre les hommes. Or, **« l'homme est né libre », et tous sont égaux en droit**. Comment penser alors un ordre politique qui concilie le devoir d'obéissance à la loi de l'État, la sécurité de chacun et de ses biens et la liberté de tous ?

Dissertation :
L'État est-il au-dessus des lois ?

L'analyse du sujet

I. Les termes du sujet

• *L'État* :
– sens restreint : pouvoir souverain, instance dirigeante d'un pays.
– sens général : organisation d'ensemble d'un pays, englobant dirigeants et peuple, sous la forme d'une autorité indépendante, dans des frontières reconnues.
• *Est-il au-dessus* :
– idée de supériorité et d'impunité.
– idée d'extériorité et d'indifférence.
• *Des lois* :
– sens juridique et politique : les lois en vigueur dans un État donné.
– sens général : lois au sens naturel, moral, divin, etc.

II. Les points du programme

• L'État
• La justice et le droit.

Nicolas Machiavel. Il est le premier à mettre à nu la politique, considérant l'État comme il est et non comme il devrait être, séparant la politique de la morale et aspirant à l'unité de l'Italie.

L'accroche

Le film *Ennemi d'État* (Tony Scott, 1998) montre comment un citoyen innocent se voit traqué et démis de tous ses droits au nom d'un prétendu intérêt supérieur de la nation.

La problématique

Comment l'État pourrait-il incarner le pouvoir souverain, s'il doit se soumettre aux lois ? Comment les lois pourraient-elles s'appliquer si ceux qui les font respecter ne les respectent pas eux-mêmes ? Enfin, l'État représente-t-il vraiment une entité distincte du peuple ?

Le plan détaillé du développement

I. Le pouvoir souverain détient une place à part à l'égard des lois.

a) L'État, compris comme autorité souveraine, est le garant des lois et dispose de la force pour les faire appliquer. À ce titre, il n'est pas au même rang que tout citoyen et n'engage pas son obéissance aux lois de façon équivalente (*cf.* analyse de Hobbes).
b) Les dangers et menaces pesant sur l'État doivent être combattus avec le souci d'efficacité, et parfois contre les lois en vigueur, y compris les lois morales (*cf.* analyse de Machiavel).
Transition : Justement, l'État n'est-il pas au moins soumis à la loi de sa propre conservation ?

II. L'État respecte et sert des lois essentielles.

a) L'État se constitue pour assurer l'ordre politique et la sécurité (*cf.* analyse de Hobbes). Il suit donc une loi naturelle fondamentale.
b) L'État se constitue pour assurer plus que cela : la liberté et le bien-être de la population (*cf.* analyse de Spinoza), c'est-à-dire une loi naturelle et morale de respect de l'individu.
c) Même l'État totalitaire se veut soumis à l'exigence de réaliser la loi de l'histoire ou de la nature (*cf.* analyse de Arendt).
Transition : Précisément, n'a-t-il pas fait en cela la pire des choses ? Ne faut-il pas déterminer quelle loi spécifique il doit suivre ?

III. L'État n'est pas autre chose que le peuple qui le constitue.

a) L'État est légitime dans la mesure où il se matérialise dans le pouvoir législatif, lui-même constitué par la volonté générale (*cf.* analyse de Rousseau). Ou dans la mesure où il vise à l'intérêt de tous, sans sacrifice de quelques-uns (*cf.* analyse d'Aristote).
b) C'est en veillant à respecter le principe même de la loi que les décisions de l'État sont légitimes.

Conclusion

L'État ne saurait être au-dessus des lois, celles-ci le constituant en tant que tel. ■

Les bons outils

• L'analyse des conditions du pacte social par Hobbes, dans le *Léviathan*.
• La théorie de la séparation des pouvoirs par Montesquieu dans *L'Esprit des lois*.
• Aristote, *La Politique*.
• Rousseau, *Du Contrat social*.
• Machiavel, *Le Prince*.

Ce qu'il ne faut pas faire

Énoncer des affirmations contre le gouvernement ou l'État, sans analyse ni nuance.

TEXTE CLÉ

Dans cet extrait, Aristote met en lumière la nécessité pour l'homme de vivre dans un État s'il veut mener une existence digne de son humanité.

Si l'homme est infiniment plus sociable que les abeilles et tous les autres animaux qui vivent en troupe, c'est évidemment, comme je l'ai dit souvent, que la nature ne fait rien en vain. Or, elle accorde la parole à l'homme exclusivement. La voix peut bien exprimer la joie et la douleur ; aussi ne manque-t-elle pas aux autres animaux, parce que leur organisation va jusqu'à ressentir ces deux affections et à se les communiquer. Mais la parole est faite pour exprimer le bien et le mal, et, par suite aussi, le juste et l'injuste ; et l'homme a ceci de spécial, parmi tous les animaux, que seul il conçoit le bien et le mal, le juste et l'injuste, et tous les sentiments de même ordre, qui en s'associant constituent précisément la famille et l'État.

On ne peut douter que l'État ne soit naturellement au-dessus de la famille et de chaque individu ; car le tout l'emporte nécessairement sur la partie, puisque, le tout une fois détruit, il n'y a plus de parties, plus de pieds, plus de mains, si ce n'est par une pure analogie de mots, comme on dit une main de pierre ; car la main, séparée du corps, est tout aussi peu une main réelle. Les choses se définissent en général par les actes qu'elles accomplissent et ceux qu'elles peuvent accomplir ; dès que leur aptitude antérieure vient à cesser, on ne peut plus dire qu'elles sont les mêmes ; elles sont seulement comprises sous un même nom.

Ce qui prouve bien la nécessité naturelle de l'État et sa supériorité sur l'individu, c'est que, si on ne l'admet pas, l'individu peut alors se suffire à lui-même dans l'isolement du tout, ainsi que du reste des parties ; or, celui qui ne peut vivre en société, et dont l'indépendance n'a pas de besoins, celui-là ne saurait jamais être membre de l'État. C'est une brute ou un dieu.

Aristote, *Politique*, Livre I

Machiavel au pays des merveilles

Qu'en est-il en ce début de XXIe siècle du *Prince* auquel Machiavel prodiguait ses conseils de bonne gouvernance ? Peut-on aujourd'hui encore tenter d'éclairer nos gouvernants sur les moyens de conquérir le pouvoir, de le conserver et, le cas échéant, sur les raisons de sa perte ? Beaucoup le croient, dans nos démocraties médiatiques qui ont transformé l'enseignement du maître florentin en un commerce lucratif plus proche du marketing que de la philosophie politique. Mais quel est ce pouvoir qu'il s'agirait de conquérir ou de conserver ? Sur quels sujets s'exerce-t-il ? Quel est son champ d'action, sa sphère d'influence, ses marges de manœuvre ? Quels sont ses rivaux à l'intérieur et à l'extérieur ? A l'époque de Machiavel, ces questions se posaient de manière plus simple. Selon lui, les difficultés à gouverner se concentraient essentiellement dans les Etats nouvellement acquis. Selon Machiavel, le Prince y a pour ennemis tous ceux dont il a blessé les intérêts. Il ne peut conserver l'amitié ni la fidélité de ceux qui lui en ont facilité l'entrée par l'impuissance où il se trouve de les satisfaire autant qu'il se l'était promis. Les problèmes de gouvernance dans les démocraties modernes reproduisent parfois jusqu'à la caricature cette situation. Même si le pouvoir s'obtient par le suffrage universel et non par la force. Passé un bref état de grâce, le nouveau prince élu se voit confronté non seulement à ses anciens rivaux, tous bien identifiés, mais à un ennemi insaisissable et rebelle : l'opinion. D'autres facteurs objectifs viennent lui compliquer la tâche. Le cadre national de la gouvernance s'effiloche par les deux bouts, au bénéfice des pouvoirs régionaux d'une part et des instances supranationales de l'autre, qu'elles soient chargées de régulation économique, monétaire ou d'intervention militaire.

La souveraineté de la nation est contestée de toutes parts par la puissance des lobbies en tous genres. A peine a-t-on conquis le pouvoir dans les urnes qu'on découvre qu'il a déserté les palais nationaux pour migrer en d'autres lieux – Bruxelles, Wall Street, Washington –, quand il ne s'est pas purement et simplement volatilisé dans les nuées de la mondialisation. Depuis la crise de 2008, les « marchés » dictent aux gouvernements les politiques de rigueur et les agences de notation sanctionnent les récalcitrants. De sorte que l'expression de la volonté collective par l'élection, censée servir de socle à la démocratie, finit par apparaître comme un subterfuge qui se résume à la possibilité offerte au plus grand nombre de se choisir un prince virtuel tous les quatre ou cinq ans. Un roi Carnaval, entouré de collets montés, d'arlequins et de fées aux masques de velours. S'il fallait encore une preuve de la fin du politique, elle résiderait dans la figure spectrale de ce prince sans royaume et sans gloire, condamné à mimer les gestes et les attributions d'une souveraineté perdue.

Mais que signifie alors dans ces conditions conquérir le pouvoir ou le perdre ? De quel pouvoir s'agit-il et de quelle perte sinon d'un pouvoir dépourvu de ses attributions et d'une perte qui ne se limite pas à une défaite électorale mais d'une déperdition qui affecte le pouvoir lui-même, la politique elle-même ? On peut toujours se consoler en qualifiant cette crise de nouvelle phase ou de mue post-politique, mais c'est encore trop dire, car ce qui survit à la politique n'a plus grand-chose en commun avec cette passion et cette quête que partageaient les hommes depuis l'invention de la démocratie. On l'a bien qualifiée de médiatique, de participative, ou de sociale pour tenter de lui redonner un peu de lustre, mais la politique, comme expérience de la démocratie et art du bon gouvernement, appartient au passé. A sa place, nous conservons quelques vestiges, le vieux théâtre grec, les tableaux de David, l'œuvre de Machiavel… Parfois, il nous arrive d'en ressentir encore le souffle, comme en 2008, lors de la campagne présidentielle de Barack Obama aux Etats-Unis. La presse, alors, parle d'homme providentiel, d'élection historique mais, nous sommes vite obligés d'en convenir, ce n'était qu'une hallucination. Le retour du politique, tant de fois annoncé, ne s'est pas produit. ■

Christian Salmon, *Le Monde* daté du 04.02.2012

POURQUOI CET ARTICLE ?

Christian Salmon, en montrant qu'aujourd'hui le pouvoir politique n'en est plus véritablement un, met en évidence le désenchantement total vécu par les citoyens du XXe siècle. **Nous ne pouvons plus désormais nous rapporter aux grandes doctrines de la philosophie politique classique** – comme celle que Machiavel a élaborée dans son ouvrage *Le Prince* – puisque l'existence même de la sphère politique s'est dissipée au profit de pouvoirs qui ne tirent pas leur légitimité du peuple. La vie politique authentique, dans laquelle les philosophies politiques du passé puisaient leur sens, n'est plus de ce monde.

La liberté et le devoir

Être libre, c'est faire ce que je veux » : telle est notre définition courante de la liberté. Je ne serais donc pas libre lorsqu'on contraint ma volonté par des règles, des ordres et des lois. Être libre serait alors la condition naturelle de l'homme, et la société la marque de son esclavage. Pourtant, cette opinion ne semble pas tenable.

Delacroix, *La Liberté guidant le peuple*.

Peut-on dire que l'animal est libre ?

Si la liberté est l'absence de toute règle et de toute contrainte, alors l'animal est libre. Mais ce raisonnement n'a qu'une apparence de vérité : le comportement d'un animal est en fait dicté par son **instinct**, de sorte que l'animal ne peut pas s'empêcher d'agir comme il agit. L'instinct commande, l'animal obéit : loin d'être le modèle de la liberté, l'animal est l'incarnation d'**une totale servitude à la nature**. On ne peut parler de liberté que pour un être qui s'est affranchi du déterminisme naturel.

De quelle manière l'homme conquiert-il la liberté ?

Pour être libre, il faut pouvoir choisir de faire ou de ne pas faire. Seul donc un être qui s'est débarrassé de la tyrannie des instincts peut remplir les conditions minimales de l'accès à la liberté. Kant soutient que c'est

MOTS CLÉS

DESTIN

Du latin *destinare*, « fixer, assujettir ». Enchaînement d'événements tels qu'ils seraient fixés irrévocablement à l'avance, quoi que nous fassions.

DÉTERMINISME

Relation nécessaire entre une cause et son effet. On parle de déterminisme naturel pour désigner le fait que tous les phénomènes naturels sont soumis à des lois nécessaires d'enchaînement causal.

DEVOIR

Il faut distinguer *le* devoir, comme obligation morale valant absolument et sans condition, susceptible d'être exigé de tout être **raisonnable**, et *les* devoirs, comme obligations sociales, liées à une charge, une profession ou un statut, qui n'ont qu'une valeur conditionnelle et ne peuvent prétendre à l'universalité. **Kant** fait de **l'impératif catégorique** de la moralité l'énoncé de notre devoir en tant qu'êtres raisonnables.

IMPÉRATIF CATÉGORIQUE

Si les impératifs énoncent un devoir, tous ne sont pas moraux. **Kant** distingue ainsi les impératifs hypothétiques, qui sont conditionnels, simples conseils de prudence ou d'habileté (« si tu veux ceci, fais cela »), de l'impératif catégorique. Seul impératif **moral**, il commande absolument et sans condition à tout être **raisonnable**, toujours et partout, indépendamment des désirs, des conséquences et de l'utilité. En voici une des formulations : « Agis uniquement d'après la maxime qui fait que tu peux vouloir en même temps qu'elle devienne une loi universelle. »

LIBERTÉ

Contre le sens commun, qui définit la liberté par la possibilité de l'assouvissement des **désirs**, **Kant** montre qu'il n'y a de liberté que dans l'autonomie, c'est-à-dire l'obéissance à la **loi morale**, qui, issue de la **raison**, assure notre indépendance à l'égard de tout motif extérieur et pathologique.

La liberté est alors non pas tant un fait qu'une exigence dont l'homme a à se montrer digne.

précisément là le rôle de **l'éducation** : elle a pour but premier de discipliner les instincts, c'est-à-dire de les réduire au silence pour que l'homme ne se contente pas d'obéir à ce que sa nature commande.
C'est aussi, et plus largement, le rôle de **la vie en communauté** : la société civile nous libère de la nature en substituant les lois sociales aux lois naturelles. C'est donc la culture au sens large, c'est-à-dire la façon que l'homme a de faire taire la nature en lui, qui nous fait accéder à la liberté.

À quelles conditions puis-je être libre ?

« Je suis libre quand je fais ce que je veux »... Certes, mais à quelles conditions suis-je libre de vouloir ce que je veux ? Le plus souvent, **ma volonté est déterminée par ce que je suis** : il n'y aurait aucun sens à vouloir être plus grand si je n'étais pas petit. Ma volonté n'est alors pas libre ; bien au contraire, elle est déterminée : je ne choisis pas plus de vouloir être grand que je n'ai choisi d'être petit.
Ma volonté n'est donc libre que quand elle s'est libérée de toutes les déterminations qu'elle a reçues, c'est-à-dire quand elle s'est affranchie de tout ce qui en fait ma volonté. Pour être réellement libre, il faudrait que ma volonté veuille ce que toute volonté peut vouloir, donc que ce qu'elle veuille soit universellement valable.

Qu'est-ce qu'une volonté universelle ?

Kant affirme que ma volonté est universelle quand elle veut ce que tout homme ne peut que vouloir : **être respecté en tant que volonté libre**. Pour être libre, ma volonté doit respecter la liberté en moi-même comme en autrui : elle doit observer le **commandement suprême de la moralité** qui ordonne de considérer autrui toujours comme une fin en soi, et jamais comme un moyen de satisfaire mes désirs.
La liberté se conquiert donc en luttant contre les désirs qui réduisent l'homme en esclavage et en obéissant à l'impératif de la moralité.

Comment être libre tout en obéissant à une loi ?

S'il suffisait d'obéir aux lois pour être libre, alors les sujets d'une tyrannie connaîtraient la liberté. Pour Rousseau, la seule solution à ce problème à la fois politique et moral, c'est que je sois aussi **l'auteur de la loi à laquelle je me soumets**.
Sur le plan politique, le « contrat social » garantit la liberté des citoyens non en les délivrant de toute loi, mais en faisant d'eux les auteurs de la loi : par le vote, les hommes se donnent à eux-mêmes leurs propres lois, en ayant en vue non leurs intérêts particuliers mais le bien commun.
De même, sur le plan moral, Kant, en se référant à Rousseau, montre que la loi de la moralité à laquelle je dois me soumettre (et qui s'exprime sous la forme d'un **impératif catégorique**) ne m'est pas imposée de l'extérieur, mais vient de ma propre **conscience** : je suis libre lorsque j'obéis au commandement moral, parce c'est moi-même qui me le prescris.

La liberté est-elle l'essence de l'homme ?

Dire que la liberté constitue la seule essence de l'homme, cela revient à dire que l'homme n'a pas de nature, qu'il est ce qu'il a choisi d'être, même si ce choix n'est pas assumé comme tel voire même implicite (Sartre).
Pour Heidegger, il faut aller jusqu'à dire que **l'essence de l'homme, c'est l'existence** : parce qu'il est temporel, l'homme est toujours jeté hors de lui-même vers des possibles parmi lesquels il doit choisir.
D'instant en instant, l'homme (qu'il le veuille ou non) est **une liberté en acte** : j'ai à chaque instant à choisir celui que je serai, même si la plupart du temps je refuse de le faire, par exemple en laissant les autres décider à ma place. Que la liberté soit l'essence de l'homme, cela signifie donc aussi qu'elle est un fardeau écrasant : elle me rend **seul responsable de ce que je suis**. C'est précisément à cette responsabilité que j'essaye d'échapper en excusant mon comportement et mes choix par un « caractère » ou une « nature » (sur le mode du : « ce n'est pas ma faute : je suis comme cela ! »). ■

Baruch Spinoza (1632-1677).

UN ARTICLE DU *MONDE* À CONSULTER

- **Liberté** p. 91 (Philippe Boucher, *Le Monde* daté du 07.10.1989)

ZOOM SUR...

La conception de la liberté dans l'éthique de Spinoza

NÉCESSITÉ ET LIBERTÉ

Imaginer que Dieu soit doté d'intellect et de volonté et qu'il choisisse entre des possibles, selon certaines fins, ce qu'il va créer, ce ne sont que préjugés de l'imagination. Le finalisme n'est qu'une illusion anthropomorphique : Dieu (c'est-à-dire la nature) n'agit pas pour une fin, mais la seule causalité à l'œuvre dans tout ce qui est, c'est la causalité efficiente, mécanique, selon un ordre de causes et d'effets absolument nécessaire. Toute chose est tout ce qu'elle peut être. Il n'y a donc pas à se lamenter de ce qu'elle n'est pas comme on désire qu'elle soit, mais seulement à comprendre l'ordre nécessaire de consécution des causes et des effets.
Il faut donc également en finir avec cet anthropomorphisme grossier qui projette sur Dieu la conviction illusoire qu'ont les hommes d'être dotés d'un libre arbitre. Nous nous croyons libres parce que nous avons conscience de nos appétits, tout en ignorant les causes qui nous déterminent à vouloir ce que nous voulons. Ainsi, entre une pierre qui se meut du fait d'une impulsion initiale et un homme qui agit, il n'y a aucune différence de nature : le second n'est pas plus libre que la première, mais il le croit, simplement parce qu'il est conscient de ses actes. Si la pierre avait conscience de son mouvement, elle croirait également en être la cause, elle serait convaincue d'être libre. Ainsi, l'homme « n'est pas dans la nature comme un empire dans un empire », et il n'y a donc pas plus de libre décret en l'homme qu'en Dieu. Pourtant, Dieu peut être dit cause libre, au sens qu'il n'est pas contraint par autre chose à faire ce qu'il fait, mais qu'il le fait de par la seule nécessité de sa propre nature.
Ainsi, pour Spinoza, la liberté n'est pas le contraire de la nécessité mais de la contrainte. Or, toute chose étant contrainte (l'homme y compris), Dieu seul sera cause libre, parce que la nécessité de ses actes s'explique par sa seule nature.

Dissertation :
Toute prise de conscience est-elle libératrice ?

L'analyse du sujet

I. Les termes du sujet

• *Prise de conscience* :
– aspect subjectif : effort de lucidité, de critique.
– aspect objectif : accession à une vérité, à une connaissance.

• *Libératrice* :
– sens politique : gain de droits, d'autonomie.
– sens psychologique : gain de choix, de possibilités d'action.

II. Les points du programme

• La liberté.
• La conscience.
• L'histoire.

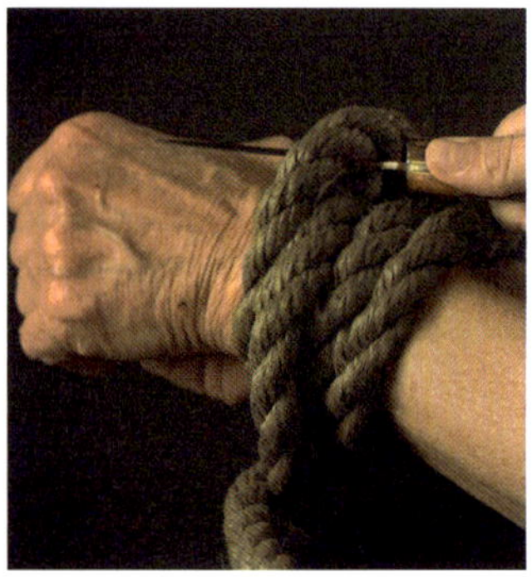

« En un mot, si l'on convient d'appeler libre tout acte qui émane du moi, et du moi seulement, l'acte qui porte la marque de notre personne est véritablement libre » (Pascal)

L'accroche

En prenant conscience de sa situation, jusqu'alors ignorée, Œdipe se crève les yeux et s'exile de Thèbes.

La problématique

A-t-on toujours intérêt à prendre conscience de choses ou d'emprises auxquelles on ne pourra rien changer ? Le gain de lucidité donne-t-il dans ce cas un gain de liberté ?

Le plan détaillé du développement

I. La prise de conscience donne une expérience de liberté.

a) D'un point de vue individuel, « prendre conscience » signifie se débarrasser d'une ignorance ou d'un préjugé sur une question. Cela implique une action d'analyse personnelle (exemple du *cogito* de Descartes).

b) D'un point de vue collectif, prendre conscience de son réel statut amène à le changer (exemple de la conscience de classe pour Marx).

Transition : Mais la révolution ne donne pas toujours lieu à un statut meilleur ou plus libre.

II. La lucidité repère, voire accroît, les limites de nos choix.

a) D'un point de vue philosophique, la prise de conscience du déterminisme pesant sur nous ne le fait pas disparaître (*cf.* analyse critique de Spinoza sur le libre arbitre).

b) D'un point de vue psychologique et moral, la conscience plus aiguë de nos limites et de nos défauts ne procure pas une grande confiance en soi (exemple du remords).

c) D'un point de vue hypothétique, il serait alors préférable d'ignorer beaucoup de choses et de se sentir libre et heureux de ce fait (exemple analysé par Descartes).

Transition : Mais un être sans réflexion, sans prise de conscience, est-il libre ?

III. La liberté ne peut s'établir sans prise de conscience.

a) L'action politique vise à agir sur les inégalités et les exploitations qui peuvent être changées. La prise de conscience en est la première étape nécessaire, quoique non suffisante.

b) D'un point de vue existentiel, la prise de conscience d'une liberté fondamentale pour l'homme l'amène à revendiquer et à assumer sa liberté (*cf.* analyse de Sartre).

c) Tout refuge derrière un déterminisme supposé est alors une perte de liberté et un exemple de mauvaise foi.

Conclusion

La prise de conscience est libératrice si elle s'accompagne des conditions permettant de changer ou d'assumer ce qui est devenu conscient.

Les bons outils

• Spinoza, *Lettres à Schuller*. L'auteur y présente son analogie de l'homme et de la pierre qui roule.
• Sartre, *L'existentialisme est un humanisme*.
• Rousseau, *Le Contrat social*.
• Hobbes, *Léviathan*.

Ce qu'il ne faut pas faire

Traiter le sujet sans voir la différence entre « conscience » et « prise de conscience » d'une part, et entre « liberté » et « libération » d'autre part.

TEXTE CLÉ

Dans cet extrait, Bergson montre que la liberté doit se comprendre à partir de l'acte d'une personnalité, d'un « moi » concret.

Bref, nous sommes libres quand nos actes émanent de notre personnalité entière, quand ils l'expriment, quand ils ont avec elle cette indéfinissable ressemblance qu'on trouve parfois entre l'œuvre et l'artiste. En vain on alléguera que nous cédons alors à l'influence toute-puissante de notre caractère. Notre caractère, c'est encore nous ; et parce qu'on s'est plu à scinder la personne en deux parties pour considérer tour à tour, par un effort d'abstraction, le moi qui sent ou pense et le moi qui agit, il y aurait quelque puérilité à conclure que l'un des deux moi pèse sur l'autre. Le même reproche s'adressera à ceux qui demandent si nous sommes libres de modifier notre caractère. Certes, notre caractère se modifie insensiblement tous les jours, et notre liberté en souffrirait, si ces acquisitions nouvelles venaient se greffer sur notre moi et non pas se fondre en lui. Mais, dès que cette fusion aura lieu, on devra dire que le changement survenu dans notre caractère est bien nôtre, que nous nous le sommes approprié. En un mot, si l'on convient d'appeler libre tout acte qui émane du moi, et du moi seulement, l'acte qui porte la marque de notre personne est véritablement libre, car notre moi seul en revendiquera la paternité. La thèse de la liberté se trouverait ainsi vérifiée si l'on consentait à ne chercher cette liberté que dans un certain caractère de la décision prise, dans l'acte libre en un mot.

Henri Bergson,
Essai sur les données immédiates de la conscience

Liberté

Que la liberté puisse craindre de la liberté, qu'elle puisse en être menacée, qu'elle puisse même en mourir, c'est davantage qu'un sujet de concours plutôt « bateau », c'est l'évidence qu'apportent, aujourd'hui comme hier, les pays qui tentent de se soustraire à la tyrannie, qui font irruption presque par mégarde dans un univers où le mot *liberté* ne serait plus dépourvu de sens et de poids.

À plus forte raison si ce renversement de cours s'opère sans ces bouleversements politiques, qu'on les nomme guerres ou révolutions, qui marquent la fracture entre une époque et une autre, et qui, ruinant l'ordre ancien, privent de toute parole ceux qui le soutenaient et s'offusquent du nouveau.

La liberté engendre la liberté et, avant d'en être repu, un pays qui en a été durablement privé, pour qui cette privation est presque un élément de civilisation, veut l'éprouver comme un pauvre gaspille une fortune inopinée. Au point de mettre en péril celui qui incarne ce mouvement. Parce qu'aussi, la liberté fait peur à ceux qui étaient accoutumés à vivre sans elle ; quand ils ne tiraient pas bénéfice de ce qu'elle était proscrite. La liberté devient une ennemie ; celui qui l'a restaurée, une cible.

L'URSS expose au reste du monde cette leçon de choses qui serait banale si elle n'avait pas la taille d'un empire ; composé, cet empire, comme il est de règle pour une telle organisation politique, de peuples asservis et de peuples soumis, de nations annexées et de nations sous surveillance ; les uns et les autres manifestement prêts maintenant à faire éclater l'empire, pour emprunter à l'ouvrage qui valut à Mme Carrère d'Encausse peut-être la fortune et assurément la célébrité.

C'est une vérité rebattue que l'URSS est l'héritière fidèle de la Sainte Russie, dont elle ne supprima, pour ainsi dire, que le gouvernement dynastique. Pour le reste, qu'il s'agisse de la politique extérieure ou de la police intérieure, qu'on se reporte à la relation de voyage que publia Astolphe de Custine en 1843 sous le titre *la Russie en 1839* et qui, par une involontaire prescience, décrit… la Russie soviétique, demeurée terriblement semblable à celle des tsars.

Custine s'y montre reporter d'un inimaginable futur, une manière de Jules Verne politique. C'est ce qu'explique si bien Pierre Nora dans la préface qu'il écrivit pour l'édition abrégée de cet ouvrage, qu'édita la maison Gallimard il y a quelques années. La Russie de 1839, celle de Nicolas 1er, c'est, à trop peu près, l'URSS d'avant M. Gorbatchev.

Alors, déjà, il y a exactement cent cinquante ans, la Russie s'étend sur deux parties du monde, et, avec soixante millions d'habitants, est devenue la plus grosse population d'Europe. Déjà, Nicolas écrase (écrabouille serait plus juste) la Pologne, persécute les uniates, ces chrétiens de rite grec qui ont le tort de n'être pas schismatiques comme l'empereur et de reconnaitre l'autorité du pape, déporte ses sujets par dizaines de milliers, soumet tous les autres à un espionnage permanent et, selon une expression de l'époque, fait de la Russie une caserne.

La comparaison avec son plus célèbre successeur soviétique est tout à fait superflue. S'il n'y a pas eu, sous Nicolas, de « procès des blouses blanches » comme celui que Staline ordonna, c'est qu'on n'avait pas encore songé à l'utilisation politique de la médecine et de ses praticiens.

Soudain, pratiquement d'un jour à l'autre, la peur et le soupçon cessent d'être ce principe de gouvernement transmis sans retouche d'un régime à celui qui l'a abattu. Le pouvoir ne dédaigne plus de s'expliquer.

Aux yeux du monde, ahuri et donc sceptique, d'autant que ce changement agace le conservateur qui sommeille en chacun de nous, des élections ont lieu où le parti encore unique renonce à la règle du candidat unique et où bien des triomphateurs désignés sont défaits.

Dans la vie quotidienne, perce la liberté : de critiquer à visage découvert sans risquer la Sibérie, d'être informé de ce qui ne va pas et de l'être sincèrement, de manifester sur la voie publique sans qu'au bout de la rue se dessine une prison.

Mille faits incontestés maintenant arrivent à la connaissance du public et qui, sous un autre maitre soviétique, eussent été, un par un, une révolution. Pour qui ne se sentait pas inféodé à l'URSS d'hier, mais n'en était pas l'ennemi ; pour qui tout avancée de la liberté suscite une joie de citoyen qui voit croitre le nombre de ses pairs, un sentiment nait : l'espoir, et sa jumelle la peur. Car la liberté est d'abord un désordre, ses conquêtes sont autant de camouflets pour l'ordre ancien. Le porteur de liberté devient l'auteur du désordre, et les camouflets entretiennent l'idée de revanche.

Le joug paraissant s'alléger, les peuples soumis s'émancipent et les peuples annexés appellent à la sécession. Dans des sociétés encore incompatibles avec la liberté, se développent des usages que seule la liberté autorise. La liberté en parait coupable.

Autrefois ravagées pour avoir crié le nom de liberté, des nations s'inspirent maintenant, et sans dommages pour elles, des pratiques économiques de l'Occident avant de se laisser séduire par ses systèmes politiques ; autrement dit, par les différentes manières de mettre en musique la démocratie.

La société soviétique se réchauffe, et chacun sait que la chaleur est très néfaste aux banquises. Pour un pays qui, plutôt que d'être un « État », une « République », ou un nom de lieu comme « France » ou « Italie », a choisi de se nommer « Union » et d'être ainsi alphabétiquement classé, c'est sa nature même qui peut paraitre compromise quand les États baltes sortent leurs drapeaux nationaux pour fredonner *le Chant du départ* et que les États voisins, jusque-là des plus respectueux, songent à vivre leur vie pour que leur indépendance ne soit plus une fiction juridique.

Qui, naguère, aurait toléré qu'un pays de l'Est soit désormais officiellement étiqueté comme un pays que l'on fuit (même si auparavant chacun savait à quoi s'en tenir) et que d'autres pays de l'Est adoptent sans le dire une attitude qu'on pourrait être tenté de comparer à un droit d'asile, alors que ce droit est le désaveu d'un pays-frère ?

Voilà donc que la liberté rend à M. Gorbatchev la vie beaucoup plus difficile que s'il s'était conduit comme les potentats, rouges ou non, qui ont avant lui occupé le Kremlin.

Combien n'est-il pas paradoxal et logique à la fois que les libertés dont usent, fût-ce avec des mécomptes, Baltes, uniates ou Allemands de l'Est, pour ne rien dire des Polonais, nuisent à la solidité du pouvoir qui les a consenties !

D'autant que, toujours mauvaise fille, éternellement mal mariée avec la liberté, l'économie, à ce que disent les économistes dont il n'y a hélas ! pas lieu de douter, semble infliger la démonstration que le nouveau régime fait vivre l'URSS encore plus mal que le précédent. Ce ne serait pas la première fois que des adversaires s'appuieraient sur des émeutes de la faim ou de la pénurie pour renverser un gouvernement qui leur déplait et avant tout l'homme qui l'incarne. Dans ce cas, n'est-il pas grand temps que l'Occident songe à nourrir la liberté ? ■

Philippe Boucher, *Le Monde* daté du 07.10.1989

POURQUOI CET ARTICLE ?

Cet article met en lumière la liberté sous sa forme politique à partir de la description de la situation de l'URSS juste avant sa chute. L'auteur montre qu'à cette période de l'histoire, l'aspiration à la liberté s'est emparée des hommes vivant en union soviétique et que cette aspiration à la liberté, favorisée par le régime lui-même, s'est retournée contre lui, **preuve du caractère paradoxal de la liberté et de sa puissance de subversion de l'ordre établi.**

Le bonheur

L'homme a une double nature : être de sensibilité aspirant à cet état de satisfaction maximale de ses désirs qu'on nomme le bonheur, il est aussi un être de raison qui sait que ce bonheur ne serait rien s'il l'amenait à nier l'exigence d'une conduite morale : le devoir.

Georges Seurat, *Un dimanche après-midi à l'Île de la Grande Jatte.*

MOTS CLÉS

ATARAXIE/ APONIE

Du grec *ataraxia*, « absence de troubles ». État de tranquillité de l'âme qui définit le bonheur et, ainsi, le but à atteindre pour les sagesses antiques (épicurisme et stoïcisme). L'aponie désigne quant à elle l'absence de troubles corporels.

BESOIN

Le besoin caractérise l'état de l'organisme lorsqu'il est privé de ce qui assure son fonctionnement : on distingue le besoin vital – boire et manger –, qui concerne la conservation de l'individu, et le besoin sexuel, qui assure la survie de l'espèce. Le besoin a donc un caractère nécessaire que le désir n'a pas nécessairement.

BONHEUR

État de plénitude et de satisfaction durable dans le temps, par opposition au plaisir éphémère. La philosophie antique en fait le souverain bien, c'est-à-dire la fin suprême de la vie humaine, indissociable de la vertu.

ÉPICURISME

École philosophique fondée à Athènes par Épicure au IVe siècle avant J.-C. L'épicurisme est une doctrine dont la fin est essentiellement pratique et consiste en l'obtention de la sagesse et du bonheur au moyen d'une maîtrise des plaisirs qui mène à l'ataraxie et à l'aponie. L'épicurisme est un matérialisme.

PASSION

Du latin *patior*, « souffrir ». Il y a passion quand un désir, parvenu à dominer et orienter tous les autres, aveugle l'homme au point qu'il en devient dépendant. La sagesse serait dans l'absence ou du moins la domination des passions. La passion a été particulièrement décrite et analysée par la littérature dont elle fournit un des thèmes essentiels.

Comment définir le bonheur ?

Le bonheur, ce n'est pas simplement être heureux : comme l'écrivait **Aristote**, « Une hirondelle ne fait pas le printemps, ni non plus un seul jour ». Cette phrase, devenue proverbiale, signifie que le bonheur n'est pas l'affaire d'un instant ; il doit, s'il est véritable, s'inscrire dans la **durée**. L'ambition des grandes écoles de la **philosophie antique**, c'est donc de permettre à l'homme d'accéder à la *vie* heureuse : la recherche d'un bonheur durable sera l'objet de cette partie de la philosophie qu'on nomme l'**éthique**.

En quel sens le bonheur et le devoir seraient-ils compatibles ?

Aristote aussi bien que les Épicuriens ou les Stoïciens s'accordent sur ce point : seule une **vie juste et droite** peut nous faire accéder au bonheur véritable, c'est-à-dire durable. Pour les **Épicuriens**, si le plaisir est essentiel au bonheur, certains désirs amènent plus de troubles que de réjouissances : il faudra les écarter, et se contenter des désirs naturels et nécessaires, parce qu'ils sont source de plaisir et faciles à satisfaire. Pour les **Stoïciens**, le bonheur ne saurait être durable s'il dépend des circonstances extérieures : je dois discipliner ma volonté pour apprendre à ne dépendre que de moi, parce que mon bonheur ne peut être laissé aux caprices de la fortune.

Les morales antiques parviennent-elles à définir le bonheur ?

Selon **Kant**, nous sommes dans l'impossibilité de définir le bonheur par lui-même : on dit qu'il est l'état maximal de satisfaction ; mais comment savoir si ma satisfaction est bien maximale ? Et comme le bonheur est un **« idéal de l'imagination »** que je ne peux définir, mon entendement est incapable de déterminer les moyens qu'il faudrait employer pour être effectivement heureux. Pour Kant, la **raison** nous dit comment éviter d'être à coup sûr malheureux, mais non comment être heureux ; aussi les conseils des différentes philosophies antiques sont-ils seulement négatifs. Mais éviter le malheur, ce n'est pas encore être heureux ; il s'agit alors plutôt de savoir si la recherche du bonheur doit être la suprême motivation de l'homme dans son existence.

L'obéissance au devoir peut-elle s'accompagner de la recherche du bonheur ?

Comme l'a montré Kant, celui qui fait son devoir par **intérêt**, et non par pur **respect** pour ce que la morale commande, n'a que l'**apparence de la moralité** : c'est la distinction qu'il fait entre les actions accomplies véritablement *par* devoir, et les actions qui sont seulement accomplies *conformément au* devoir. L'homme véritablement moral doit « humilier » en lui la sensibilité et son penchant naturel à vouloir satisfaire ses désirs : si agir par intérêt est contraire à la moralité, la conduite véritablement morale doit aller à l'encontre de *tous* nos intérêts sensibles, y compris la recherche du bonheur. Selon Kant, on ne peut donc pas, comme le croyaient les différentes philosophies antiques, à la fois faire son devoir et rechercher le bonheur, parce que le devoir, c'est précisément faire passer l'impératif de la moralité *avant* la recherche du bonheur.

Emmanuel Kant.

Faut-il renoncer à être heureux pour être moral ?

Non ! Une telle morale serait inhumaine, parce qu'il est dans la nature même de l'homme de chercher à être heureux. Mais comme **devoir** et **bonheur** sont incompatibles ici-bas, je ne puis qu'espérer être heureux plus tard, et ailleurs, si je me suis rendu digne du bonheur par ma vie droite : il faut faire son devoir sans se soucier d'être heureux, tout en espérant qu'il y aura un Dieu juste et bon pour m'accorder après la mort ce que Kant nomme le **souverain bien**, l'alliance impossible dans cette vie du bonheur et de la moralité. Certes, on ne pourra jamais démontrer ni que Dieu existe, ni que l'âme est immortelle : du point de vue de la connaissance (raison théorique), ces propositions sont indécidables. Mais dire que l'alliance de la **moralité** et du **bonheur** est à jamais impossible conduirait à désespérer de la loi morale : il faut donc poser qu'une telle alliance doit être possible, en postulant l'immortalité de l'âme et l'existence d'un Dieu juste. **Immortalité de l'âme** et **existence de Dieu** deviennent alors des postulats exigés par la **raison pratique**. ■

UN ARTICLE DU *MONDE* À CONSULTER

- **Commis du bonheur** p. 95
(Marlène Duretz, *Le Monde* daté du 07.08.2017)

MOTS CLÉS

PLAISIR
Satisfaction ou agrément éprouvé par le sujet. Le plaisir désigne souvent une satisfaction d'ordre sensible, mais il peut aussi être de nature esthétique et/ ou intellectuelle. Il est bien souvent lié à la satisfaction d'un désir préalable dont il est la fin.

SAGESSE
Vertu tout à la fois théorique et pratique, dans la mesure où l'homme sage possède un savoir assuré susceptible de le guider dans la conduite de sa vie. Il constitue l'idéal d'art de vivre des philosophies antiques, que l'homme doit s'efforcer d'atteindre pour être heureux.

STOÏCISME
École philosophique fondée par Zénon de Cition au IVe siècle avant J.-C. Le stoïcisme est une doctrine dont la fin est essentiellement pratique et consiste en l'obtention de la sagesse et du bonheur au moyen d'une acceptation du destin qui mène à l'ataraxie et à l'aponie. Un de ses plus célèbres représentants fut le philosophe Épictète (vers 50-vers 125).

Dissertation :
Faut-il préférer la vérité au bonheur ?

L'analyse du sujet

I. Les termes du sujet :

• *Vérité* : savoir universel, de nature objective ou subjective, qui peut être atteint par la raison, faculté de penser universellement propre à l'homme.
• *Bonheur* : état de plénitude et de satisfaction censé combler toutes les aspirations humaines.
• *Faut-il* : pose la question de la nécessité de la préférence, mais aussi celle du devoir moral : quelle vie est la plus préférable ?

II. Les points du programme

• La vérité.
• Le bonheur.
• La liberté et le devoir.

L'accroche

Lorsque Socrate fut condamné à mort par le tribunal athénien, il refusa de s'échapper de sa prison, affirmant préférer la vérité au bonheur de pouvoir continuer à vivre hors d'Athènes.

La problématique

Faut-il préférer la vérité au bonheur ? Cette question soulève le problème du choix de vie qui s'offre à l'homme : une vie au service de la vérité et à la recherche de celle-ci, ou une vie guidée par le bonheur et sa recherche ? Le problème est donc le suivant : pourquoi ce que l'on atteint par la raison peut-il être préféré à cet état absolu qu'est le bonheur, bien que ce caractère absolu le rende préférable à la vérité ?

Le plan détaillé du développement

I. La vérité est préférable au bonheur dans la mesure où elle nous élève et nous hisse par-delà nous-mêmes.

a) Il faut ici voir que la recherche de la vérité constitue un idéal de vie en fonction de ce qu'il y a de plus humain en nous et qui nous distingue des animaux : la raison. Ainsi, on peut préférer rechercher la vérité dans le but de développer notre raison et notre humanité.
b) Il est clair que toujours préférer le bonheur peut conduire l'homme à sa ruine. En outre, on pourrait, du fait de ce constat, aller jusqu'à affirmer avec Kant que le bonheur n'est en fait qu'un idéal de l'imagination, un état absolu qui n'existe qu'en rêve et que la finitude de l'existence et des circonstances ne permettra jamais d'atteindre. Kant écrit ainsi dans les Fondements de la métaphysique des mœurs : « il n'y a donc pas à cet égard d'impératif qui puisse commander, au sens strict du mot, de faire ce qui rend heureux, parce que le bonheur est un idéal, non de la raison, mais de l'imagination. »
Transition : Néanmoins, le bonheur n'en demeure-t-il pas malgré tout un idéal suprême auquel l'homme ne peut renoncer et pour lequel il serait prêt à abandonner toute vie fondée exclusivement sur la seule vérité ?

II. Le bonheur ne peut être cependant rejeté.

a) On peut donc soutenir que le bonheur est ce qui est spontanément identifié au bien par les hommes, la vérité conservant un caractère de neutralité qui fait qu'elle ne guide pas à ce point la vie de tous les hommes comme semble pouvoir le faire le bonheur. C'est pourquoi le désir des hommes se porte naturellement vers le bonheur comme le soulignait Épicure.
b) Le bonheur est également ce qui est préféré par les hommes d'un point de vue collectif ou politique. De ce point de vue, la vérité n'est pas motrice des actions humaines. C'est là ce qu'avait déjà vu Aristote lorsqu'il assignait à la politique comme fin suprême d'établir le bonheur.
Transition : Ce n'est donc pas la vérité qui semble mener l'action des hommes, qu'elle soit individuelle ou collective. Dès lors, pourquoi la vérité peut-elle quand même être recherchée pour elle-même ?

III. Le bonheur est compatible avec la vérité et sa recherche et peut même s'y identifier.

a) La recherche de la vérité, bien qu'elle ne soit pas pratiquée par tout homme, semble bien combler pleinement ceux qui s'y adonnent. C'est ici que l'on peut faire mention de la philosophie elle-même, qui se définit comme amour de la sagesse et du savoir absolu, et qui conduit à la joie ultime comme le montre Spinoza dans l'Éthique.
b) Il semble que Socrate ait laissé entendre que cette vérité et cette félicité suprême qui découlerait du savoir ne seraient atteintes par l'homme que par-delà la mort. Cette idée développée dans le Phédon selon laquelle « philosopher, c'est apprendre à mourir » a conduit Socrate à vouer toute sa vie à la recherche de la vérité en espérant en être récompensé dans le royaume d'Hadès.

Conclusion

Le bonheur recherché pour lui-même peut n'être pas durable, mais la recherche et la possession de la vérité peuvent combler pleinement l'homme et le rendre heureux à condition qu'il soit prêt à renoncer aux bonheurs illusoires de ce monde, voire à placer l'accès à la félicité par-delà ce monde et par-delà la mort.

Les bons outils

• Épicure, *Lettres*, et en particulier la *Lettre à Ménécée*, qui montre que le bonheur est la fin de la vie humaine et que la philosophie y conduit.
• Kant, *Critique de la raison pratique* et *Fondements de la métaphysique des mœurs*.
• Spinoza, *Éthique*. Le philosophe y montre que l'accès à la vérité coïncide avec la joie suprême.

Ce qu'il ne faut pas faire

Construire un plan thématique qui séparerait la vérité et le bonheur et les traiterait séparément, alors qu'il faut ici réfléchir à leur lien tout au long du devoir.

TEXTE CLÉ

Dans ce texte, Nicolas Malebranche nous montre que la recherche du bonheur conduit les hommes à oublier leur véritable nature d'êtres doués de raison du fait de l'attrait que les choses sensibles exercent sur eux.

Tout le monde se pique de raison, et tout le monde y renonce : cela paraît se contredire, mais rien n'est plus vrai. Tout le monde se pique de raison, parce que tout homme porte écrit dans le fond de son être que d'avoir part à la raison, c'est un droit essentiel à notre nature. Mais tout le monde y renonce, parce que l'on ne peut s'unir à la raison, et recevoir d'elle la lumière et l'intelligence, sans une espèce de travail fort désolant, à cause qu'il n'a rien qui flatte les sens. Ainsi les hommes voulant invinciblement être heureux, ils laissent là le travail de l'attention, qui les rend actuellement malheureux. Mais s'ils le laissent, ils prétendent ordinairement que c'est par raison. Le voluptueux croit devoir préférer les plaisirs actuels à une vue sèche et abstraite de la vérité, qui coûte néanmoins beaucoup de peine. L'ambitieux prétend que l'objet de la passion est quelque chose de réel, et que les biens intelligibles ne sont qu'illusions et que fantômes ; car d'ordinaire on juge de la solidité des biens par l'impression qu'ils font sur l'imagination et sur les sens. Il y a même des personnes de piété, qui prouvent par raison qu'il faut renoncer à la raison, que ce n'est point la lumière mais la foi seule qui doit nous conduire et que l'obéissance aveugle est la principale vertu des chrétiens.

Malebranche,
De la recherche de la vérité

Commis du bonheur

« Happiness officer » dans une entreprise roubaisienne, Florent Voisin chouchoute les salariés. Histoire de les motiver.

Sur le parking de leur entreprise, huit salariés sont en mauvaise posture. Ils sont embarqués dans un *escape game*, un jeu de rôle qui doit les sensibiliser au handicap. Florent Voisin savoure l'étendue des dégâts. « Certains s'en sortent mieux que d'autres », évalue, sourire en coin, celui qui est à l'initiative de ce turbulent coude-à-coude conçu pour souder les équipes.

A 44 ans, il est depuis deux ans ce qu'on appelle outre-Atlantique *chief happiness officer* (CHO), basé au siège social roubaisien d'OVH, leader européen du cloud et troisième hébergeur informatique du monde, entré dans le club confidentiel des « licornes », ces entreprises valorisées à plus de 1 milliard de dollars. Un « M. Bonheur » ? *« C'est la traduction qu'on peut en faire, mais c'est un peu exagéré ! »*, estime M. Voisin, dont le titre, en version française, est « responsable de la qualité de vie et de la santé au travail ». *« Je préfère parler de plaisir plutôt que de bonheur. Notamment celui de se réaliser au sein de l'entreprise, comme de travailler avec les autres. »*

Né dans la Silicon Valley, le poste de CHO a connu un pic de croissance en France de 967 % entre 2014 et 2016, selon le site de recrutement Qapa.fr, passant plus modestement à 15 % en 2017. OVH aurait-il succombé à un effet de mode ? *« Le bien-être du salarié est le moteur de l'entreprise »*, affirme Antoine Tison, le DRH qui a nommé Florent Voisin à ce poste. *« Ce que j'appellerais "la bien-traitance au travail" – une notion plus appropriée et moins prétentieuse que celle de bonheur – est un vrai sujet de psychologie en soi »*, poursuit M. Voisin, diplômé en psychologie du travail, vingt ans d'expérience dont quinze au sein de l'Association pour la formation professionnelle des adultes. Lorsqu'il rejoint la « Roubaix Valley », siège historique d'OVH, en 2013, il gère mobilité interne et carrières. A l'époque, c'est *« une grosse start-up »*, raconte-t-il. Depuis, dans un contexte de forte croissance, l'effectif a quasiment quadruplé, pour atteindre 1 800 personnes dans le monde. *« A mon arrivée, en 2015, il était déjà à l'écoute des signaux faibles et désamorçait les difficultés. Le poste de CHO lui était prédestiné »*, se souvient M. Tison. La crainte de M. Voisin était *« d'être perçu comme un gentil organisateur du Club Med, entre paillettes et champagne »*. Bien qu'avenant, l'homme, pans de chemise au vent sur un jean délavé, barbe courte poivre et sel, n'a rien du fanfaron de service. Même s'il truffe de boutades chacun de ses mails d'information. *« L'objectif de mon poste est d'optimiser les conditions et l'environnement de travail afin que les salariés se sentent complètement engagés,* résume M. Voisin. *Cela va de l'organisation des rencontres Meet my Job ou d'une conférence sur le sommeil jusqu'à la livraison de leur pain en fin de journée. C'est un cercle vertueux. »* L'entreprise tire évidemment parti de cet investissement. Les grandes lignes de sa feuille de route ? Il les tient du baromètre social, questionnaire adressé chaque année au personnel pour prendre la température. Mais il puise aussi dans une créativité sans limite, doublée de qualités humaines louées par ses collègues.

Au restaurant d'entreprise et à la modeste crèche de ses débuts se sont très vite ajoutés de nouveaux services. En quelques mois, les salariés, 31 ans en moyenne, ont pu bénéficier d'une extension de la crèche, d'un centre de loisirs ouvert aux 3-6 ans, ou encore d'une conciergerie qui propose, jusqu'à 15 % moins cher que les prix du marché, entretien de son véhicule, pressing, paniers de fruits et légumes, « dogsitting » et location de vacances. Les équipes, majoritairement masculines (16 % de femmes), se mettent de bon poil chez le coiffeur-barbier dont le camion s'installe chaque semaine sur le parking.

M. Voisin veille aussi, en coordination avec l'architecte d'intérieur, à améliorer le cadre de travail : les murs des open spaces ont été confiés à l'artiste graffeur LEM, des canapés pour apartés cosy ont été installés. Un lieu où siester, un autre où affronter ses collègues à *Tekken 7*, ou encore des cabines de confidentialité où s'isoler agrémentent le quotidien des salariés. *« C'est un peu l'auberge espagnole. Une grande variété de services pour permettre à chacun de trouver son intérêt et autant de points de rencontre pour tisser des liens »*, se réjouit M. Voisin, qui organise aussi don du sang, ventes caritatives et collecte de vêtements. *« Nous avons été alertés par la médecine du travail sur l'embonpoint que prenaient certains de nos salariés, entre 5 à 7 kg l'année qui suit leur embauche. On pourrait fermer les yeux, et considérer que c'est le fruit de leur épanouissement !... Mais il y a là un vrai enjeu de santé. »* Exit les sodas en libre-service. Il collabore à l'installation in situ d'une salle et d'un terrain de sports collectifs, et recrute un coach à temps plein. Un professeur de yoga, un ostéopathe ou encore un opticien viennent renforcer « l'offre santé » proposée aux employés. Lorsqu'un courtier en prêt immobilier ne vient pas s'assurer de celle de leurs finances et de leur capacité d'emprunt. A la rentrée, une salle de musique et le cabinet d'un médecin généraliste à demeure viendra compléter cette palette qu'on croirait sans limite.

« Florent annonce toujours de bonnes nouvelles », reconnaît Guillaume Fouchaux, *community manager*. *« J'ai le beau rôle,* contrebalance *l'intéressé. Ce qui me tient désormais à cœur, c'est une action... non, en fait, il y en a plusieurs : l'accueil de salariés en situation de handicap, mais aussi axer mon activité sur des questions d'organisation plus spécifiques, dont le télétravail, les situations pathogènes, la reconnaissance par ses pairs... »*

Sur deux tableaux blancs éphémères, installés à l'entrée du restaurant d'entreprise, les suggestions des salariés abondent encore. Terrain de squash, salle d'arcade, ruches, cours de danse et fab lab ont recueilli de nombreux « + 1 ». Florent Voisin n'en perd pas une miette. Mais il sait toutefois que l'irish coffee dans les machines à café et la tyrolienne depuis la station de métro la plus proche ont peu de chances de voir le jour.

Marlène Duretz, *Le Monde* daté du 07.08.2017

POURQUOI CET ARTICLE ?

Marlène Duretz nous présente ici le travail d'un salarié singulier, Florent Voisin, *chief happiness officer* (CHO) dans une entreprise (OVH) du secteur numérique basée en partie à Roubaix dans le nord de la France. Son métier, dont le nom américain n'a pas vraiment d'équivalent en France bien que la profession s'y développe largement dans de nombreuses entreprises, consiste à **optimiser les conditions de travail des salariés et à les rendre ainsi plus épanouis, voire plus heureux au travail.** Si le bonheur est peut-être un grand mot dans le monde de l'entreprise, celui de **bien-être** semble convenir à la situation que nous décrit cet article.

Crédits iconographiques

Couverture

Salvador Dalí (dit Dalí), *La Persistance de la mémoire* © Salvador Dalí,
Fundació Gala-Salvador Dali / Adagp, Paris, 2018. Photo : © Bridgeman Images.

Le sujet

La conscience, l'inconscient : p. 6 Le Caravage, *Narcisse*, DR. – p. 7 Sigmund Freud, DR. – p. 8 Sculpture, © Thierry Derégnaucourt.
La perception : p. 10 Husserl, DR. – p. 11 Portrait de René Descartes (1596-1650), d'après Franz Hals, DR.–
p. 12 Illusion d'optique : la jeune fille et la vieille dame, DR.
Autrui : p. 14 Buste de Socrate, © iStockphoto.– p. 15 Bouddhas, © Thinkstock.– p. 16 Jean-Paul Sartre, DR.
Le désir : p. 18 *La Naissance de Vénus*, © Getty Images.– p. 19 Statue de Marc-Aurèle, colline du Capitole à Rome, © Jupiterimages.–
L'existence et le temps : p. 22 Saint Augustin, détail d'un retable, Cambridge, DR.–
p. 23 Sablier, © Alexey Klementiev/ Fotolia ; Tunnel, DR.– p. 24 Église du souvenir à Berlin, © Sale/ Fotolia.

La culture

Le langage : p. 28 Ferdinand de Saussure, DR.– p. 29 Hiéroglyphes, © iStockphoto.
L'art : p. 32 Statue de Kant à Kaliningrad, DR.– p. 33 Victoire de Samothrace, DR. – p. 34 Jean Siméon Chardin, *La Raie*, 1728, DR.
Le travail : p. 36 Statue de Marx et Engels, © iStockphoto. – p. 37 Illustration tirée des *Confessions*
de Jean-Jacques Rousseau © Getty Images. – p. 38 Sieste, © iStockphoto.
La technique : p. 40 Aristote, © Thinkstock. – p. 41 *Les Temps modernes*, ©Rue des Archives/RDA. – p. 42 Téléphones portables, © Fotolia.
La religion : p. 44 Auguste Comte, DR. – p. 45 Blaise Pascal, © iStockphoto/ Thinkstock. – p. 46 Livres, © Fotolia
L'histoire : p. 48 Hegel, DR. – p. 49 Antoine-Jean Gros, *Napoléon à la bataille d'Eylau en 1807*, © Getty Images.– p. 50 Jules César, © Thinkstock.

La raison et le réel

Théorie et expérience : p. 54 Michael Faraday, © Getty Images. – p. 55 Laboratoire, © Comstock.
La démonstration : p. 58 Pythagore, © iStockphoto. – p. 59 Raphaël, *L'École d'Athènes* (détail), DR. – p. 60 Aristote, © iStockphoto.
Le vivant : p. 62 Bergson, DR. – p. 63 Chromosome, © Fotolia, Cellules sanguines,
© Janis Smits/ Fotolia. – p. 64 Insémination, © Alexandr Mitiuc/ Fotolia.
La matière et l'esprit : p. 66 Démocrite, DR. – p. 67 Descartes, *Traité de l'homme*, DR. – p. 68 IRM, © iStockphoto.
La vérité : p. 70 Saint Thomas d'Aquin, DR. – p. 71 La bouche de la vérité, © javarman – p. 72 Saint Thomas d'Aquin, © Thinkstock.

La politique, la morale

La société et les échanges : p. 76 © Jean-Régis Roustan/ Roger-Viollet. – p. 78 Poignée de mains, © Fotolia (263).
La justice et le droit : p. 80 Statue de Platon, © Thinkstock. – p. 81 Déclaration des droits
de l'homme et du citoyen, DR. – p. 82 Balance de la justice, © iStockphoto.
L'État : p. 84 Page de titre du *Léviathan*, DR. – p. 85 Portrait de Montesquieu, DR. – p. 86 Machiavel, DR.
La liberté : p. 88 Delacroix, *La Liberté guidant le peuple*, DR. – p. 89 Baruch Spinoza, © Getty Images. – p. 90 Mains liées, © Anyka/ Fotolia.
Le bonheur : p. 92 Seurat, *Un dimanche après-midi à l'Île de la Grande Jatte,* Wikimedia Commons. – p. 93 Emmanuel Kant, © iStockphoto.

EAN : 9782820807328

Achevé d'imprimer en Belgique par Lesaffre, en décembre 2017
Dépôt légal : décembre 2017